제4차 산업혁명 시대의

한국교육의
전망과 과제

한국교육학회 편

박영story

머리말
PREFACE

인간의 교육은 역사적 흐름 속에서 시대의 문화적 변화와 요구들을 반영하여 왔습니다. 이것은 인류가 환경에 대응하여 축적된 지식을 바탕으로 창출하고 개발한 기술의 힘과 매우 밀접한 관련이 있습니다. 오랜 옛날 신석기혁명을 통해 농업과 목축으로 정착생활을 하게 되면서 새로운 형식의 관리가 필요하게 됨에 따라 점차 문자와 지식의 전수가 발달하였던 것처럼, 근세에는 18세기 유럽을 중심으로 한 산업혁명으로 증기기관, 방적기, 제철 등을 중심으로 기술의 개발과 대량생산이 이루어졌고, 이로 인해 새로운 기술의 생산 및 관리, 인력 및 시스템을 관리할 수 있는 지식과 교육이 발달하게 되었습니다. 그런데 사회는 지속적으로 새로운 기술과 문화를 창출하여 왔고, 그 후 소위 전기와 컨베이어의 개발로 상징되는 제2차 산업혁명, 컴퓨터와 인터넷 등 디지털로 상징되는 제3차 산업혁명에 이어, 인공지능, 사물인터넷, 빅데이터로 상징되는 제4차 산업혁명 시대에 돌입하게 되었습니다. 제4차 산업혁명 시대는, 생산방식과 기술, 관리 시스템의 변화에 따라, 기존의 단순 육체노동과 단순 지식노동이 아닌, 물리적공간과 사이버공간을 연결하는 복합적인 작업과 그에 상응하는 융합적인 지적 능력을 필요하게 되었는데, 이는 곧 모든 데이터와 모든 지식을 연결하여 빠르게 변화하는 융·복합적 상황에 대응할 수 있는 '초 지능'의 출현을 의미합니다.

제4차 산업혁명 시대와 관련하여 많은 사람들의 관심을 모았던, 한국의 이세돌 프로기사와 인공지능인 '알파고'의 대국은 단순한 흥미를 던져주는 이벤트를 넘어, 이 시대의 변화와 그에 따라 요구되는 새로운 능력을 생각해보게 하는 사건이었습니다.

알파고의 예에서 생각해볼 수 있는 점은, 제4차 산업혁명 시대가 요구하는 변화와 복합성에 대응하려면, 새로운 형식의 능력과 그것을 키우는 새로운 학습방식과 교육방식이 필요하다는 것입니다. 이 시대의 교육은 더 이상 고정된 지식, 단순한 지식이 아닌, 복합적인 정보와 지식을 바탕으로 지속적으로 변화하는 상황에 종합적이며 응용적인 대응을 가능하게 하는 능력을 키워야 할 것입니다. 기계와 로봇이 기존의 대부분의 일들을 대체한다면, 인간에게 필요한 능력과 이를 키울 교육은 무엇일지 심도 있게 탐구해볼 필요가 있습니다. 인류가 지속적인 생존과 번영을 하려고 한다면, 기술과 기계에 종속되는 것이 아닌, 그것을 개발하고 관리할 수 있는 한 차원 높은 능력을 스스로 성장시켜야 할 것이며, 바로 그 열쇠는 교육이 가지고 있습니다.

이러한 시대적 변화와 요구에 따른 한국교육의 방향을 학술적 관점에서 체계적으로 모색해보기 위해 2017년도에 한국교육학회는 "제4차 산업혁명 시대의 한국교육의 전망과 과제"라는 기획주제로 연차학술대회를 개최하였습니다. 지능 정보화 사회로의 진입과 급격한 발전 속에서 한국교육이 직면한 현실과 나아가야 할 방향은 어느 때보다도 엄중합니다. 교육의 다양한 논제들을 모두 다룰 수는 없겠지만, 대략적으로 학교교육, 교육정책, 교육과정 및 평가, 교수학습 방법, 교원양성 등 다섯 가지의 큰 범주로 나누어 주제발표를 기획했습니다. 이 주제발표들은 인공지능, 빅 데이터, 생명과학 등 제4차 산업혁명 시대의 동력이 되는 다양한 분야를 교육의 주요한 범주들과 연계시켜서 새로운 발전의 방향을 탐구하고자 하였습니다. 이 책은 이와 같은 2017년도 한국교육학회 연차학술대회의 기획주제발표들을 모아 편집한 것으로, 대회에 참석하지 못한 많은 분들과도 제4차 산업혁명 시대에 상응하는 교육의 방향을 함께 고민해보기 위한 취지로 기획되었습니다. 제4차 산업혁명 시대에 현명하게 대처하기 위해서는 오늘날 당면한 이 사회와 교육의 문제를 명확히 진단함과 더불어, 교육의 목적과 내용뿐만 아니라 교육의 제도 및 방법과, 그 교육의 주체인 교사와 학생의 역할에 이르기까지 다방면의 총체적이고 유기적인 재검토가 필요합니다. 흔히 모든 환경과 제도들은 다 빠르게 바뀌었으나 교육의 영역만 시대의 변화에 뒤쳐져 있다고 합니다. 현재의 교육이, 고정되고 한정된 교과서로 교사가 학생들에게 일방적으로 전달하고 학생들은 단편적 정보를 열심히 암기하여 시험을 보는 수백 년 전의 교육과 똑같다면, 급격히 변화한 현실에 대응하지 못하는 교육이 되고 말 것입니다. 이 책을 통하여 제4차 산업혁명 시대의 변화와 다양성에 대응하는 창의적 지성을 키우기 위한 융·복합적 교육의 과정과, 다방면으로 열려 역동적으로 교류하는 새로운 커뮤니케이션의 교육방법을 다함께 모색하여, 정책적·제도적인 측면에서 학교교육의 혁신을 도모하고, 나아가 더 넓은 차원의 교육의 변화를 위한 초석이 되기를 기대합니다.

끝으로 귀중한 발표 원고를 알차게 수정·보완하여 흔쾌히 학회의 출판 사업에 기부하여 주신 저자들에게 이 자리를 빌어 심심한 감사의 뜻을 표합니다. 아울러 출판을 위해 동분서주해준 우리 학회의 신창호 상임이사, 심승환 사무국장, 고은현 사무팀장, 최예나 간사, 그리고 출판을 맡아준 박영사 사장님과 관계자 여러분들께도 감사의 말씀을 전합니다.

2018년 6월
한국교육학회장 강선보

차례
CONTENTS

기획주제 발표 3: 제4차 산업혁명 시대의 교원교육 개혁

1주제

학교시스템의 혁신 방안

정제영(이화여자대학교 교수)

제4차 산업혁명 시대의 학교제도 개선 방안: 개인별 학습 시스템 구축을 중심으로*

정제영(이화여자대학교 교수)

I. 서론

우리나라 교육계는 급격한 변동의 과정에 놓여 있다. 교육은 정치, 경제, 사회, 문화적인 환경 속에서 이루어지는 활동이라고 할 수 있는데, 국가가 운영하는 공교육제도는 이러한 환경적 영향을 강하게 받고 있다. 우리나라의 교육환경 변화는 추세적인 변화를 통해 예상이 가능한 부분과 급격한 기술 발전을 통해 이루어질 예측하기 어려운 부분으로 나누어질 수 있다. 특히 2017년은 정부의 변동까지 있어서 교육제도는 정치적 영향력도 강력하게 받을 것으로 예상된다.

우리나라의 교육 시스템에 영향을 미치는 환경의 변화는 적극적인 대응이 필요한 수준이다. 가장 시급하게 대응해야 할 문제는 저출산에 따른 학령인구의 감소라고 할 수 있다. 2015년 우리나라의 합계출산율은 1.2로 OECD 국가 평균인 1.7보다 매우 낮은 수준이다(OECD, 2017). 2016년 고령자 통계에 의하면 65세 이상인 노령인구는 2015년 657만 명으로 전체 인구의 13.2%를 차지하는데, 20% 이상이 되는 것을 의미하는 초고령사회는 2025년으로 예측되고 있다(통계청, 2016b). 연도별 출

* 이 원고는 2017 한국교육학회 연차학술대회(2017. 6. 23)에서 발표한 내용을 수정·보완하여 교육정치학연구 제24집 제3호에 게재한 것임.

생아 수는 1957년 이후 1971년생까지 100만 명이 넘었으나, 이후 지속적으로 감소하면서 1996년에 70만 명대 이하로 감소하면서 60만 명대에 접어들다가 2002년부터는 40만 명대로 급감하였다(통계청, 2017). 2002년 이후에 많은 정책적 노력을 기울였지만 신생아 출생은 40만명대를 유지하며 점차 감소 중에 있다. 저출산과 고령화 사회로의 전환은 사회적으로 매우 심각한 문제를 야기할 것으로 예상된다. 학령인구의 지역별 불균형은 대학 정원의 미달과 함께 소규모 학교 통폐합의 필요성을 높이고 있다.

　학령인구의 감소와 더불어 다문화 사회로의 급속한 진전도 이루어지고 있다. 2007년 외국국적 동포에 대한 방문취업제를 시행한 이래 등록외국인의 숫자가 급속하게 증가하고 있다. 2016년 12월 말 기준 체류외국인은 2,049,441명으로 우리나라 총 인구 51,696,216명의 4.0%에 근접하여 지속적으로 증가하는 추세이다(출입국·외국인정책본부, 2017). 전체 초·중·고 학생에서 다문화 학생이 차지하는 비중에 점차 증가하고 있는데, 2010년 0.44%에서 2015년 1.35%, 2016년 1.68%로 나타나 2010년 대비 최근 7년간 약 4배 상승한 것으로 나타났다(교육부, 2016a; 교육부, 2017c). 다문화 학생의 비중이 재학생의 과반수 이상인 학교도 등장하고 있다. 다문화 사회로의 급속한 진전은 기초교육의 강화와 함께 개별화된 교육 지원의 필요성이 높아짐을 의미한다.

　사회적 양극화 심화와 그로 인한 교육 격차의 심화도 심각한 문제로 대두되고 있다. 유아교육은 생애 첫 교육이자 전 생애에 걸쳐 커다란 영향력을 미친다는 점에서 중요함에도 불구하고 교육격차는 매우 심각하다. 2014년 기준으로 국공립유치원의 학부모 부담금은 월평균 8,300원인데, 사립유치원의 학부모 부담금은 월평균 195,100원으로 연평균으로 환산하면 230만원 수준이며(교육부, 2014), 원어민이 교육을 진행하는 등 일부 사립유치원의 경우에는 연간 교육비는 1천만 원이 넘기도 하여 사립대학 등록금보다 높은 것으로 나타났다(국민일보, 2014).

소득수준별 월평균 사교육비는 고소득 가구에서 증가하였고, 600만원 미만의 모든 가구에서는 전년대비 감소하였고, 최상위 가구(700만원 이상)의 사교육 참여율은 81.9%로 가장 높았고, 최하위 가구(100만원 미만)는 30.0%로 가장 낮은 것으로 나타났다(교육부, 2017a; 교육부 2017b). 통계청(2016a)의 2016년 가계동향조사 결과를 살펴보면 소득 1분위와 5분위간 학생의 학원 교육비 격차는 8.4배에 이르는 것으로 나타났다. 가정의 사회·경제적 배경에 의해 사교육 참여와 사교육비 지출의 격차가 심하게 나타나고 있음을 보여주는 결과라고 할 수 있다. 유아기부터 시작된 교육격차는 교육투자의 격차를 통해 지속적으로 누적되어 결과적으로 학업성취도 격차로 나타나며, 이는 학년이 올라갈수록 심화되고 있다. 고등학생들의 최종적인 학업성취 결과는 수능 성적과 대학 입학 결과로 나타나며, 부모의 사회경제적 지위가 대학 입학에 미치는 영향력이 높아지는 것으로 나타나고 있다. 대학에 입학해서도 저소득층 학생들은 학비의 부담으로 근로하는 시간이 상대적으로 많고, 학업에 충실하기 어려운 상황이다. 교육이 경제·사회 양극화를 심화시키는 악순환의 고리를 끊고, 교육이 국민적 희망이 될 수 있는 선순환의 구조를 만들어야 하는 상황이다(신현석·정용주, 2017).

　저출산 고령화, 다문화 사회로의 진전, 교육격차 심화와 함께 세계적으로 4차 산업혁명의 도래를 예측하고 있다. 현재의 학교제도로 미래를 대비하기 어렵다는 지적이 나오는 이유이다. 특히 20세기 이후 지속적으로 제기되어 온 산업사회형 학교의 다양한 문제로 인해 학교는 존재 이유에 대한 근본적인 의문이 제기되는 상황이다(Hargreaves & Shirley, 2012). 교육부(2016b)는 2016년에 지능정보사회에 대비한 교육정책을 발표한 바 있지만 2017년 정권의 교체로 인해 새로운 정책 방향을 설정해야 하는 상황이다. 이 연구에서는 4차 산업혁명의 도래가 가져올 교육적 함의를 분석하고 이에 대응하는 학교제도의 혁신 방안에 대해 논의해보자 한다.

II. 제4차 산업혁명의 도래와 교육적 함의

1. 제4차 산업혁명의 사회 변화 예측

2016년 1월에 개최된 세계경제포럼(World Economy Forum)에서 Klaus Schwab 회장은 제4차 산업혁명의 도래를 선언하였다. 18세기 증기기관의 발명으로 1차 산업혁명이 시작된 이래 20세기 초의 컨베이어 벨트의 등장과 표준화된 공정은 2차 산업혁명의 대량생산 체제를 구축하였다. 20세기 후반에 이루어진 컴퓨터와 인터넷의 발전으로 인한 3차 산업혁명은 공장의 자동화 시스템을 구현하였다. 4차 산업혁명은 3차 산업혁명과는 질적으로 다른 기술적 진보와 사회 변화를 예고하고 있다.

Schwab(2016a; 2016b)은 3차 산업혁명과 근본적으로 차이를 보이고 있는 4차 산업혁명의 특징을 속도(velocity), 범위와 깊이(breadth and depth), 총체적 영향(systems impact)의 관점에서 설명하고 있다. 첫째, 속도의 측면에서 보면, 4차 산업혁명은 이전의 변화와는 다르게 기술이 기하급수적인 속도로 변화하고 있다는 것이다. 둘째, 범위와 깊이의 측면에서 보면, 부분적 기술의 진보를 넘어서 다양한 기술이 융합되면서 기술과 산업 분야에 국한된 변화가 아니라 경제, 경영, 사회 그리고 개인 수준에서도 패러다임 전환을 초래하고 있다는 점이다. 셋째, 총체적 영향의 관점에서 보면, 생산이나 관리 그리고 거버넌스 등 모든 체제에서 일어나고 있으며, 변화의 속성에서도 세계 모든 나라 모든 산업분야에 걸쳐 이루어지고 있다. 이러한 사회적 혁신은 기존의 선형적 변화(linear change)를 넘어서 파괴적 혁신(disruptive innovation)의 양상을 보일 것이라는 예측이다.

4차 산업혁명의 핵심적인 기술은 인공지능(AI)과 정보통신 기술의 발달을 의미하는 ICBM으로 요약하기도 하는데, 특히 ICBM은 "사물인터넷(Internet of Things: IoT) 센서가 수집한 데이터를 클라우드(Cloud)에

저장하고, 축적된 빅데이터(Big data)를 분석해서, 적절한 서비스를 모바일 기기 서비스(Mobile) 형태로 제공"하는 것을 의미한다(박종현 외, 2014). 4차 산업혁명의 핵심기술은 인공지능 기술의 발달과 정보통신 기술의 발달을 중심으로 "지능정보사회"라는 표현을 하기도 한다.

4차 산업혁명의 특징을 창의적 기술의 융합적 활용으로 볼 수 있는데, 인공지능과 정보통신 기술을 활용하여 무인자동차, 인공지능 로봇, 드론, 사물 인터넷, 3D 프린팅, 나노테크놀로지, 바이오테크놀로지의 변화는 융합적 기술의 산물이다. 기술적 진보가 단순하고 반복적인 인간의 노동을 대체하는 기계의 발전으로 인류의 노동시장을 잠식하는 것으로 시작되었다. 하지만 최근에는 의사, 변호사, 약사, 기자 등 소위 사회적으로 인정받는 전문직의 영역에 인공지능의 기술들이 활용되면서 더욱 주목을 받고 있다.

4차 산업혁명 논의는 교육 시스템의 혁신에 중요한 변곡점으로 작용하고 있다. 총체적인 사회 변화는 교육제도의 변화를 요구하고 있으며, 이러한 압력은 다른 교육 환경의 변화 요구보다 강하게 작용하고 있다. 교육혁신에 대한 요구는 오랫동안 지속되어 왔고, 다양한 시도가 이루어져 왔지만 학교교육 문제의 근본적인 개선에는 이르지 못하고 있다고 평가받아왔다(정제영, 2016b). 시대사적 변화에 따른 교육 시스템의 총체적인 변화 요구를 교육 혁신의 중요한 동력으로 활용할 필요가 있다.

2. 제4차 산업혁명의 교육적 함의

4차 산업혁명의 도래로 예상되는 사회적 변화는 교육 분야에 여러 가지 시사점을 주고 있다. 우선 미래 사회의 변화를 예측하고 이에 맞는 미래 인재상과 핵심역량에 대한 논의가 필요하다. 미래 사회의 인재상과 핵심역량에 대한 논의는 교육 시스템의 설계에 있어서 방향을 제시할 수 있다는 점에서 의미를 갖는다. 그리고 미래 사회의 변화는 학교를 포함한 교육 시스템의 총체적 혁신을 요구한다. 현재의 학교 시스템은 2차 산업혁명 시기의 공장형 구조를 갖고 있기 때문에 사회 발전에 비해 지체되는 현상이 나타나고 있어서 이에 대한 전면적인 혁신을 요구하고 있다. 더불어 4차 산업혁명으로 인한 사회적 변화는 승자 독식의 구조('Winner Takes All' Society)를 가속화시킬 것으로 예상되므로 사회적 복지, 특히 사회적 약자를 위한 교육정책의 강화와 타인에 대한 배려 교육 강화가 요구된다(정제영, 2016b; 박남기, 2017).

1) 제4차 산업혁명 시대의 인재상과 핵심역량

20세기 후반부터 OECD를 중심으로 미래 핵심역량에 대한 연구가 지속적으로 이루어지고 있다. OECD는 1997년에 의무교육 단계의 학생들이 사회에 진출하기 위해 반드시 필요로 하는 지식(knowledge)과 기술(skill)을 갖추었는지 평가하기 위해 국제 학업성취도 평가인 PISA(The Programme for International Student Assessment)를 시행하게 되었다. 또한 OECD의 핵심역량 연구인 DeSeCo(Definition and Selection of Competencies) 프로젝트는 OECD의 PISA가 지향하는 장기적 관점의 평가 영역을 설정하기 위한 역량 영역을 설정하기 위해 시작되었다(Rychen & Salganik, 2003).

OECD의 DeSeCo에서 제시하고 있는 핵심역량은 삶의 다양한 분야의 요구를 충족시키는 수단이며, 개인의 성공적인 삶(a successful life)과 잘 운영되는 사회(a well - functioning society)를 이끄는 데 공헌하는 능력을 의미한다. 구체적으로 살펴보면 DeSeCo에서 정의하고 있는 미래 인재의 핵심역량은 크게 3가지 영역에서 9가지 역량으로 나누어 볼 수 있다. 개인 역량으로 "큰 맥락에서 행동, 인생 계획과 과업을 구상 및 실행, 자신의 권리·관심·한계·필요를 옹호하고 주장"하는 역량, 대인관계 역량으로 "타인과의 관계 설정, 협동, 갈등관리" 역량, 기술적 역량으로 "언어·상징·텍스트를 상호적으로 활용, 지식과 정보를 상호적으로 활용, 새로운 기술 활용"하는 역량이다.

Assessment and Teaching of the 21st Century Skills(ATC21S)'는 OECD 등의 국제기구에서 강조해 왔던 역량중심 교육개혁을 위한 실질적인 전략을 개발하고 여러 나라에 보급하고 있다. ATC21S는 21세기에 필요한 핵심역량으로 4개의 영역에서 10가지 역량을 제시하고 있다(Griffin, McGaw & Care, 2012). 첫째, 생각의 방식(Ways of Thinking)은 "창의성과 혁신, 비판적 사고·문제해결능력·의사결정능력, 학습역량·상위 인지능력"이다. 일하는 방식(Ways of Working)은 "의사소통능력, 협업능력"이다. 셋째, 일하는 도구의 활용으로 "정보 리터러시, ICT 리터러시"이다. 넷째, 사회생활의 방식으로 "시민의식, 삶과 경력 관리, 개인적·사회적 책무성(문화적 인식과 역량 포함)" 등이다.

우리나라에서는 국가교육과정에서 미래 인재상[1]과 핵심역량을 제시하고 있다. 교육부가 고시한 2015 개정 교육과정에는 우리나라 정부의 공식적인 인간상과 핵심역량을 제시하고 있다(교육부, 2015). 인간상은 4가지로 제시하고 있는데, '전인적 성장을 바탕으로 자아정체성을 확립하고 자신의 진로와 삶을 개척하는 자주적인 사람, 기초 능력의 바탕 위에 다양한 발상과 도전으로 새로운 것을 창출하는 창의적인 사람, 문화적 소양과 다원적 가치에 대한 이해를 바탕으로 인류 문화를 향유하고 발전시키는 교양 있는 사람, 공동체 의식을 가지고 세계와 소통하는 민주 시민으로서 배려와 나눔을 실천하는 더불어 사는 사람'이다. 또한 교육과정의 6가지 핵심역량은 '자기관리 역량, 지식정보처리 역량, 창의적 사고 역량, 심미적 감성 역량, 의사소통 역량, 공동체 역량'이다(교육부, 2015).

4차 산업혁명 시대의 인재상은 다양하게 표현되고 있지만 가장 핵심적인 사회적 변화를 반영하면 "디지털 사회에서 급격한 변화에 유연하게 문화적으로 향유하는 창의적 인재"로 요약해 볼 수 있다. 인류의

---

1) 우리나라의 교육과정에서는 '인간상'이라는 용어를 사용하고 있음.

오랜 역사동안 지속되어 왔던 인재상은 우리나라 교육기본법의 "홍익인간", "지식(knowledge), 기술(skill), 태도(attitude)를 고루 갖춘 인재", "지덕체(智德體)를 갖춘 전인적 인간" 등 다양하게 표현할 수 있는데 이러한 기본적인 인재의 덕목은 변화가 없을 것이라 보인다. 하지만 4차 산업혁명이 가져올 사회적 변화 양상에 맞추어 추가될 역량이 있을 것이다. 우선 삶의 기반이 디지털화 되는 비중이 높아질 것으로 예상된다. 기존의 인간관계, 의사소통의 방식이 상당히 디지털화될 것이라는 것이다. 현재도 인터넷, SNS, 모바일 기기 등으로 의사소통의 매체가 상당히 디지털화 되고 있지만 앞으로 그 비중이 더욱 높아질 것이 예상된다. 또한 인공지능 기반의 기계들에 의해 인간의 노동이 상당히 대체될 경우 인간은 그동안 누리지 못하였던 많은 여가 시간을 갖게 될 것으로 예상된다. 교육 받은 인재가 갖추어야 할 역량에 추가해야 할 부분이 있을 것이다. 4차 산업혁명의 도래로 인한 사회적 변화에 대응할 수 있는 인재를 키우기 위한 교육적 관점에는 5가지 역량을 추가적으로 제시하고자 한다.

첫째, 지능정보사회에서 자유롭고 적극적으로 생활하기 위한 디지털 리터러시(Digital Literacy)가 강조될 필요가 있다. 이미 의사소통의 매체는 오프라인의 소통을 넘어서 인터넷, 모바일, SNS(Social Network Service) 등 디지털화 되고 있으며, 이에 가상현실(Virtual Reality, VR)과 증강현실(Augmented Reality, AR) 등의 발달은 디지털 세상의 비중을 더욱 높일 것으로 생각된다. 이제 세상과 소통하는 방식이 상당히 디지털화 될 것으로 보이며 이러한 디지털 리터러시는 자라나는 학생들뿐 아니라 성인에게도 모두 강조될 필요가 있다.

둘째, 디지털 세상에서 조화롭게 살아갈 수 있는 디지털 시민의식(Digital Citizenship)이 강조될 필요가 있다. 기존 인류의 시민의식 오프라인의 세상에 맞도록 형성되어 왔다. 한 마을 수준의 시민의식에서 국가 수준을 넘어 최근 세계시민의식(Global Citizenship)이 강조되고 있다. 하지만 이제 새로운 디지털 세상에 맞는 디지털 시민의식이 새롭게 형성되고 공유될 필요가 있다. 이는 우리 사회 구성원 모두에게 공유될 수 있어야 하며 학교는 이러한 내용을 전수하는 기능을 담당해야 한다. 특히 최근 인공지능 등 첨단 기술의 개발과 활용에 있어서 윤리적 문제가 다양하게 제기되고 있는 상황이라고 할 수 있는데, 첨단의 과학자들에게도 이러한 디지털 시민의식의 기준과 내용이 구체화될 필요가 있을 것이다.

셋째, 디지털화되는 세상에서 인간의 존엄과 가치를 보존할 수 있도록 인류애에 기반한 인문적 소양(Humanity)이 더욱 강조되어야 한다(강태중 외, 2016). 기술의 진보는 기본적으로 인간의 노동을 상당한 부분 기계가 대체할 수 있을 것으로 예측할 수 있다. 노동의 감소는 기본적으로 소득의 감소와 여가 시간의 증가로 이어질 수 있다. 특히 우리나라의 생산가능 인구에 해당하는 청장년층은 대부분 일상의 시간을 노동으로 활용하고 있다. 학령기의 청소년들도 대부분의 시간을 공부의 스트레스 속에서 생활하고 있다. 미래에 대한 중요한 역량은 여가시간을 문화적으로 향유할 수 있는 인문적 소양이라고 할 수 있다. 또한 기계에 의한 노동의 대체는 인공지능 등 기계를 소유한 소수의 사람에 의한 부의 독점을 초래하고, 이는 결과적으로 승자 독식의 사회구조('Winner Takes All' Society)를 더욱 강화할 것으로 예상된다. 경제적·사회적 양극화는 더욱 가속화될 것으로 보이며 이는 교육의 양극화로 귀결될 수 있다. 따라서 더불어 잘 살 수 있는 인류애에 기반한 교육복지 체제를 강화해야 할 필요가 있다. 서로 나누면서 행복할 수 있는 교육은 결국 인문학을 통해 가능하다고 할 수 있다.

넷째, 예측할 수 없는 변화가 더욱 가속화될 것으로 본다면 변화에 대응하는 유연한 명민성(agility)을 길러줄 필요가 있다(강태중 외, 2016). 특히 우리나라의 학교교육은 정답을 맞추는 방법을 가르치는 교육에 집중하고 있어서 학생들은 문제의 규정, 문제 해결 방법, 결과의 평가 등에 있어서 새로운 것에 대한 유연성을 기르지 못하고 경직적인 학습을 하고 있다. 명민성은 암중모색(暗中摸索)의 학습 경험에 의해 길러질 수 있다. 다양한 실패의 경험을 통해 성공적인 학습의 경험을 할 수 있도록 하는 것이 명민성을 길러줄 수 있는 방법이다.

다섯째, 제한된 인식의 틀을 바꾸어 새로운 장을 마련할 수 있는 인간 고유의 창의성(creativity)을 길러줄 수 있어야 한다. 인공지능인 알파고가 바둑에서 인류를 이기고 세계 최고 수준으로 등극하였다. 하지만 인공지능 알파고에게 기존 '19줄×19줄'로 이루어진 바둑판을 '20줄×20줄'로 바꾸면 바둑을 두지 못할 것이다. 인공지능은 결과적으로 프로그램으로 정해져 있는 경우의 수에서 최적의 결정을 하는 것으로 볼 수 있다. 지식과 기술의 융복합을 통한 창의적인 산물은 결국 인간에 의해 만들어질 수 있다. 미래의 교육은 기계의 제한된 합리성을 뛰어 넘는 창의적 역량을 계발해야 할 것이다.

2) 맞춤형 학습을 통한 완전학습의 구현

근대식 학교제도는 상당히 효율적인 시스템을 통해 산업사회의 인력을 양성해 내는데 성과를 이루어 왔다. 특히 해방 이후 우리나라는 근대화 과정에서 세계가 주목할 정도로 빠른 속도로 교육의 양적 성장을 이룩하였다. 많은 학생들을 효율적으로 가르치기 위한 교육제도인 학교 시스템은 2차 산업혁명의 대량생산 시스템(mass production system)과 닮은 대량교육 시스템(mass education system)이라고 할 수 있다. 하지만 2차 산업혁명의 산물인 표준화, 전문화와 관료제적 관리, 컨베이어 벨트를 통한 분업 등의 방식이 그대로 담겨 있는 학교제도는 여러 가지 문제를 노정해 왔다(정제영, 2016a).

학생들은 제각기 고유한 소질과 적성을 갖고 있으며 다양한 경험에 의해 학습의 결과가 체화되어 있음에도 불구하고 학교제도는 이러한 다양성을 존중하지 못하고 있다. 학년제(school ladder system)의 기본적인 운영 방식은 공장의 컨베이어 벨트와 같은 원리라고 할 수 있는데 실제 운영과정에서 개별 학생의 학습 성과에 대한 관리는 이루어지지 못하고 있다. 국가교육과정은 학년제에 기반을 하고 있는데 학년별로 학습해야 할 내용의 분량은 표준화되어 있으며 학생들의 학습과 무관하게 진도라는 형태로 수업이 진행되고 있다. 평가는 교육적 성장의 목적보다는 사회적 선별(screening)의 목적이 더 앞서고 있으며 그 대표적인 형태가 집단 내 서열을 매기는 상대평가의 방식이라고 할 수 있다. 학교의 시설과 구조는 학습자의 자유로운 학습을 위한 기능 보다는 효율적인 관리 위주로 설계되어 있으며 전국적으로 거의 동일한 구조를 갖추고 있다.

학교 시스템을 개선하기 위한 노력은 세계적으로 지속되어 왔다. 하지만 이러한 교육개혁의 시도를 Tyack & Cuban(1995)은 '유토피아를 향한 어설픈 땜질(tinkering toward utopia)'이라고 표현한 바 있다. 우리나라에서도 수많은 교육개혁이 이루어져 왔으나 학교교육의 근본적인 문제를 해결하지 못했다. 정제영(2016b)은 우리나라 교육개혁의 실패 원인을 "부분 최적화 전략의 한계"로 지적하고 있으며, 학교 시스템은 하위 시스템 사이에 유기적인 연계를 갖고 있는데 이러한 시스템 간의 연계를 고려하지 않고 하위 시스템별로 최적화하려는 시도를 하는 것은 결과적으로 전체 학교 시스템에 긍정적인 변화를 가져오기 어렵다는 것을 의미한다.

그림 1 학교교육 시스템에 대한 부분적 개선 노력의 결과

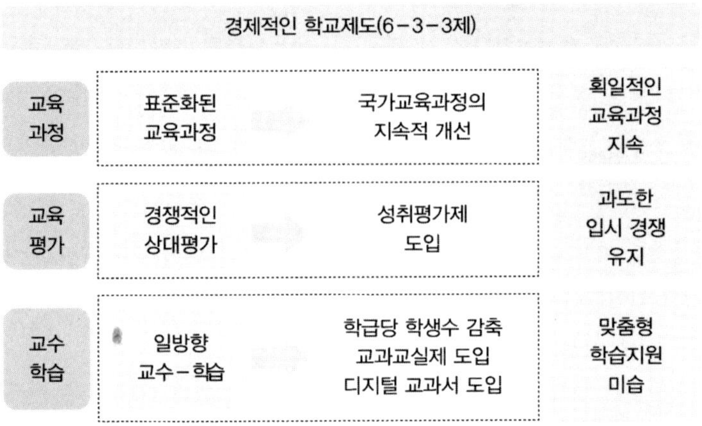

경제적인 학교제도(6-3-3제)

교육과정	표준화된 교육과정	국가교육과정의 지속적 개선	획일적인 교육과정 지속
교육평가	경쟁적인 상대평가	성취평가제 도입	과도한 입시 경쟁 유지
교수학습	일방향 교수-학습	학급당 학생수 감축 교과교실제 도입 디지털 교과서 도입	맞춤형 학습지원 미습

자료: 정제영(2016b). p.59

4차 산업혁명의 도래로 학교 시스템의 총체적인 변화를 시도할 수 있는 계기를 마련하였다. 학교 시스템 혁신에서 가장 중요한 부분은 핵심적인 문제를 파악하여 최종 목표(goal)를 설정하는 것이라고 할 수 있다. 학교 시스템 혁신의 목표는 교육의 본연(本然)의 관점에서 볼 때, "모든 학습자가 원하는 학습에 성공하는 것"이라고 할 수 있다. 맞춤형 학습은 "학습자가 본인의 흥미와 소질·적성, 학습 경험, 학습속도, 심리적 특성과 가정 환경 등을 종합적으로 고려한 최적화된 환경에서 학습을 하는 것"으로 정의할 수 있다. 완전학습은 개별 학습자가 모두 맞춤형 학습을 성공적으로 수행할 때 이루어질 수 있다.

교사의 강의를 중심으로 이루어지는 수업을 혁신하는 맞춤형 학습은 수준에 따라 차별화(differentiation), 개인화(individualization), 개별화(personalization)로 구분할 수 있다(U. S. DOE, 2010). 차별화, 개인화, 개별화의 학습 목표, 학습 내용, 학습 방법을 표로 나타내면 다음과 같다.

표 1 맞춤형 학습의 수준

수준	차이			
	대상	목표(내용)	수준	방법
강의식	집단	동일	동일	동일
차별화	소그룹	동일	그룹별	그룹별
개인화	개인 학습자	동일	개인별	개인별
개별화	개인 학습자	개인별	개인별	개인별

자료: U. S. DOE(2010). 재구성

그동안 맞춤형 학습을 지원하기 위한 다양한 시도가 이루어져 왔지만 실제 이러한 맞춤형 학습 지원이 제대로 구현되는데 한계가 있었다. 맞춤형 학습 지원을 구현하기 위해서는 개인별 학습관리가 필요한데 이를 위한 교원, 교육과정, 교육평가, 시설, 재정 등의 한계가 있다. 현재의 구조에서 맞춤형 학습이 이루어지기 위해서는 학생에 대한 학습자 분석을 토대로 교사가 맞춤형 학습을 지원해야 하는데 이를 위해 교사의 숫자를 상당히 충원해야 하고, 교육과정과 평가의 제도를 바꾸어야 하며, 학습을 위한 시설도 확충되어야 하는데, 이러한 일련의 혁신을 위해서는 거의 천문학적 재원이 소요되기 때문이다.

맞춤형 학습의 중요성이 강조되어 왔지만 이를 구현하는데 한계를 보인 여러 가지 한계를 극복할 수 있는 방법은 4차 산업혁명의 새로운 기술을 활용하는 것이다. 학습 데이터의 축적과 분석, 맞춤형 학습 지원과 평가 등을 구현할 수 있는 시스템 구축을 통해 실현 가능성을 높일 수 있다는 것이다.

III. 학교제도 개선 방안

학교제도를 개선한다는 것은 미래에 대비하는 교육의 혁신이라고 할 수 있으며, 가장 핵심적인 부분은 학교에서 이루어지는 '교수·학습의 방식'을 바꾸는 것에서 출발해야 한다. 세계 각국은 사회·문화적 패러다임을 주도할 새로운 교육체제를 준비하기 위한 다양한 노력을 기울이고 있다. OECD에서 추진하고 있는 School for Tomorrow 프로젝트, 미국의 Future Ready School과 School of Future, 싱가포르의 FutureSchool@Singapore, 영국의 Beyond Current Horizons를 대표적인 예로 들 수 있다(박종필, 2016). 기존의 미래교육 선도학교들이 한 학년이나 한 과목에서만 테크놀로지를 사용하는 소규모 실행 프로젝트임에 반해 모든 과목과 학년에 걸쳐 교육과정 운영에서 평가로 이어지는 전반적인 교수·학습의 혁신을 강조하고 있다(계보경, 2016).

1. 학교제도 개선의 관점: 개인별 학습 시스템(PLS) 구축

현재의 학교제도는 기본적으로 대량 교육(mass education)의 구조를 갖고 있다. 소품종 대량 생산 시스템을 갖추고 있는 공장을 다품종 소량 생산 시스템으로 바꾸는 시도는 비용만 늘리게 될 가능성이 있다. 현재의 학교 시스템도 대량 교육에 최적화되어 있는 상황에서 이를 맞춤형 학습 지원 시스템으로 바꾸려는 시도는 과도한 비용을 요구하고 결과적으로 개혁의 실패로 귀결될 수 있다.

개인별 맞춤형 학습이 구현되기 위해서는 파괴적 혁신(disruptive innovation)이 요구된다. 현재 학교 시스템은 공급자 중심의 교육 관점이라고 할 수 있는데 개별 학습자 중심의 학습 관점으로의 전환이 필요하다. 이를 위해 "개인별 학습 시스템(personal learning system: PLS)"을 제안하고자 한다. 기존의 학교를 공간의 개념으로 한정하고 모든 학습 프로그램을 학생 개인의 관점으로 전환하는 것이 필요하다. 다른 표현으로 한다면 "학교 내에 운영되는 개인별 학습 시스템(personal learning systems in school)"라고 할 수 있다. 집단 학습을 위해서는 학교라는 공간이 여전히 유용하다고 할 수 있다.

[그림 2] 개인별 학습 시스템

학습환경

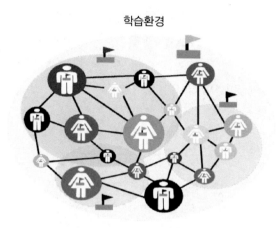

개인별 학습 시스템은 학교라는 공간에서 학생 개인별로 맞춤형 학습을 할 수 있는 개인별 맞춤형 시스템이다. 인지적 내용에 대해서는 다양한 학습자료를 활용하여 개별화된 학습을 수행할 수 있다. 인지적 영역에서도 다른 학습자와 공통의 학습내용, 토론, 팀 프로젝트 활동은 집단별 학습을 할 수 있으며, 비인지적 학습은 인성과 사회성을 기르는 목적으로 다른 학생과 함께 활동하는 것이 필요하다. 이러한 공동의 학습을 위한 집단 구성도 유연한 방식으로 이루어질 수 있다.

현재의 학교 조직은 상당한 부분 관료제적 성격을 갖고 있어서 대부분의 의사결정이 위에서 아래로 향하는 하향식(Top - down)의사 결정 구조를 갖고 있으며, 공급자 중심의 문화를 갖고 있다. 따라서 이러한 구조 아래에서는 맞춤형 학습 체제를 구축하기에 한계를 지닌다. 결과적으로 교육적 의사결정을 학생 중심으로 시작해야 맞춤형 학습 지원 체제의 구축이 가능할 수 있다. 개인별 학습으로의 총체적 전환을 위해 새로운 시스템적 접근이 필요하다.

개인별 학습 시스템을 구축하기 위해서는 학교 시스템을 구성하고 있는 하위 시스템에 대한 분석을 통해 새로운 시스템을 구축하는 것이 필요하다. 시스템에 대한 점증적인 변화의 관점에서 벗어나서 새로운 시스템을 디자인하는 관점의 전환이 필요하다. 학교의 역할을 재규정하는 것으로 시작하여, 교육과정, 교수·학습 과정, 평가방식, 교사의 역할 등 총체적인 전환이 필요하다.

표 2 개인별 학습 시스템 구축을 위한 학교의 변화

구분	대량교육 시스템 (mass education system)	개인별 학습 시스템 (personal learning system)
학교의 역할	• 사회 구성원의 양성 • 상급학교의 진학	• 학생의 개별적 성장 • 지속적 학습 경험 축적
교육과정	국가(학교) 교육과정	개인별 교육과정 (학습계획)
교수·학습 과정	교사 주도	학생 중심
평가 방식	총괄평가, 상대평가	과정평가, 절대평가
교사의 역할	• 지식의 전달자 • 엄정한 평가자	• 개인별 학습 시스템 디자이너 • 학습의 조력자

개인별 학습 시스템은 실재 존재하는 공간으로서의 학교를 의미하는 것이 아니라 학습자를 중심으로 학습을 시스템적으로 지원하는 '가상의 학교(virtual school)'를 의미한다. 개인별 학습 시스템을 구축하기 위해서는 학교의 역할에 대한 재개념화가 필요하다. 대량교육을 하는 현재의 학교는 사회 구성원을 양성한다는 미래 대비 교육을 실시하고 있다. 현재의 학습 성과보다는 미래의 진학과 진로에 맞추어진 수단적

관점이 자리잡고 있는 것이다. 개인별 학습 시스템에서는 미래에 대비하지만 현재 학생의 관점에서 학생의 개별적 성장에 초점을 맞추어야 한다. 특히 초·중등교육은 자체 학교급의 교육적 목적 보다는 상급학교 진학에 초점을 맞추고 있는 문제를 해결해야 한다.

교육과정의 측면에서는 국가교육과정을 학교의 상황에 맞추어 수정하여 운영하는 현재의 방식에서 벗어나서 학생의 개인별 특성에 맞는 교육과정을 구성해 주는 것이 필요하다. 학생의 흥미와 소질·적성, 학습 경험, 학습속도, 심리적 특성과 가정 환경 등을 종합적으로 고려한 최적화된 교육과정을 설계해 주어야 한다. 이러한 과정은 형성적 과정으로 일정 기간을 두고 지속적으로 변경해 주는 것이 필요하다. 학생의 학습 경로와 경력개발의 경로가 맞추어질 수 있도록 지속적이고 전문적인 지원이 필요하다. 개인별 교육과정 설계 과정에는 인공지능과 정보통신기술 등 4차 산업혁명의 기술적 활용이 요구된다고 할 수 있다. 개인별 교육과정의 설계에 있어서 중요한 부분은 누가 교육과정을 결정할 것이고, 필수적인 교육내용과 선택할 수 있는 교육과정을 구분하는 것이라고 할 수 있다. 유아교육에서 초등교육까지의 과정에서는 학습자의 자율적 학습 선택 능력이 부족하고 사회적으로 합의된 기초 교육과정이 필요하다는 점에서 제도적으로 결정해야 하는 부분이 더 많은 비중을 차지할 수 있을 것이다. 반면에 중학교와 고등학교 수준에서는 본인의 미래 진로 희망과 적성에 맞추어 학습내용을 선택할 수 있는 능력이 높아지면 학생이 자율적으로 선택할 수 있는 부분이 늘어날 수 있다. 개인별 교육과정의 구성을 구조화해 본다면 저연령에서는 사회적 합의를 바탕으로 제도적으로 결정되는 영역의 비중이 높지만 학교급이 올라감에 따라 학생 본인의 선택에 의한 자율적 선택 영역이 확대되도록 하는 것이다. 사회적 합의나 개인별 특성을 고려하여 (a)와 (b)와 같이 다양하게 구성할 수 있을 것이다.

[그림 3] 개인별 교육과정의 선택 영역 구조

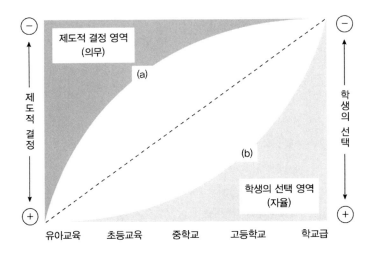

개인별 학습 시스템에서의 교수·학습 과정은 다양하게 설계하여 운영할 수 있다. 인지적 교과의 경우에는 개별화(personalization), 개인화 (individualization)된 맞춤형 학습을 실시할 수 있다. 이 경우에도 교사와의 오프라인 수업과 인공지능 기술을 활용한 지능형 학습지원 시스템 (intelligent tutoring system: ITS)을 활용할 수 있을 것이다. 반면에 인지적 학습활동이라고 하더라도 협력 학습이나 프로젝트 학습과 같은 그룹별 활동, 그리고 비인지적 학습의 내용에 대해서는 차별화(differentiation) 방식의 맞춤형 학습이 가능할 수 있다. 이러한 유연한 학습 집단의 형성은 무학년제와 학년제가 결합된 유연한 학교제도에 기반한 것이라 할 수 있다(정제영, 2016b).

[그림 4] 개인별 교육과정에 따른 학습자 중심의 학습 활동

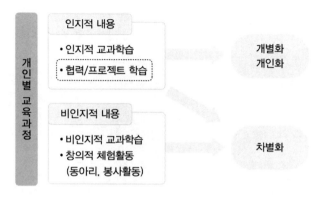

개인별 학습 시스템에서 평가는 학습 경험에 대한 질적인 평가가 중심이 되어야 한다. 현재 학교에서 활용되고 있는 상대평가는 집단내에서 협업보다는 경쟁을 유발하며 학습 과정에서의 교육적 활용보다는 학습의 결과에 대한 상대적 서열에 초점을 맞추고 있다. 상대평가의 결과는 학습 집단 내에서의 상대적 서열을 의미하는데 교육적으로 활용할 수 있는 정보를 담고 있지 못하다. 교육과정 상의 목표와 준거에 비추어 평가하는 절대평가를 지향하고, '학습 결과에 대한 평가(assessment of learning)'보다는 '학습을 위한 평가(assessment for learning)'를 실시해야 하며 형성평가를 통해 성공적인 학습을 돕는 지원이 필요하다. 절대평가 방식의 '학습자 맞춤형 성취평가'는 과정을 중요시하며 학습의 과정과 결과가 절대적 기준에 도달하였는지에 초점을 맞출 수 있다.

개인별 학습 시스템에서 교사의 역할은 학생 개개인의 개인별 학습을 디자인하는 전문적 역할을 할 수 있다. 학생의 흥미와 소질·적성, 학습 경험, 학습속도, 심리적 특성과 가정 환경 등을 종합적으로 고려한 최적화된 교육과정을 설계하고, 다양한 교육자원을 연결해 주는 역할을 할 수 있다. 학교에서 제공할 수 있는 교육과정 이외에도 인근 학교나 대학 등의 교육기관에서 개설하는 프로그램, 다양한 온라인 학습

프로그램 등을 연결하여 맞춤형 학습이 이루어질 수 있도록 지원해 주
는 역할을 수행할 수 있다. 또한 학습의 과정에서 겪게 되는 학습자의
문제들을 진단하고 해결해 주는 조력자의 역할도 할 수 있으며, 협력 학
습이나 프로젝트 학습과 같은 그룹별 활동에서는 개인별 학습이 효과적
으로 이루어질 수 있는 퍼실리테이터(facilitator)의 역할을 할 수 있다.

2. 개인별 학습 시스템(PLS) 구축을 위한 제도적 변화

개인별 학습 시스템을 구축하기 위해서는 제도적 변화가 필요하다.
개인별 학습 시스템이 원활하게 작동하기 위해서는 교육제도와 정책적
지원이 필요하다. 기존의 중앙정부 중심의 관리적 관점에서는 학교 시
스템의 변화 가능성이 희박하다고 할 수 있다. 개인별 학습 시스템이
운영되기 위한 기반이 되는 제도적 변화가 함께 이루어져야 하는 이유
는 학교가 교육제도의 틀 안에서 운영되는 하위 시스템이기 때문이다.
제도적 변화의 가장 핵심적인 요소를 4가지로 살펴보면 교육제도 운영
의 철학, 학교제도, 입학제도, 학교 시설이라고 할 수 있다.

표 3 개인별 학습 시스템 구축을 위한 제도적 변화

구분	대량교육 시스템 (mass education system)	개인별 학습 시스템 (personal learning system)
교육제도 철학	수월성과 형평성의 대립 (선택적 수월성)	수월성과 형평성의 조화 (모두를 위한 수월성)
학교제도	학년제(School year)	무학년제
입학제도	공정한 경쟁과 선발	효과적인 경력 개발
학교 시설	효율적 교육 운영	개인별 학습 지원

현재의 교육제도 철학의 관점은 우수한 학생을 교육해야 한다는 수
월성의 원칙과 교육의 기회가 균등하게 제공되어야 한다는 형평성의

원칙 사이에 갈등 관계가 있다. 이러한 교육제도 기저에 있는 철학적 갈등은 정권의 변화나 정치적 역학관계에 따라 교육제도를 변화시키는 동인이 되고 있다. 개인별 학습 시스템은 모든 학생들이 각자의 수월성을 최대한 개발해 나간다는 점에서 수월성과 형평성의 조화를 추구한다. 학습자 개인의 경력 경로에 따라 학습의 내용을 구성하고 성공적으로 학습해 나가는 과정은 타인과의 경쟁을 통한 수월성이 아니라 자기 자신 스스로의 노력으로 구성해 가는 수월성이라고 할 수 있다.

현재의 학교제도는 초등학교, 중학교, 고등학교의 구분이 명확한 '6 – 3 – 3제'를 운영하고 있다. 하지만 개인별 학습 시스템에서는 학년의 구분은 무의미하다고 할 수 있다. 개인별로 다른 교육과정을 구성하고 학습의 성취에 따라 본인의 학습 속도를 유지할 수 있는 것이다. 따라서 현재의 학교는 지역별 특성을 고려하여 초등학교와 중학교 연령의 통합학교, 중학교와 고등학교 연령의 통합 학교 등 탄력적으로 운영할 수 있다. 무학년제를 운영하는 통합학교는 저출산으로 인해 학령인구가 감소되고 학교 간 통합 운영이 필요한 부분도 고려한 것이다.

우리나라 교육에서 가장 강력한 영향을 미치는 제도는 대학입학전형제도 등 상급학교의 입학제도라고 할 수 있다. 부분적 교육개혁이 실패로 귀결되는 가장 강력한 요인이 바로 상급학교 진학의 경쟁이며, 고등학교 평가제도 혁신의 걸림돌이 되고 있는 것도 바로 대학 신입생의 공정한 선발의 문제라고 할 수 있다. 객관식 문항에 의한 상대평가 방식은 대학 신입생 선발의 공정성을 가장 잘 보장해 주는 제도로 인정받고 있다. 하지만 공정성의 가치를 보장하기 위해 희생되어야 할 교육적 가치는 너무나 심각한 수준이라고 할 수 있다. 개인별 학습 시스템에서 학생들이 성취하는 개인별 차이를 반영하고 결과적으로 개인의 경력개발에 연결될 수 있는 전공 적합성을 찾아 주어야 한다. 성적이 우수한 학생을 공정하게 선별(selection)하는 관점에서 개인의 질적인 학습 경험을 바탕으로 대학 전공에 적합한 학생을 선발하는 타당성의 가치를 더욱 높여야 한다.

　현재의 학교 시설은 다수의 학생을 효율적으로 교육시키는 관리의 관점이 우선적으로 고려된 상황이다. 효율적인 관리는 효율적인 통제라는 표현으로 대체할 수 있다. 학생들의 주도적인 학습의 공간이라기보다는 대량교육이 효율적으로 운영될 수 있는 구조라고 할 수 있다. 개인별 학습 시스템을 운영하기 위해서는 개인별 교육과정과 학습의 방법에 연동하여 성공적인 학습이 이루어질 수 있도록 새로운 디자인이 필요하다. 개인별 학습 시스템은 개별화, 개인화된 맞춤형 학습이 이루어지고, 인공지능 기술을 활용한 지능형 학습지원 시스템(intelligent tutoring system: ITS)이 적용될 수 있도록 설계되어야 할 것이다.

IV. 결론

　이 연구에서는 4차 산업혁명의 도래에 따른 교육적 시사점을 3가지로 분석하였다. 첫째, 미래 사회의 변화를 예측하고 이에 맞는 미래 인재상과 그에 맞는 핵심역량에 대한 논의가 필요하다는 것이다. 둘째, 미래 사회의 변화는 학교를 포함한 교육 시스템의 총체적 혁신을 요구한다. 셋째, 4차 산업혁명으로 인한 사회적 변화는 승자 독식의 구조를 가속화시킬 것으로 예상되므로 사회적 약자를 위한 교육정책을 강화해야 한다는 것이다. 4차 산업혁명이 가져올 사회 변화에 대응하는 학교 시스템의 변화 방향으로 "개인별 학습 시스템"을 제안하였다. 개인별 학습 시스템은 학교의 역할을 재규정하는 것으로 시작하여, 교육과정, 교수·학습 과정, 평가방식, 교사의 역할 등 총체적인 전환을 요구하는 것이다. 개인별 학습 시스템을 구축하기 위해서는 학교 자체의 변화도 중요하지만 교육제도의 변화도 중요하다. 개인별 학습 시스템이 운영되기 위한 기반이 되는 제도적 변화가 함께 이루어져야 하는 이유는 학교가 교육제도의 틀 안에서 운영되는 하위 시스템이기 때문이다. 제도적 변화의 가장 핵심적인 요소로 교육제도 운영의 철학, 학교제도, 입학제도, 학교 시설의 변화를 제시하였다.

이 연구에서 제안하는 개인별 학습 시스템은 당장 모든 학교에 적용하기에는 한계를 갖고 있다. 개인별 학습 시스템의 적용 과정에서 정책적으로 고려해야 할 사항을 제시하고자 한다. 첫째, 미래를 위한 교육정책과 제도의 구현은 정권을 초월하여 장기적 관점에서 추진해 나갈 필요가 있다. 새로운 학교제도를 디자인하고 구현하는 것이 쉬운 일이 아니며 적용 과정에서 나타나는 다양한 반대와 부작용도 고려해야 할 것이다. 따라서 실험적 접근을 통해 성공사례를 만들어 가는 것이 중요하다고 할 수 있다. 실험적 접근의 성공사례는 학교제도 개선의 과정에서 중요한 동력으로 작용할 수 있기 때문이다.

둘째, 학교제도의 전반적인 혁신을 위해서는 교사의 변화가 무엇보다 중요하다. 개인별 학습 시스템은 교수·학습 활동의 중요한 주체인 교사의 역할에 대한 근본적인 재규정에서 시작될 수 있다. 교사의 새로운 역할에 대한 재개념화를 바탕으로 교사가 갖추어야 할 역량에 대해 재설정하고, 이에 따라 예비교사 양성을 위한 교육 내용과 방법, 신규 교원의 임용방식, 현직 교원의 재교육 과정이 모두 혁신적으로 변화해야 할 것이다.

셋째, 개인별 학습 시스템 구축 등의 다양한 실험이 이루어지기 위해서는 우선적으로 교육제도의 유연성을 마련하는 것이 필요하다. 현재 국가 주도의 획일적이고 경직적인 공급자 중심의 학교제도에서 변화가 이루어져야 한다. 개인별 학습 시스템이 다양한 형태로 실험되고 성공사례를 만들어가기 위해서는 제도적인 유연성이 필요하다. 교육과정, 교육평가 등 학교제도의 구성요소 중에서 개선해야 할 부분을 우선 선별하여 법령 개정을 추진해야 할 것이다.

넷째, 학교 시스템의 혁신을 위해서는 교육 주체의 신뢰를 얻는 정책 리더십이 필요하다. 교육 분야에서는 이념과 철학에 따라 정책적 갈등이 지속되어 왔다. 또한 정치적 변동에 따라 교육 정책이 너무도 자주 바뀌어 왔다. 미래 교육에 대해 다양한 주체가 참여하여 논의하고 사회적 합의를 도출하는 과정이 필요하다. 교육주체의 신뢰를 얻을 수 있는 교육정책이 성공을 담보할 수 있을 것이다.

　이 연구는 4차 산업혁명 시대의 학교제도 개선의 방향으로 개인별 학습 시스템 구축을 중심으로 살펴보았다. 하지만 우리나라의 교육제도에서 대학입시는 다른 어떤 요소보다 엄청난 영향력을 미치고 있다는 점에서 간과할 수 없는 부분이라고 할 수 있다. 특히 대학 진학으로 인한 경제적 효용성이 전 생애에 걸쳐 미치고 있는 사회구조는 학교제도 개선의 걸림돌로 작용하고 있다고 할 수 있다. 따라서 향후 대입제도 개선을 포함하여 교육 분야의 전반적인 혁신이 이루어질 수 있는 후속 연구가 필요하다고 할 수 있다.

참고문헌

강태중, 강태훈, 류성창, 정제영(2016). 지능정보사회를 위한 교육 발전 전
　략 구상. 서울: 한국교육개발원.

계보경(2016). 세계의 미래학교 정책과 변화. 서울교육, 224호(2016. 10. 5)

계보경, 김현진, 서희전, 정종원, 이은환(2011). 미래학교 체제 도입을 위한
　Future School 2030 모델 연구. 서울: 한국교육학술정보원.

교육부(2014). 유치원 2014년 8월 정기 정보공시 보도자료.

교육부(2015). 초·중등학교 교육과정 총론(교육부 고시 제2015-74).

교육부(2016a). 2016년 다문화교육지원 계획 보도자료.

교육부(2016b). 지능정보사회에 대응한 중장기 교육정책의 방향과 전략.

교육부(2017a). 2016년 초·중·고 사교육비 조사 결과 보도자료.

교육부(2017b). 2016년 방과후학교 운영 현황 통계.

교육부(2017c). 2017년 다문화교육지원 계획 보도자료

국민일보(2014. 3. 29). 부모 부담 사립유치원비 연 230만원.

박남기(2017). 제4차 산업혁명기의 교육개혁 새 패러다임 탐색. 교육학연구,
　55(1), 211-240.

박종필(2016). 미국의 미래학교가 학교 및 교사 교육에 주는 시사점 탐색:
　SOF를 중심으로. 한국교원교육연구, 33(4), 45-67.

박종현, 방효찬, 김세한, 김말희, 이인환, 최병철, 이강복, 강성수, 김호원.
　(2014). 사물인터넷의 미래. 서울: 전자신문사.

신현석, 정용주(2017). 제4차 산업혁명과 교육행정의 미래. 교육문제연구,
　30(2), 103-147.

정제영(2016a). 지능정보사회에 대비한 미래 교육정책 방향과 과제. 한국교
　육학회 교육정책포럼 자료집.

정제영(2016b). 지능정보사회에 대비한 학교교육 시스템 재설계 연구. 교
　육행정학연구, 34(4), 49-71.

출입국·외국인정책본부(2017). 2016년 12월호 출입국외국인정책 통계월보
통계청(2016a). 2016 가계동향조사.
통계청(2016b). 2016 고령자통계 보도자료.
통계청(2017). 2016년 출생·사망통계 잠정 결과 (2017. 2. 2)

Griffin, P., McGaw B., & Care, E. (Eds.)(2012). Assessment and Teaching of 21st Century Skills. Dordrecht, Germany: Springer.

Hargreaves, A., & Shirley, D. L.(2012). The global fourth way: The quest for educational excellence. CA: Corwin.

OECD(2017). OECD Family Database(INDICATORS). http://www.oecd. org/els/family/database.htm에서 인출.

Rychen, D. S., & Salganik, L. H. (eds.)(2003). Key competencies for a successful life and a well−functioning society. OECD.

Schwab, K.(2016a). The fourth industrial revolution. Geneva: World Economic Forum.

Schwab, K.(2016b). What it means and how to respond. In Rose G(eds.), the fourth industrial revolution. New York: Council on Foreign Relations.

Tyack, D., & Cuban, L.(1995). Tinkering Toward Utopia: A Century of Public School Reform. Boston: Havard University Press.

U. S. DOE.(2010). Education Technology Plan 2010.

2주제

교육정책 거버넌스의 변화

김용일(한국해양대학교 교수)

제4차 산업혁명과 교육정책 거버넌스의 변화

김용일(한국해양대학교 교수)

Ⅰ. 서론

세계화·정보화 사회! '문민정부' 시절 교육개혁위원회(1995. 5. 31)가 교육개혁을 대대적으로 추진해야 한다면서 내놓은 시대 변화상이다. 얼마 뒤 '지식기반사회'(knowledge - based society)라는 개념이 슬그머니 자리를 대치한 기억이 새롭다(교육부, 2000. 4. 22 참조). 이번에는 '제4차 산업혁명'으로 말미암아 '지능정보사회'가 도래했다는 주장이 봇물을 이룬다. 어림잡아 2016년 초 다보스포럼 이후의 일이다. 특별히 교육학 문헌에서 이런 개념들이 유행처럼 사용되면서 '교육적 대응'을 모색하는 논의가 한창이다(장덕호, 2017. 6. 9; 류성창, 2017. 6. 9; 임철일, 2017. 3. 27; 신현석·정용주, 2017. 2. 10; 박세일, 2016. 10. 4; 정제영, 2016. 4. 8; 정제영, 2016; 강태중 외, 2016).

이번 대통령 선거에서도 제4차 산업혁명은 인기 있는 개념이었다. "4차 산업혁명 시대를 대비한 교육체제를 만들겠습니다."(더불어민주당, 2017. 4. 28 : 217)가 대통령이 된 문재인 후보의 13가지 교육공약 가운데 하나였다. 국민의당 안철수 후보 역시 "제4차 산업혁명 시대의 토대를 마련하자"면서 국가교육위원회 설치와 학제개편 등을 대표적인 교육공약으로 내세웠다(국민의당 안철수, http://policy.nec.go.kr/). 같은 맥락에서 탄핵으로 마감된 지난 정부에서는 관계부처 합동(2016. 12. 27)으로 "제4차 산업혁명에 대응한 「지능정보사회 중장기 종합대책」"을 내놓은 바 있다.

교육을 둘러싼 환경의 변화에 적극 대응하려는 모습을 폄하할 생각은 전혀 없다. 다만, 심우민(2017. 1. 26 : 2)이 적절하게 지적하고 있듯이 학계, 정치권, 정부를 막론하고 한결같이 "장기적 기술낙관론"[1) 내지 "기술주의"(김용일, 2017. 2. 10 : 117)에 경도되어 있다는 인상을 주는 점만큼은 부인하기 어려운 현실이다. 너도나도 제4차 산업혁명으로 지능정보사회가 도래하게 되니 교육도 변화를 모색해야 한다는 식이다. 인재상도 달라져야 하고, 이러저러한 것을 새롭게 가르쳐야 한다는 식의 주장을 들여다보면서 참 알맹이가 없다는 생각을 금할 길이 없을 정도다.

호들갑을 떨어서 될 일이 아니라고 생각한다. 장덕호의 말처럼, "미래 사회의 대비도 우리의 교육체제가 가진 근본적인 문제점의 개선에 서부터 차분하게 시작되어야 하기"[2) 때문이다. 사실 '제4차 산업혁명'은 차수 구분 논쟁이 벌어질 정도로 매우 모호한 개념이다. 송진식(2017. 3. 7)이 "슈밥 회장이 세계경제포럼에서 언급한 4차 산업혁명의 개념의 경우 기술 중심으로 봐도 이해가 간단하지는 않다"고까지 얘기하는 것도 같은 이유에서다. 특별히 컴퓨터와 인터넷 등이 주도해온 '제3차 산업혁명'과 질적인 구분을 명확히 하기란 생각만큼 그리 쉬운 일이 아니다.

이런 논쟁적이고 모호하기까지 한 개념이 이끄는 교육의 변화, 좁혀 말하자면, 교육정책 거버넌스의 변화에 대해 얘기해보라는 게 학회

---

1) 바로 이런 점 때문에 정부의 종합대책이 "기술 개발 및 보급, 그리고 산업 진흥에 초점"이 맞추어져 있으며, "사회정책의 개선 문제도 언급하고는 있지만 여기에 교육, 노동, 복지, 양극화, 해킹, 프라이버시 등 매우 다양한 분야의 쟁점 과제들을 포괄하고 있어 중장기적인 사회정책의 지향점을 명확하게 파악하기 힘들다"(심우민, 2017. 1. 26 : 2)는 평가를 받는 것이다.

2) 그는 지능정보사회에 대비한 학교교육체제 변화를 다각도로 분석한 후 결론 부분에서 이와 같은 자세 내지 접근방법을 강조하고 있다. "그러나 1차, 2차, 3차 산업혁명기에도 새로운 기술들이 등장할 때마다 교육의 중요성은 늘 언급되어 왔고, 이번에도 별반 다르지 않은 상황이라고 할 수 있다"(장덕호, 2017. 6. 9 : 15)라는 진단 뒤에 이어지는 말이다.

의 주문이다. 다른 계기로 2016년 말부터 관련 문헌을 검토해온 게 사실이다. 그렇지만 기본적으로 '제3차 산업혁명'과 '제4차 산업혁명'의 본질적인 차이를 분별 내지 단언하기가 쉽지 않다. 아니 더 정확히 말하자면, 구분되어질 수 있다 하더라도 그 두 가지 변수가 교육적 대응을 달리해야 하는지에 대해서는 매우 조심스런 생각을 갖고 있다. 게다가 '거버넌스'란 표현도 거슬리기는 마찬가지인데, 이 글에서는 이를 "정책 결정 구조" 쯤으로 재해석하여 사용하고 있다.

이런 생각의 흐름을 바탕으로 이 글에서는 제4차 산업혁명이 교육정책 결정 구조 차원에서 요구하는 변화가 무엇인지를 규명하고자 한다. 이를 위해 먼저 제4차 산업혁명이 교육정책 차원에 제기하는 도전 내지 과제를 살펴보고 있다(제II절). 거기서 나는 교육격차 내지 불평등 해소가 향후 더 큰 관심을 기울여야 할 정책 과제임을 밝히고 있다. 다음으로 정책 내용을 담을 그릇인 정책 결정 구조의 변화를 검토하고 있다(제III절). 고찰을 통해 정책 결정 구조를 민주화하여 정부의 교육정책 독점을 해소하는 것이 지능정보사회에 대비하는 유효한 길임을 논증하고 있다. 끝으로 결론에서는 정책 결정 구조의 민주화를 위해 정부가 내려놓아야 할 것과 교육학계에서 경계해야 할 점에 대해 간략히 언급하고 있다(제IV절).

II. 제4차 산업혁명과 교육정책 차원의 과제

제4차 산업혁명이 교육정책 차원에 제기하는 과제를 어떻게 볼 수 있는 걸까? 이 문제는 제4차 산업혁명의 본질이 무엇이고 그에 대한 교육적 대응을 어떻게 해야 하는가하는 물음과 직결된다 하겠다. 조금 다른 각도에서 보면, 적어도 제3차 산업혁명과 제4차 산업혁명의 차별성에 대한 명확한 대답이 필요한 질문이라고 할 수 있다. 그런데 관련 자료나 선행연구들에서 제4차 산업혁명에 대한 교육적 대응이 제3차 산업혁명의 그것과 근본적으로 다르다는 식의 주장에 크게 공감하기 어렵다는 게 내 생각이다. 우선 제4차 산업혁명이 요구한다는 인재상(像)부터가 그렇다.

> "'**통섭형인재**' … 전문성을 갖추면서도 다양한 지식을 두루 겸비한 통섭형 인재가 되기 위해서는 필연적으로 **인문학적 소양**을 갖춰야 한다. 빅데이터 시대에 여러 정보를 취합해 올바른 의견을 도출하려면 필연적으로 인간과 역사, 문화, 사회 등을 이해하는 **인문학적 소양**을 갖추어야 하기 때문이다. 이러한 인재를 글로벌 기업들이 선호하고 있다." (진하게 강조는 필자, 미래전략정책연구원 지음, 2016 : 288쪽)

굳이 말하자면, '인문학적 소양'을 강조하고 있다는 점 말고 그간 얘기해온 인재상과 큰 차이점을 발견하기 어려운 주장이다. "4차 산업혁명의 본질에서 미래 인재상은 명확해진다. 창조성과 감성을 바탕으로 협력하는 인간상이다. 이를 '협력하는 괴짜'라 명명하고자 한다."(아주경제. 2017. 5. 30)라는 주장도 마찬가지다. 제4차 산업혁명 담론의 '선구자'임을 자처하는 이민화 교수의 칼럼 내용인데, '협력'이란 표현이 이채롭다면 이채롭다. 우연인지 필연인지 제4차 산업혁명이 회자되기 이전 상당 기간 신자유주의가 기승을 부리면서 악무한적인 '경쟁'을 교육에서 강조해온 것과 대비되기 때문이다. 이런 강조점의 차이는 다음의 글에서도 발견된다.

> "국어, 영어, 수학 선행학습 대신에 **협동**과 적응력이 필요하다. 교과중심의 교육(국어, 영어, 수학, 과학) → 21세기 역량 고차적 사고를 위한 교육(문제 해결력, **협동**, 창의, 융합, 논리적 사고력, 의사소통)" (진하게 강조는 필자, 임철일, 2017. 3. 27 : 6)

올해 초 민주당 의원이 주관한 토론회의 주제 발표 글에서 가져온 내용이다. '협동'이 두 번 언급되고 있는 것 말고 특기할만한 점을 발견하기 어렵다. 이쯤 되면, 이게 '제4차 산업혁명' 시대의 교육적 대응의 차별성을 말할 수 있는 역량 내지 덕목인가 하는 의문이 자연스럽게 제기될 수밖에 없다.[3] 결론 부분에서 새로운 교원 양성체제 개편의 필요성을 얘기하면서 "교육전문대학원을 통한 교원양성: 4+2"(같은 글, 19쪽) 방안을 제시하고 있는데, 이 또한 흔쾌히 동의하기 어려운 게 솔직한 심정이다. '창의적 인재'는 또 어떠한가?

> "○ 창의적 인재 – 지능정보사회에서는 문제해결력과 창의성을 갖춘 인재 양성이 국가경쟁력과 직결되는 시대 – 지능정보사회의 빠른 변화 속에서 미래세대는 매번 부딪히는 새로운 상황에 대해 문제를 정의(문제 발견)하고, 창의적으로 해결할 수 있는 역량을 갖추어야 함 – 특히, 지식과 정보의 생산·활용 시스템이 생산성에 결정적 영향을 미치기 때문에 지식과 정보를 활용해서(SW, Computing) 새로운 가치를 창출할 수 있는 역량이 중요"(노명순, 2016. 8 : 25)

정당 부설 연구소가 내놓은 정책 연구의 특성상 개인의 주장이라기보다는 여러 주장을 종합한 것으로 이해된다. 그러나 그런 점을 감안하

---

3) 이런 점은 강태중 외(2016 : 33)의 최근 연구 내용에서도 확인되는 바다. 연구진들은 '지능정보사회에 대비하는 교육정책의 지향'을 두 가지로 압축하면서 다음의 인용문에서 보듯 그것이 지능정보사회 고유의 것인가라는 아주 합리적인 의구심을 표출한다. 그러나 이상하게도 곧 바로 '교육정책 지향 환원론'적인 논법을 통해 얼버무리며 빠져나간다. "위 두 목적(교육정책의 지향-필자 주)은, **교육발전을 모색했던 과거 무수한 시도에서 거듭 표방 했던 것과 다르지 않다는 점에서, 지능정보사회에 대비한다는 특정한 맥락에 합당한 목적이 될 수 있는지 의심될 수 있음. 그러나 앞에서 논급했듯이, 시공의 맥락을 초월하여 교육(학습)의 궁극적 지향은 보편적인 데가 있음.** 지적인 힘('사고력') 그리고 원만한 인성과 사회성('시민의식')을 배양하는 것은 여전히 국가수준의 교육(정책)이 추구할 목적이 됨."(진하게 강조는 필자)

더라도 '창의적 인재'가 지능정보사회 고유의 인재상인지는 여전히 의심스럽다. 지난 연말 내놓은 정부의 '종합대책'에서도 '창의인재교육 확대'(관계부처 합동, 2016. 12. 27 : 22)라는 말을 사용하고 있는데, "암기·주입식 교육이 아닌 문제해결·사고력 중심의 교육 실현"[4](같은 자료, 50쪽)이란 문맥을 보면 위의 주장과 크게 다르지 않음을 알 수 있다. 다만, 장덕호(2017. 6. 9 : 6)가 "4차 산업혁명기에 우리가 구현해야 할 인재의 모습은 결국은 '협력적으로 생각하는 주체'이어야 할 것"이라면서 '지능정보사회 아이들의 학습과 역량'을 도식화한 것은 눈여겨볼 만하다.

[그림 1] 미래 지능정보사회 아이들의 학습과 역량

자료: 장덕호(2017. 6. 9), 7쪽

　　앞에서 살펴본 바와 같이 "협력"을 지능정보사회가 요구하는 인재상의 중핵 개념으로 제시하고 있음을 알 수 있다. 고용정보원 연구위원

---

4) 소효정(2017. 3. 27 : 49)은 정부가 내놓은 이 문서를 '지능정보화사회 미래교육 청사진'으로 성격 규정하면서 "1. 복합적 문제해결기술, 2. 비판적 사고, 3. 창의성" 등을 미래형 인재에게 요구되는 역량이라고 강조한 바 있다. 과연 그런가?

인 박가열이 "우리 사회가 4차 산업혁명을 주도하려면 교육 패러다임을 창의성과 감성 및 사회적 협력을 강조하는 방향으로 전환해야 한다"(경향신문, 2017. 3. 29일자)고 한 것과도 궤를 같이하는 주장으로 받아들여진다. 이렇게 제4차 산업혁명 시대의 인재상에서 "협력" 내지 "협동"이 강조되는 이유는 무엇일까? 두 측면에서 설명이 가능하다. 하나는 1980년대 이후 신자유주의의 경쟁 논리가 사회 양극화와 교육의 계급화를 심화시켜 사회의 지속 가능성(sustainability)을 위협하는 현실 때문이다. 경쟁의 대응 내지 대체 개념인 셈이다. 다른 하나는 지능정보사회가 사회 불평등을 완화시키기는커녕 오히려 격화시키게 될 위험 요소를 내포하고 있기 때문이다.

"제4차 산업혁명으로 인한 문제는 대부분 공급과 관련된 노동과 생산 부분에서 발생한다. … 혁신의 발전으로 기업이 자본으로 노동을 대체하면서 발생한 현상이다. 그 결과 제4차 산업혁명의 수혜자는 이노베이터(innovator), 투자자, 주주와 같은 지적·물적 자본을 제공하는 사람들이다. 이에 따라 노동자와 자본가 사이의 부의 격차는 갈수록 커지고 있다. 이런 상황에서 노동자들은 향후 평생 동안 실질소득을 높일 수 없다거나 자녀와 후손이 자신보다 더 나은 삶을 누리지 못할 수도 있다는 생각과 함께 절망에 빠질지도 모른다."
(Schwab/송경진 옮김, 2016 : 33)

이처럼 협력이 강조되는 현실[5]이 역설적이게도 교육정책을 포함한 사회정책이 절실하게 요청되는 지점이라 할 수 있다. 특별히 "중산층에

---

5) 그는 같은 책의 다른 곳에서 "이렇게 새로운 트렌드가 지속적으로 발생한다면, 저숙련 노동력이나 평범한 자본을 가진 사람들이 아닌, 새로운 아이디어와 비즈니스 모델, 상품과 서비스를 제공하는 등 혁신이 주도하는 생태계에 완벽히 적응할 수 있는 능력을 갖춘 사람들이 승자가 될 것"(Schwab/송경진 옮김, 2016 : 149)이라고 단언하고 있다.

게 있어 기회를 제한하는 승자독식 체제의 시장경제는 사회문제를 복잡하게 만드는 민주주의에 대한 불만과 포기를 조장할 수도 있다."(Schwab/송경진 옮김, 2016 : 151)는 지적에 귀 기울일 필요가 있다. 지능정보사회에서 교육불평등과 사회불평등을 완화시키는 복지 친화적 사회정책의 중요성을 새삼 깨닫게 해주는 말이기 때문이다.

> "… 사회정책이 진화하지 않는다면 자동화나 디지털화는 불평등 상태를 악화시키고, 많은 노동자들을 이전보다 더 나쁜 상황으로 몰아넣을 것이다. 그러나 시의적절한 혁신과 함께하는 새로운 사회정책은 불평등을 감소시키고, 노동자들을 보호하며, 심지어 일자리 창출을 지원할 수도 있다. 디지털 노동자들은 자신의 업무 능력을 향상시키고 권한을 부여받으며, 회사는 더 생산적인 노동력을 통해 이윤을 얻을 수 있고, 정부는 그 존재가치를 증명할 수 있다." (Rose et al./김진희 외 옮김, 2016 : 241)

과잉단순화의 위험을 무릅쓰자면, Rose에게 있어 정부의 존재가치[6]는 가용한 정책수단을 총동원하여 지능정보사회에서 심화될 공산이 큰 불평등을 해소시키는 데서 찾을 수 있는 것이다. 그런데 잘 알고 있듯이 어느 나라나 사회안전망 구축 정책의 중핵이 다름 아닌 교육정책이다. 과거 신자유주의 정책으로 불평등이 격화되었고, 또 앞으로 정책적 대응이 이루어지지 않으면 그 정도가 심해질 가능성이 있다는 점에서

---

[6] 매킨지 한국사무소 최원식 대표 인터뷰 기사의 내용도 같은 관점에서 나온 것으로 보인다. "생산 인구가 급격히 감소하고 있는 상황에서 국가 경제를 성장시키기 위해선 산업의 생산성 향상이 절대적으로 필요하고, 인공지능(AI), 사물인터넷(IoT), 자동화 등 첨단 기술을 활용해 효율을 높여 새로운 미래 가치를 만들어 내야 한다는 것이다. 다만, 기계가 인간의 노동을 대체하면서 발생하는 일자리 문제, 바뀐 직무에 대한 재교육 문제, 소득과 기회의 불평등 문제를 어떻게 해결해야 하는지 총체적으로 고민하고, 해법을 제시하는 것이 차기 정부의 몫이라는 지적이다."(한국일보, 2017. 4. 12 일자)

교육정책은 불평등 해소에 가용한 자원을 집중시킬 필요가 있다. "기본적으로 모든 노동자가 계약직이 되는 온디맨드 경제"[7](Schwab, Klaus/송경진 옮김, 2016 : 118) 하에서는 노동자를 보호하고 여러 차례 기회를 부여하는 일이 정부의 일차적인 책무이기 때문이다.

> "이런 학교들의 시스템(지능형 교습 시스템intelligent tutoring system - 필자 주)을 적응적(adaptive) 또는 개인화(personalized) 학습 시스템이라고 한다. 이런 시스템을 제공하는 회사는 70개가 넘는다. 대표적으로 뉴튼, 리즈닝 마인드, 드림박스 등이 있다. 이들은 모든 학생에게 '획일적'으로 접근하는 전통 교육 방식에 문제를 제기한다. 이들은 학생들의 주의력을 이끌어내기 위해 (바람직하지만 가격이 비싼) 일대일 집중 지도 방식을 복제해 교육 자료를 학생 각각에 맞춰 재단하는 방식을 활용한다." (Susskind & Susskind, 2015/위대성 옮김, 2016 : 88)

지능정보사회의 학교나 교육내용 등에 대한 장밋빛 전망이 많다. 하지만 위의 인용문을 보면, 정책 대응 차원에서 주목해야 할 또 다른 문제가 도사리고 있음을 알 수 있다. 다름 아닌 교육의 상업화 경향이다. 인용문은 지능정보사회에서 교육의 상업화가 가속화될 것이라는 점을 잘 보여주고 있다. 인공지능의 발달과 모바일 기기의 혁신 등으로 학교는 물론 교육 프로그램 관련 서비스 산업이 급속히 확대되는 마당에 교육 상업화는 피할 수 없다. 때문에 이러한 경향을 상시적으로 모

---

7) 오래 전부터 겪어온 노동시장의 분절화에 더하여 상시고용의 급감 현상과 관련된 현실이다. 다음과 같은 지적도 그런 점을 염두에 둔 것이다. "제4차 산업혁명은 노동시장에서 창의적인 최고과학기술인재(super-skill)에 대한 수요를 높일 것이다. … 여기에서 어느 나라에서든 〈인재 양극화〉와 〈소득 양극화〉의 문제가 등장한다. 왜냐하면 대부분의 나라에서 제4차 산업혁명의 기술혁명과 초세계화의 진전은 소위 최고과학기술인재의 수요는 급속히 증가시키지만, 중간기술인재(mid-skill)의 수요는 급속히 감소시키기 때문이다."(박세일, 2016. 10. 4 : 12)

니터링하고, 사회적 합의를 바탕으로 대응책을 세워나가는 일이 정부가 감당해야 할 중요한 과제로 떠오르게 될 것이다. 교육의 공공성을 제고하고 이를 평생학습을 위한 인프라로 확충하여 말 그대로 "모든 이들을 위한 교육"을 가능케 하는 것, 이것이 지능정보사회에 정부가 관심을 기울여야 할 정책 과제다.

III. 교육정책 결정 구조의 민주주의 확립 과제

'제4차 산업혁명'을 세계적 의제로 만든 세계경제포럼(WEF)의 홈페이지에는 포럼의 리더 격인 Schwab의 소논문이 탑재되어 있다. 당초 2015년 12월 15일 Foreign Affairs에 기고한 같은 제목의 글로 거기에는 '제4차 산업혁명이 정부에 미치게 될 영향'에 대해 아래와 같이 언급되어 있다. '제4차 산업혁명과 정책결정 구조의 변화' 문제를 고민하고 있는 우리로서는 귀담아들을만한 내용이라 하지 않을 수 없다. 글의 분위기를 생생하게 전달하기 위해 원문을 그대로 가져왔다.

"**The impact on government** As the physical, digital, and biological worlds continue to converge, new technologies and platforms will increasingly **enable citizens to engage with governments, voice their opinions, coordinate their efforts, and even circumvent the supervision of public authorities.** Simultaneously, governments will gain new technological powers to increase their control over populations, based on pervasive surveillance systems and the ability to control digital infrastructure. **On the whole, however, governments will increasingly face pressure to change their current approach to public engagement** and policymaking, as their central role of conducting policy diminishes owing to new sources of competition and the redistribution and decentralization of power that new technologies make possible." (진하게 강조는 필자, Schwab, 2016. 1. 14)

제4차 산업혁명이 진전될수록 과학기술과 플랫폼이 시민들로 하여금 정책에 참여하고 의견을 표명하며, 자신들의 노력을 조정하고 심지어 정부 당국의 감시를 무력화시킬 수도 있다는 예측이다. 그러면서도 정부가 과학기술의 힘을 통제의 수단으로 사용할 가능성을 부정하지는 않는다. 그러나 전체적으로 새로운 과학기술이 가져올 경쟁의 새로운 원천, 권력의 재분배와 분산 덕에 정책 수행의 구심으로서의 정부의 역할이 줄어들 것이라고 한다. 그 결과 정부는 지금과 같은 대중의 참여와 정책결정 방법을 변화시키라는 압력에 직면하게 될 것이라는 전망이다. 새로운 과학기술로 인해 일방적인 통치가 불가능하고 정책에 대한 정부의 영향력이 감소할 수밖에 없다는 것인데, 그의 저서에서는 이를 다음과 같이 간명하게 표현하고 있다.

> "몇몇 예외를 제외하고는 정책입안자들이 변화를 주도하기 어려워졌다. 정책입안자들의 역할이 초국가적 단체와 지방 및 지역단체는 물론 심지어 개인까지 포함한 경쟁세력의 등장으로 제재를 받기 때문이다. 미시권력(micro power)은 이제 국가 정부와 같은 거시권력(macro power)을 제재할 수 있게 되었다." (Schwab/송경진 옮김, 2016 : 113)

정부의 정책 독점이 완화 내지 해소될 것이란 얘기인데, 뒤에서 자세히 살펴볼 것이지만, 우리가 경험해온 현실과는 상당히 거리가 있음을 깨닫게 된다. 물론 당장의 현실이 아니라 "지능정보사회의 정책 결정 구조 변화에 대한 전망"이라는 점에서 다소 위안이 될 수는 있다.

권위적이고 소통을 거부하는 정부를 뒤로 하고 국민의 힘에 의해 새 정부가 구성된 마당에 혹여 나중에 실망할지라도 한껏 기대해봄직한 상황이기 때문이다. '조만간 경험할 미래'를 위해서라도 조금 더 생생한 언어로 정책 결정 구조의 변화 모습을 상상해보자.

> "4차 산업혁명의 정책 거버넌스는 정부주도 또는 민간주도의 이 분법에서 벗어나 중앙정부, 지방정부, 기업, 연구 및 교육기관, 시 민사회를 연결하는 개방적·협력적 플랫폼 형태로 조직되는 것이 선 진국의 경험이라고 할 수 있음." (이일영 외, 2017. 3. 13 : 7)

이와 같은 정책 결정 구조를 채울 내용 역시 민주적 정당성을 갖춰 야 한다는 점은 말할 나위가 없다. 이 또한 '선진국의 경험'을 타산지석 으로 삼을 필요가 있다. 다름 아닌 20세기 복지국가의 경험이 그것이 다. 제1,2차 산업혁명을 거치면서 자본주의는 시장의 효율성과 생산성 을 한껏 구가했다. 그러나 민주주의에 의해 규율되지 않은 시장은 대공 황이라는 파국을 초래하고 말았다. 20세기 복지국가의 등장이 자본주 의의 민주적 정당성에 대한 요청의 결과라는 교훈을 새삼 깨닫게 되는 대목이다. 그런 점에서 필연적으로 불평등이 심화될 것이라는 지능정보 사회에서도 이 문제는 초미의 관심사일 수밖에 없다. 이런 문제의식을 담고 있는 핵심 개념 가운데 하나가 유연안정성(flexicurity)이다.

> "20세기 복지국가는 대공황의 트라우마 때문에 생겨났다. 대공 황이 닥쳤을 때, **자유 시장의 가혹한 바람으로부터 사람들을 보호 하기 위해서 자본주의의 효율성과 함께 더 광범위한 민주적 정당성 이 필요**했다. 그런데 유연안전성[8]이라는 접근방식은 여기서 한 걸

---

8) 필자들은 유연안정성을 미래 사회정책의 핵심이라면서 다음과 같이 설명하고 있다. "유연안정성은 노르딕 국가들(Nordic countries), 그 중에서도 덴마크, 네덜란드에

음 더 나아가 사회민주주의적인 요소를 내포하고 있다. 즉, 정부와
시장이 함께할 수 있으며, 또 함께해야만 더 위대한 공공선을 달성
할 수 있다는 주장으로 **유연안전성이 달성하게 될 위대한 공공선은
바로 건강한 경제와 건강한 사회가 합쳐진 모습**이다." (진하게 강조는
필자, Rose et al./김진희 외 옮김, 2016 : 246)

이 정도로 하고 이제 우리의 현실로 돌아와 보자. 그간 우리가 경
험해온 정책결정 과정은 어떠했는가? 중앙정부의 정책 독점 현상과 그
로 인한 민주주의 작동 불능 상태가 오랫동안 지속되었다는 게 중론이
다. 특별히 중앙정부의 정책 주도 내지 독점은 세계경제포럼에서 내놓
은 보고서에서도 대표적인 사례로 언급될 정도다. 교육정책 변화를 이
끈 몇 가지 모델을 언급하면서 "한국은 중앙집권적인 정부가 '위에서
아래로'의 방식으로 변화를 추동해낸 대표적인 국가"[9](WEF, 2016 March:

서 인기 있는 모델로 오랫동안 자리매김해왔다. '유연한 안전'(flexible security)이
라는 말을 짧게 만든 이 개념의 핵심은 복지 혜택과 일자리를 분리하는 데 있다. 논란
이 있긴 하지만, 만약 정부가 시민들에게 보건 서비스, 주택, 교육훈련 등과 같은 것
을 고용 상태와 관계없이 보편적 기준에 따라 보장해준다면 사람들은 직장을 옮기거
나 일자리를 잃는 것을 그토록 두려워하지 않을 것이다."(Rose et al./김진희 외 옮
김, 2016 : 245-246)

9) 그 공과의 평가에 대한 동의 여부는 일단 논외로 하고, 이해를 돕기 위해 원문의 해당
부분을 그대로 옮겨보기로 한다. "**A central-government programme** South
Korea is an example of a country whose centralized government drove
change from the top. In the early 1990s, South Korean officials were
determined to prepare students for the knowledge-based economy by
focusing on developing creativity and critical-thinking skills. South
Korea's Ministry of Education set the reform agenda, using international
data and comparisons to underscore problems in the country's schools
and economy. In the analysis phase, a government survey of students
revealed low student engagement and found that students spent too
many hours in after-school "cram schools" studying for university
exams. Next, the government established the Presidential Commission
on Education Reform to develop proposals, which included reducing

30)라는 것이다. 이렇게 매사 '변화를 추동'하는 주역이기도 했지만, 의미 있는 '변화를 가로막는' 주인공 자리도 양보하지 않았다.

먼저 후자와 관련하여 누리과정 예산 갈등에서 보여준 정부의 행태는 정책 독점 내지 독재의 폐해가 얼마나 심각한지를 잘 보여준다[10](김용일, 2016b 참조). 국회의 공론 과정을 피하기 위해 유아교육법 시행령, 영유아보육법 시행령 등 행정입법에 의거한 정책 추진의 흠결은 재론할 필요조차 없다. 시·도교육감과의 예산 갈등이 빚어지자 기획재정부가 앞장서 교육부와 보건복지부 등 유관부처는 물론 심지어 대통령까지 동원하여 정치공세를 펼치던 모습이 눈에 선하다. 그러던 교육부는 정부가 바뀌자마자 "누리과정 어린이집 예산을 전부 국고로 지원하기"(연합뉴스, 2017. 5. 25일자)로 전격 방침을 바꾼다. 정책 결정 구조의 민주주의 회복 내지 확립이 얼마나 절실한 과제인가를 웅변해주고 있는 사례라 할 수 있다.

다음으로 '변화를 추동'하는 주역으로서의 문제다. '시안'이란 꼬리표를 달고 있지만, 오늘 우리가 함께 논의하고 있는 제4차 산업혁명에 대응한 정책 과제를 도출하는 작업 역시 교육부 주도로 이루어졌다. 보도자료를 통해 "시도교육청·교육전문가·현장교원·학부모 등 각계의 의견을 수렴하여 전략을 수정·보완"하겠다고 하고 있다. 하지만 시안

---

the number of subjects that students were required to take and mandating the inclusion of "creative experiential learning activities". These policies were subsequently implemented and refined on the basis of feedback and measurement. Today, South Korean students rank first in creative problem-solving, according to the PISA international assessment."

10) 새 정부가 폐지 내지 일반고 전환 방침을 밝힌 자사고 정책만 해도 그렇다. 2016년 서울시교육청의 자사고 평가와 폐지 결정에 대해 교육부가 시정명령, 직권취소 등 행정조치와 함께 사후에 시행령 개정까지 해가면서 극력 저지하던 모습이 생생하다(김용일, 2015 참조). 그런데 이러한 학교정책 또한 새 정부 들어 완전히 달라질 판이다.

발표 뒤에 "각종 공청회, 세미나, 학술대회 등을 통해 활발한 논의"가 뒤따르는 전형적인 연역적 접근이다. 그것도 '밀실'에서 전격적으로 작업이 진행[11]되었다는 느낌을 줄 정도다. 사실 이런 정책 결정 내지 입안 행태는 이명박 정부와 박근혜 정부에서 발견되는 도드라진 특징이다.

> **"향후 계획 및 추진체계** □ 교육부는 이번에 발표한 시안을 토대로, 향후 시도교육청·교육전문가·현장교원·학부모 등 각계의 의견을 수렴**하여 전략을 수정·보완하고 이를 실행해나갈 구체적 정책과 로드맵을 2017년 확정**할 계획이다. ○이와 관련하여 **각종 공청회, 세미나, 학술대회 등을 통해 활발한 논의**가 이루어질 수 있도록 최대한 지원하고, ○**차관을 중심으로 하는 민관합동 TF**를 중심으로 교육청 소통 체계를 구축하고 교육부 자문위원회를 재구성하는 동시에, 교육부 직제개편을 통해 **본 시안이 정책으로 발전될 수 있도록 추진체계를 재정비**한다." (고딕과 진하게 강조는 원저자, 교육부, 2016. 12. 22 : 19)

여하튼 그 결과물로 내놓은 것이 바로 아래의 "다섯 가지 중장기 교육방향과 핵심 키워드"다(교육부, 2016. 12; 교육부, 2016. 12. 22). 다른 무엇보다 먼저 1에서 4까지의 교육방향과 키워드가 '지능정보사회'의 독

---

11) 시안이 마련된 경위를 다음과 같이 상세히 밝히고 있다. 그러나 교육부가 주어가 되고, 교육부가 선택한 '전문가' 중심이라는 점은 움직일 수 없는 사실이다. "올해 초 세계경제포럼(WEF) 클라우스 슈밥 회장의 **4차 산업혁명 예고** 및 지난 3월 인공지능 알파고와 이세돌 9단의 바둑대결로 지능정보사회에 대한 **전 사회적 관심**이 모아진 상황에서, …○교육부는 4차 산업혁명이 교육 및 사회 전반에 미칠 엄청난 영향력에 주목하여 지난 **4월, 이준식 사회부총리 겸 교육부장관**이 미래인재 양성을 위한 **교육부문 중장기 정책방향을 연내 마련**할 것을 약속하였으며, ○ **4월 이후**, 교육부는 한국교육개발원 등 **주요 국책 연구기관들과 여러 전문가들과 협력**해서 지능정보사회의 변화를 진단하고, **TF를 구성**해 여러 차례 토론과 논의를 거쳐 '**지능정보사회에 대응한 중장기 교육정책의 방향과 전략(시안)**'을 마련하였다."(진하게 강조는 원저자, 교육부, 2016. 12. 22 : 2)

특한 대응 방향인지에 대한 의문은 여전하다. 앞에서 자세히 살펴본 것
처럼 '제3차 산업혁명' 시대의 그것과 차별성을 발견하기 어렵다. 유연
화, 자율화, 개별화, 전문화 가운데 전문화에서 '지식정보'가 '지능정보'
로 바뀌었을 뿐 '문민정부' 시절의 5.31 교육개혁안에서부터 귀에 익숙
한 얘기다. 이럴진대 5.31 교육개혁안의 시대사적 배경인 '지식정보화
사회'와 제4차 산업혁명의 소산이라 할 수 있는 '지능정보사회'를 구별
한다는 게 어떤 의미가 있는 걸까?

> "1. (유연화) 학생들의 흥미와 적성을 최대한 발휘할 수 있는 교육
> 2. (자율화) 사고력, 문제 해결력, 창의력을 키우는 교육
> 3. (개별화) 개인의 학습능력을 고려한 맞춤형 교육
> 4. (전문화) 지능정보기술 분야 핵심인재를 기르는 교육
> 5. (인간화) 사람을 중시하고 사회통합을 이루는 교육"

이처럼 '위에서 아래로의 청사진 마련'의 문제점은 누차 경험한 바
와 같이 해당 정책이 정부의 협소한 관점이나 역량에 갇히게 된다는
것이다. 위의 인용문에서 "인간화"가 중장기 교육방향의 하나로 언급되
어 있다. 그렇지만 그 세부적인 방안들을 들여다보면 선별적 복지라는
'닫힌 관점'[12]에 머물러 있음을 알 수 있다. 게다가 기본적으로 기술적
낙관주의[13]라는 관점상의 근본적인 한계도 관찰된다. 이 둘이 결합되

---

12) **단기핵심 과제** 〈교육 소외계층 지원 대책 마련〉 ▷ 자동화에 따른 사회 양극화 및 교
육 양극화를 완화하기 위한 종합적인 교육 소외계층 지원 대책 마련 ▷ 장애·다문화·
탈북 등 소외계층과, 농산어촌 등 정책적 배려가 필요한 대상 및 저숙련 노동자 등
빈곤층 자녀에 대한 교육 지원 강화 ※ 소외계층 교육 지원을 위한 별도 대책 수립
예정('17. 상)"(진하게 강조는 필자, 교육부, 2016. 12 : 27)
13) 여기서 잠시 그 극단적인 견해 가운데 하나를 소개하고 넘어가기로 한다. "하부구조
중심 담론에만 몰두하게 되는 경우, 우리는 지능정보사회가 함축하는 또 다른(밝은)
측면을 간과하게 됨. … 지능정보 기술이 열어줄 미래 사회는 인류 역사에서 유례를
찾을 수 없을 정도로 인류를 생존(노동)의 굴레에서 해방시켜 줄 가능성도 지니고 있

면, 불평등 해소와 같은 정작 중요한 의제는 축소 내지 사상되고 '요란한 정책과제'가 현장을 휘젓게 된다. 다시 한 번 Schwab의 얘기로 돌아가보자. 우리 교육부가 정책을 다루는 모습과 Schwab이 말하는 제4차 산업혁명 시대에 정책결정가가 취해야 할 모습이 극명하게 대비되기 때문이다.

> "제4차 산업혁명 시대에 필요한 것은 많은 정책을 더욱 빨리 제정하는 것이 아니라 좀 더 회복력 있는 체제를 생산할 수 있는 규제와 법 제정의 생태계 조성이다. 이러한 접근 방식은 **중요한 결정에 대해 조용히 생각해볼 수 있는 여유를 확보함으로써 강화**될 수 있다. 이런 신중함에 혁신이 등장할 수 있도록 최대한의 여유(공간)를 만들 수 있는 선견지명을 융합해 현재의 상태보다 더욱 생산적인 결과로 이어질 수 있도록 노력하는 것이 우리가 해야 할 일이다."
> (Schwab/송경진 옮김, 2016 : 116)

'중요한 결정에 대해 조용히 생각해볼 수 있는 여유를 확보해야 한다'는 말이 큰 울림으로 다가온다. 앞에서 살펴보았듯이 우리는 전혀 그러질 못해 왔다. 아니 오히려 설익은 개념을 앞세워 '세상이 또다시

음. 지능정보사회에서 경제 생산성과 효율성은 상상하기 어려울 정도로 높아지리라 예상되는데, 이런 변화는 지구적으로 인류에 대한 생계 위협을 크게 완화할 것임. 불평등 현상에 부수될 수 있는 상대적 박탈감과 갈등의 우려가 없는 건 아니지만, 적어도 생존 위협을 받음 없이 '문화' 향유 기회를 가질 수 있는 인류의(국민의) 상대적 비중은 크게 높아지리라고 예상할 수 있음. 미래에는 경제 활동의 측면에서 '쓸모를 잃은' 사람들이 증가하리라는 예상도 가능하지만, 사회적 연대와 복지의 안전망이 확보된다면, 하부구조의 측면에서(경제적 가치론에서) 그렇게 '문제가 될' 사람들이 상부구조 맥락에서는(문화적 인본적 가치론에서는) '먹고 살 걱정 없이' 인간적인 삶을 누릴 수 있는 '문화인'이 될 수 있음. 이들의 문화적이고 인본적인 활동은 결국 좀 더 문화적이고 인본적인 상품과 서비스의 시장을 만들고 궁극적으로 좀 더 인간적인 세상을 만드는 데 기여할 수 있음. 현재의 교육정책 담론은 지능정보사회가 함축할 수 있는 이런 측면의 잠재력을 경시하는 점이 있음."(강태중 외, 2016 : 31-31)

빠르게 변한다'고 호들갑을 떨면서 기업이나 정권의 입맛에 맞는 언어로 정책을 포장하기에 급급했다. 그러다보니 교육정책은 아침과 저녁이 다르고, 학생과 학부모는 정책 당국에 대해 원망하는 마음을 품게 되었다. 시간이 지나면서 교육부를 필두로 한 정부의 정책 주도 내지 독점을 그냥 나둬서는 안 되겠다는 생각도 커지게 되었다. 한마디로 우리 국민은 교육정책 결정 구조에서 민주주의를 확립해야겠다는 바람을 강력히 표출해온 것이다.

그런 바람이 이번 대통령선거에서 여러 형태의 공약으로 표출되었는데, 국가교육위원회 제도 도입이 그 대표적인 의제였다. 이 문제에 관한 한 국민의당 후보였던 안철수 후보가 가장 적극적[14]이었다. 국가교육위원회를 도입하고 교육부는 교육지원처로 격하시키겠다는 구상이었다. 더불어민주당 문재인 후보의 경우 상대적으로 소극적인 입장이었지만, "국가교육회의(대통령자문기구) → 국가교육위원회"의 단계적 경로로 도입의 필요성 자체를 부정하고 있지는 않다(더불어민주당, 2017. 4. 28 : 221). 이런 취지의 제도 구상은 '지능정보사회 대비 미래 교육정책 방향과 과제'를 논하고 있는 다음의 연구내용에서도 발견된다.

"**과제 1) 미래교육위원회 구성·운영** ◀ 미래교육을 구상하는 '범사회적 미래교육위원회' 구성·운영 ◀ 교육개혁의 안정적 추진을 위해 위원회의 법제화 추진(위원의 임기 5년) **과제 2) 미래 교육 대국민 토론회 추진** ◀ 교육관련 학회, 국책 교육 연구기관, 대학 교수 등

---

14) 이 점은 제4차 산업혁명과 관련된 정책토론회 자리에 토론자로 참석한 국민의당 오세정 의원(국민정책연구원장)의 당론에 터한 발언에서 잘 확인되는 바다. 그는 〈우리가 추진해야할 3대 교육혁명〉의 첫 번째 과제로 다음과 같이 "교육 거버넌스 개혁"을 들고 있다. "Ⅰ 교육 거버넌스 개혁 �口 교육부 폐지, 국가교육위원회─교육지원처로 재편 ○ 국가교육위원회는 교사, 학부모, 여야 정치권 등 모든 이해관계자 참여, 향후 10년간 교육계획 합의 도출 → 교육정책 일관성 유지 ○ 교육지원처는 국가교육위원회의 결정 정책을 행정적으로 지원".(오세정, 2017. 3. 13 : 65)

교육 전문가, 교원 등 현장 교육 전문가, 학생, 학부모, 일반 시민 등 전 사회적 의견 수렴, ◀ 미래 교육 방향에 대한 다양한 의견 교류 및 상호 신뢰에 기반한 교육정책 추진 **과제 3) 미래 교육 방향에 대한 담론 형성** ◀ 전문가 집단을 구성하여 '미래 교육 전망 및 미래형 학교 모델의 담론' 형성"(고딕의 강조는 원저자, 정제영, 2016. 4. 8; 44 - 45)

'범사회적', '법제화', '대국민 토론회', '미래 교육 방향에 대한 담론 형성' 등의 표현이 눈길을 사로잡는다. 정책 형성에서 공론의 필요성을 강조하는 한편, 그것을 가능케 하는 틀(그릇)로서 정책 결정 구조의 민주화의 중요성을 말하고 있는 것으로 이해된다. 사실 그간 국가교육위원회는 교육정책 결정 구조를 민주화하는 계기를 제공하는 제도로 검토되어왔다. 정책의 일관성과 안정성 역시 정책 결정의 민주주의를 통해 확보할 수 있기 때문이다(김용일, 2016a 참조; 김용일, 2013 참조). 같은 맥락에서 보수정당의 싱크탱크인 여의도연구원의 정책보고서에서도 국가교육위원회 설립을 특별히 지능정보사회의 교육개혁 과제로 적시하고 있음을 알 수 있다.

"미래인재양성은 보육, 교육, 고용, 복지, 노후를 포괄하는 국가 전략으로서 종합적인 설계가 중요한데, 이를 위해서는 지금의 교육부보다 포괄적이고 거시적인 시각을 갖는 기구가 필요하며, 이미 이에 대한 논의가 활발함 … ― 교육정책의 일관성과 지속성을 확보하여 의도한 정책효과를 달성할 수 있는 기틀 구축―교육을 둘러싼 사회적 갈등을 극복하고 사회적 신뢰관계 형성의 계기 마련―중장기적 시각으로 미래 인재상과 핵심역량, 교육과정, 대입제도 등 지능정보사회에 대비한 교육정책에 대한 사회적 합의 도출"(노명순, 2016. 8 : 47)

제4차 산업혁명 시대에 교육정책 결정 구조가 어떻게 변화해야 하는가 하는 물음에 대해 "민주주의의 확립"을 답으로 내놓은 셈이다. 그것을 실현하는데 강력한 기제가 국가교육위원회인지는 논외로 하더라도 그처럼 '특별한 기구'를 도입해야 한다는 여론이 비등할 정도로 교육부를 필두로 한 중앙정부의 교육정책 독점의 폐해가 심각하다는 점만큼은 움직일 수 없는 사실이다. 이런 병폐를 해소하지 않고 지능정보사회에 대처하기 어렵다는 사실은 지금까지의 고찰에서 분명해졌다. '제4차 산업혁명', '지능정보사회'라는 현란한 개념을 앞세워 정부가 또다시 일방적으로 교육정책을 재단하려고 하는 순간 우리 교육의 미래를 기약하기는 어렵다.

IV. 결론

이 원고 작업을 하면서 조금 특이한 경험을 했다. 미국교육학회(AERA) 정회원으로서 여러 종류의 간행물을 받아보고 있는데, 제4차 산업혁명('the fourth industrial revolution')과 교육의 문제를 다룬 글을 좀체 발견할 수 없었다. 처음에는 American Educational Research Journal 등의 경우 원고 심사 등으로 시간이 오래 걸려 2016년 1월 다보스포럼 이후의 관심사를 반영하지 못한 결과로 생각했다. 그래서 가장 최근의 연구동향 내지 소식을 반영하고 있는 기관지인 Educational Researcher를 좀 세밀하게 검토하였다. 그러나 격월간 또는 월간으로 발행되는 이 잡지(2016년 1월 이후 2017년 5월까지)에서도 관련되는 글을 찾아볼 수 없었다. 그제서야 나는 무언가 잘못된 게 아닌가 하는 생각을 하게 되었다.

"'4차 산업혁명' 개념정리 안 되면 창조경제 재탕될 수도 '4차 산업혁명'에 대한 논란은 갈수록 커지고 있다. 4차 산업혁명이란 용어의 학술적 근거가 부족하고, 정의가 모호해 관련 논의도 수박 겉핥기식으로 흐르는 경우가 많다는 것이다. 게다가 세계적으로 통용되는 용어도 아니어서 자칫 '녹색경제'나 '창조경제'처럼 반짝 유행하고 잊히는 구호가 될 수 있다는 경고까지 나온다. … 학계에서 커지는 '모호한 정의' 우려, 처음 등장한 건 작년 다보스포럼, IoT·AI 등이 초래할 변화 강조, 정부 정책 핵심 키워드로 떠올라, 학계 "해외선 뭔 말인지 잘 몰라, 3차 산업혁명 실체도 불분명한데…" (진하게 강조는 원저자, 중앙일보, 2015. 6. 15일자)

다소 과장된 면이 없지 않지만, 이 일간지 기사는 제4차 산업혁명이란 개념이 학술적 근거가 부족한 아주 모호하고 논쟁적인 개념이란 점을 지적하고 있다. 이 용어가 유난히 국내에서만 부각되고 있어 우리만 동떨어진 표현을 계속 쓸 경우 세계적 논의에서 소외될 가능성이 있다는 우려도 함께 소개하고 있다. 사정이 이렇다보니 한편에는 제4차 산업혁명 '세일즈맨'들이 맹활약하며, 그들이 전파하는 '복음'에 대한 환호와 우려가 교차하고 있는 게 우리 현실이다. 제4차 산업혁명에서 '추구해야 할' 인재상이 제3차 산업혁명의 그것과 차별성이 없었던 것도 다 그만한 이유가 있었던 것이다. 제3차 산업혁명 기간과 겹치는 1980년대 이후 신자유주의의 경쟁(력) 담론이 가져온 불평등 문제 해소와 관련하여 협력(협동)의 가치가 강조되고 있을 뿐이다.

이런 현실은 교육부를 포함한 정부의 '유능한 인재'들이 '멋진 그림' 그리기에 매달리는 작금의 모습과 무관치 않다. 달리 표현하자면, 교육정책에 대한 정부 내지 관료 독점 현상의 필연적인 결과라 할 것이다. 행정고시를 합격하고 입직하자마자 시작되는 이런 식의 강도 높은 '학습의 결과'는 전문직에게도 전파되어 관료 사회 전반에 만연되어 있다. 그들은 자신들에게 하달되거나 스스로 구상한 '멋진 그림'의 내용이 채워질 때까지 해당 분야의 '전문가들'을 쥐어짠다. 마침내 그림이 완성되고, 그렇게 만들어진 청사진이 교육현실을 재단하는 꼴이다. 과거 차트 작업으로 상징되는 군사문화를 떠올리게 하는 대목이다.

이런 자세와 행태를 내려놓지 않는 한 우리 교육의 미래는 없다. 스스로 내려놓지 않을 때 민주주의 사회에서는 타력에 의한 변화가 필연이란 사실 또한 자명하다. 국가교육위원회 구상에 담긴 취지가 바로 그런 것이란 사실을 외면해서는 안 된다. 그러나 정부 차원에서 내려놓을 것을 내려놓는 것만으로는 충분치 않다. 우리 사회의 지식인, 좁혀 말해 교육학자들의 행태가 심각하기 때문이다. 정책 설계(policy design)이나 정책주장(policy arguments)을 정책연구(policy study, policy research)와 혼동하는 경우는 그래도 봐줄만 하다. 팔을 걷어붙이고 기꺼이 정부의 정책을 정당화하는 일에 몰두하는 사람들이 이렇게 많은 한 교육학도 교육정책도 그저 유희이자 한담일 뿐이다. 스스로 경계하고, 쉽지 않지만 변화해야 한다.

참고문헌

강승규(2016. 7. 1). 제4차 산업혁명과 교육혁명. Huffpost Koera(http://www. huffingtonpost.kr/ korean-agenda/story_b_10758002.html).

강태중·강태훈·류성창·정제영(2016). 지능정보사회를 위한 교육 발전 전략 구상. 한국교육개발원. CR2016-25.

관계부처 합동(2016. 12. 27). 제4차 산업혁명에 대응한 「지능정보사회 중장기 종합대책」.

교육개혁위원회(1995. 5. 31). 세계화·정보화 시대를 주도하는 신교육체제 수립을 위한 교육개혁 방안(제2차 대통령 보고서).

교육부(2000. 4. 22). 지식기반사회에 대응한 인적자원개발 전략(인적자원 개발회의 자료).

교육부(2016. 12). 지능정보화사회에 대응한 중장기 교육정책의 방향과 전략(試案).

교육부(2016. 12. 22). 2030 인재강국 실현을 위한 대한민국 미래교육 청사진: 지능정보화사회에 대응한 중장기 교육정책의 방향과 전략 시안 발표(보도자료).

교육부(2017. 1. 6). 행복교육 안착과 창의인재강국 실현을 위한 준비 박차: 2017년 교육부 업무계획 발표(보도자료).

국가평생교육진흥원(2016. 6). 4차 산업혁명의 시대에서 묻는 교육의 미래: 세계경제포럼의 '교육을 위한 새로운 비전(New vision for education)'. 글로벌평생교육동향, 1-15.

김용일(2009). 지방교육자치의 현실과 '이상'(개정증보판). 서울: 문음사.

김용일(2013). 국가교육위원회 구상의 유형 분류에 관한 연구. 한국교육개발원. 한국교육. 40(4), 187-205.

김용일(2015). 학교 지정 권한 관련 초·중등교육법 시행령 개정에 관한 연구. 한국교육개발원. 한국교육. 42(2), 169-191.

김용일(2016a). 국가교육위원회 관련 주장의 정당화논리 탐색. 한국교육정
    치학회. 교육정치학연구. 23(4), 73 – 90.

김용일(2016b). 누리과정 예산 갈등의 정치학. 한국교육정치학회. 교육정치
    학연구. 23(2), 101 – 126.

김용일(2017. 2. 10). 제4차 산업혁명과 교육행정의 미래: "유망한 연구노
    트"(토론문). 안암교육학회. 제4차 산업혁명과 교육학의 혁신(2016 동계
    학술대회 자료집), 117 – 118.

노명순(2016. 6). 지능정보사회의 교육개혁, 그 방향과 과제. 여의도연구원
    (여연정책연구 2016 – 2).

더불어민주당(2017. 4. 28). 나라를 나라답게(제19대 대통령선거 정책공약집).

류성창(2017. 6. 9). 지능 정보사회를 대비하는 학교 교육과정의 변화. 한
    국교육개발원·교육정책네트워크·교육부. 4차 산업혁명과 미래교육의 변
    화(제1차 KEDI 미래교육정책포럼 자료집), 57 – 86.

미래전략정책연구원(2016). 10년 후 4차산업혁명의 미래. 고양시: 일상이상.

박세일(2016. 10. 4). 4차 산업혁명과 한국교육의 미래. 바른사회운동연합
    교육개혁추진위원회. 교육개혁 심포지엄(발표자료집), 1 – 15.

소효정(2017. 3. 27). 교육의 미래, 미래의 교육과 테크놀로지: 국내 사례
    연구. 국회의원 박경미. 미래를 준비하는 교육(토론회 자료집), 43 – 60.

송진식(2017. 3. 7). 한국 미래 좌우할 4차 산업혁명 '현실적 지혜' 모아야
    할 때다(특집). 주간경향 1216호.

신상호(2017. 4. 4). 후보들마다 4차 산업혁명, 부작용은 알고 있나? 오마이
    뉴스.

신현석·정용주(2017. 2. 10). 제4차 산업혁명과 교육행정의 미래. 안암교육학
    회. 제4차 산업혁명과 교육학의 혁신(2016 동계 학술대회 자료집), 89 – 116.

심우민(2017. 1. 26). 「지능정보사회 중장기 종합대책」의 의미와 입법과제.
    국회입법조사처. 이슈와 논점. 1249.

오세정(2017. 3. 13). 국민이 이끄는 4차 산업혁명(토론문). 여시재·바꿈·
    한국일보. 제4차 산업혁명과 차기 정부의 과제(토론회 자료집), 59 – 66.

이일영·강남훈·양재진·주현·정준호(2017. 3. 13). 4차 산업혁명을 준비하

는 제도적 적응. 여시재·바꿈·한국일보. 제4차 산업혁명과 차기 정부의 과제(토론회 자료집), 3-9.

임철일(2017. 3. 27). 제4차 산업혁명과 차기 정부의 교육정책 과제. 국회의원 박경미. 미래를 준비하는 교육(토론회 자료집), 3-22.

장덕호(2017. 6. 9). 지능정보사회를 대비하는 학교교육체제 변화. 한국교육개발원·교육정책네트워크·교육부. 4차 산업혁명과 미래교육의 변화(제1차 KEDI 미래교육정책포럼 자료집), 1-17.

정제영(2016). 지능정보사회에 대비한 학교교육 시스템 재설계 연구. 교육행정학연구. 34(4), 49-71.

정제영(2016. 4. 8). 지능정보사회에 대비한 미래 교육정책 방향과 과제. 한국교육학회. 지능정보사회 대비 미래 교육정책 방향과 과제(한국교육학회 교육정책포럼 자료집), 23-46.

KBS<명견만리>제작팀(2016). 명견만리: 윤리, 기술, 중국, 교육 편. 서울: (주)인플루엔셀.

Morgan, Jacob(2014). The future of work: attract new talent, build better leaders, and create a competitive organization./ 이현정 옮김(2015). 제이콥 모건의 다가올 미래: 4차 산업혁명, 위기인가 기회인가. 서울: 비전코리아.

Rose, Gideon et al.(2016). *The fourth industrial revolution*/ 김진희 외 옮김(2016). 4차산업혁명의 충격. 서울: 흐름출판.

Schwab, Klaus(2016). *The fourth industrial revolution*/ 송경진 옮김(2016). 클라우스 슈밥의 제4차 산업혁명. 서울: 새로운 현재.

Schwab, Klaus(2016. 1. 14). The Fourth Industrial Revolution: what it means, how to respond.(https://www.weforum.org/agenda/2016/01/the-fourth-industrial-revolution-what-it-means-and-how-to-respond/).

Susskind, Richard & Susskind Diniel(2015). The future of the professions: how the technology transform the work of human experts./ 위대선

옮김(2016). 4차 산업혁명 시대 전문직의 미래. 서울: 와이즈베리.

World Economic Forum(2016 March). *New vision for education: forstering social and emotional learning through technology.*

3주제

교육과정 및 평가의
개혁과 대응과제

김대영(제주대학교 교수)

제4차 산업혁명 시대를 대비한
교육과정 담론의 확장

김대영(제주대학교 교수)

Ⅰ. 서론

최근 교육학 전반을 아우르는 화두는 아마 4차 산업혁명일 것이다. 교육이 동시대의 요구와 동떨어져 존재할 수 없다는 자명한 사실에 비추어 본다면 4차 산업혁명의 특징, 예컨대 AI, VR, AR, Big Data, O2O, IoT, IoB, 3D 프린트 등을 교육에 어떻게 접목할 것인가를 고민하는 것은 당연한 일이다. 하지만 이에 매몰되어 새로운 개혁과제들이 무분별하게 생산되고 적용된다면 우리는 과거의 잘못을 답습할 가능성을 배제할 수 없을 것이다. 즉, 4차 산업혁명 시대가 요구하는 특징은 물론이거니와 여기에서 파생된 교육개혁 과제들이 우리의 교육현실에 어떤 의미를 지니고, 어떤 영향을 끼칠 수 있을 것인지에 대해 충분히 검토할 필요가 있다.

예컨대 2차 산업혁명 당시 Thomas Edison은 "나는 영화가 교육체제를 변화시킬 운명을 타고 났으며 수년 내에 전부 혹은 대부분의 교과서를 대신하게 될 것이라 믿는다."고(Cuban, 1986 : 9에서 재인용) 예상을 한 바 있지만 아직 우리의 교육현장은 '교과서'에서 탈피하지 못하고 있다(김경자, 2015; 허 숙, 2001). 3차 산업혁명의 아이콘인 컴퓨터는 어떠한가? 물론 컴퓨터의 교육적 잠재력은 뚜렷하지만 일상 수업에서 컴퓨터가 얼마나 빠르고 광범위하게 사용되어야 하는지의 판단은 아직도 유보되고 있다. 알파고의 충격으로 대변되는 4차 산업혁명 시대 SW교육(코딩) 강화 정책 역시 같은 맥락에서 이해될 수 있을 것이다.

1~4차 산업혁명을 거치며 사회는 급변하고 있으며 이에 대응하는 수많은 교육개혁들이 시행되었지만, 당시와 비교해 보았을 때 지금 우리 교육의 모습은 얼마나 달라졌는가? 이에 대한 대답을 교수－학습으로 한정한다면 John Dewey(1902)는 "학생을 향한 기계적인 수업 방식이 실제로 전 세계를 좌지우지할 것이다"(pp. 22 - 23)고 예상한바가 있으며, 약 100여년의 미국 교수학습방법의 역사를 연구한 Larry Cuban (1984)은 미국의 수업 모습에 큰 변화가 없음을 밝히고 있다.

지금도 수많은 개혁과제들이 학교를 변화시키려고 노력하였지만, 반대로 학교가 이러한 개혁과제들을 학교의 특성에 따라 변화시켜 왔다. 따라서 현 시점에서 우리는 「학교와 학교구성원이 개혁을 어떻게 변화시켰는가?」(Tyack & Cuban, 1995)와 같은 질문을 스스로에게 던져보아야 할 것이다. 그동안 우리는 개혁안을 마련하는 과정에서 무심코 학교와 학교구성원을 개혁의 종속변인으로 취급해 왔다. 하지만 학교의 조건과 구성원들은 개혁가들의 개혁안을 그대로 수용하는 객체가 아닐 뿐더러 개혁안이 실현되기까지 무한정 기다려주는 정태적인 존재가 아니다. 학교의 구성원은 개혁안이 수행되는 과정에도 끊임없이 변화하며, 개혁의 과정은 물론 결과를 변용시키는 힘을 갖고 있는 개혁의 주체이기도 하다.

사실 교육과정 분야에서 학교 구성원의 한 축인 교사를 단순히 지식을 전달하는 기술자로(Apple, 1986; Pinar, 1999) 취급한 경향이 존재하였다. 이를 좀 더 자세히 살펴보면, 국가는 교과서 혹은 지도서 내용의 자세한 부분까지 교육과정을 통해 미리 개발하고, 이를 법령화하여 교사에게 그 이행을 강요해 온 측면이 강했다. 즉, 하나의 교육과정, 이를 해석한 자료로 교과서 혹은 지도서 이외의 다른 대안이 허용되지 않는 교육과정 체제에서 교사는 타율성을 강요받기 쉽고, 교직에 헌신하는 의미를 잃어버릴 위험에 처해 있었다.

이는 교사가 '무엇을 가르칠 것인가?'에 대해 자신의 소신을 반영한 자신의 수업계획으로 가르치지 못함으로써, 그 수업은 '자신의 수업'이 아닌 마치 '남의 수업'을 대신 수행하는 것으로 인식되었다(정범모, 1954). '나의 것'이란 느낌은 어디에서나, 누구에게나 중요한 문제로 대부분의 인간은 내가 계획한 것에는 흥미를 느끼지만, 남이 계획한 것을 하기에는 흥미를 느끼지 못하는 경우가 많으며, 문제는 이러한 경향이 최근까지 지속된다는 점이다.

> 2009 개정 교육과정을 실행하면서 교사들은 한결같이 2009 개정 교육과정에서 강조한 학습량 적정화는 교과서 개발 과정에서 실현되지 못했다고 평가한다. 그 결과 이전보다 더 많은 사실들을 담은 교과서를 받았고 결국 교과서의 진도를 나갈 수밖에 없다는 문제를 제기하였다. 수업혁신을 어렵게 만드는 교과서라는 것이다(김경자, 2015 : 19)

따라서 교사가 참여하지 못하는 교육개혁은 그것이 무엇이든 교사에게 동기를 그다지 유발시키지 못하였으며, 새로운 교육과정 개혁안들은 학교 안에서 그 의미를 상실해 갔다. 물론 교사들에게 부여되는 자율성은 교사의 전문성에 근거한 책무성이 뒷받침되어야 한다는 점은 분명하다. 이러한 의미에서 최근 교육과정 분야에서 교사가 자신의 수업을 구성할 수 있는 교육과정 재구성에 대한 논의가 활발해 지고 있다는 점은 분명 환영받을만한 일이다. 하지만 교육과정 재구성에 대한 논의는 과거와는 다른 입장에서 출발하고 있기에 그 차이를 분명히 확인할 필요가 있으며, 최근 교육과정 재구성 담론의 한계를 인식하고 대안을 찾고자 하는 노력이 요구된다. 만약 이것이 성공한다면, 이는 4차 산업혁명 시대의 특징을 반영한 교육개혁의 성공 열쇠 중의 하나로 작용할 것이다. 왜냐하면, 변화가 가장 필요하고 시급한 곳은 교사와 학생 사이의 일상적 상호작용이 이루어지는 수업으로, 이는 가장 도달하기 힘들면서도 가장 중요한 부분이기 때문이다.

II. 교육과정 재구성 담론

교육과정에 대한 정의는 교육과정을 연구하는 학자들의 수만큼 다양하기에 이를 한 마디로 정의하기는 불가능한 상황이다(Schubert, 1986). 이처럼 교육과정에 대한 정의가 다양한 이유 중의 하나는 교육과정이 「무엇을 가르치고 배울 것인가?」를 탐구하는 학문분야이고 이에 대한 교육과정 학자들의 대답이 다양하기 때문이다.

좀 더 논의를 진행한다면 학교에서 이루어지는 다양한 교육활동 중 대부분의 시간이 '지식'의 전달이나 습득에 할애되고 있어, 우리는 학교에서 '무엇을' 가르치고 배울 것인가라는 질문에서 그 무엇의 핵심 요소인 '지식'에 대한 논의에서 벗어날 수 없다(김대영·우옥희, 2016). 문제는 4차 산업혁명 시대로 진입하면서 18개월마다 인류의 지식은 2배로 증가하고 있으며, 2020년에는 인류의 지식이 44ZB(제타바이트)[1]까지 늘어날 것으로 예상된다는 점이다(서울경제, 2017. 5. 31).

이를 정리하면 교육과정은 이처럼 「기하급수적으로 증가하고 있는 지식 중 어떤 것을 선택하여 가르칠 것인가?」의 질문에 대답을 할 수 있어야 한다. 일견 4차 산업혁명 시대를 맞이하여 새로워 보이는 교육과정의 이 질문은 사실 교육과정이 전문적 학문영역으로 태동하고 지금까지 교육과정을 관통하고 있는 질문이다. 그리고 교육과정의 역사는

---

1) 44ZB는 전 세계 해변에 있는 모래알 수의 60배에 해당하는 숫자이며 디스크로 만들어 쌓으면 달을 20번 왕복하게 되는 양.

전통적 지식위주에서 벗어나 새로운 대안을 찾고 이를 학교 현장에 적용하기 위한 투쟁의 역사를 보여주고 있다(Kliebard, 1986). 즉, 이를 우리의 현실에 빗대어 설명하면, 교육과정은 지식의 표현체인 교과서에서 벗어나 학습자의 흥미나 사회의 요구를 반영하여 교육내용을 새롭게 재편하려는 노력의 일환으로 이해될 수 있다.

우리의 경우, 교육과정 재구성에 대한 논의는 제6차 교육과정에서 단위학교에 교육과정 편성·운영의 자율권을 허용한 이래로 제7차, 2007, 2009 개정 교육과정을 통해 계속하여 단위학교의 교육과정 편성·운영의 재량권이 강화됨으로써 본격적으로 등장하게 되었다. 기존 교육과정 체제에서 교사의 역할은 교과서를 잘 가르치는 것에 한정되어 있었다면, 이제 단위학교의 교육과정 재량권이 확대됨에 따라 교사는 교수-학습 방법뿐만 아니라 교육내용에 자신의 전문성을 발휘할 수 있는 여지가 생겨나게 된 것이다.

이에 따라 지금까지 등장하게 된 교육과정 재구성에 대한 논의는 크게 세 가지로 유형화될 수 있다. 먼저 교육방법에 중점을 둔 교육과정 재구성이 그것이다. 이는 '교육과정＝교과서'로 인식하는 관점에서 출발하여 교육내용을 재구성하기보다 기존의 교과서 내용을 효율적으로 가르치는 데 중점을 둔 방법 중심의 재구성이다. 하지만 이는 방법론에 치중한 나머지 교사의 교육내용 선별 자율성을 제한하고 있다는 비판에서 자유로울 수 없다(김평국, 2004; 서경혜, 2009).

둘째, 교육과정 개발의 입장에서 교육과정의 존립수준을 고려한 교육과정 재구성 논의가 진행되었다(이병호, 2008; 홍후조, 2016). 교사가 교육과정을 재구성하는 데 있어서 국가 수준, 지역 수준 그리고 학교 수준의 교육과정을 고려해야 한다는 이 입장에 대해 김현규(2015)와 서혜경(2016)은 국가에 의한 학교 교육과정의 종속으로 비판하면서 교사 수준의 교육과정 개발의 특수성을 반영할 필요가 있음을 주장하고 있다.

마지막으로 교육과정 재개념화(re-conceptualization) 입장을 반영한 교육과정 재구성 담론이 있다. 이와 관련하여 서명석(2011)은 교육과정 재구성의 개념적 애매성과 모호성을 지적하면서 '교과서＝교육과정'이라는 실체관으로 볼 때 재구성이라는 표현이 가능하며, 텍스트관에서 보면 교사에 의한 '교육과정 구현(curriculum making)'이라는 표현이 더 적합하다고 제안하면서 실체관으로부터 텍스트관으로의 개념적 탈주가 필요한 시점이라고 주장하며 교육과정 재구성의 재개념화 논의를 최초로 시작하였다. 이어 백남진(2013)은 Ralph Tyler식의 기술공학적 교육과정 개발에서 개발자의 의도가 강조되는 것과 대조적으로 재개념화의 입장에서는 교사의 교육과정 문해력(literacy) 신장을 통한 교육과정 문서에 대한 다양한 해석을 강조하고 있다. 또한 이승은(2015)은 교육과정 재구성의 방법적 미비점을 해결하기 위한 대안으로 교육과정 재구성이 해석학적 순환 과정이 되어야 한다고 제안하고 있다.

이상의 연구들은 국가 교육과정 개발 체제를 채택하고 있는 우리나라의 특수성을 반영하여 교육과정 재구성 논의를 풍부하게 하고 있다는 점에서 그 의의가 있다. 즉, 기존 연구들이 교육과정 개념 정의 및 재구성의 방법 측면에서 차이를 보여주고 있지만, 공통적으로 교사의 전문성에 근거하여 교육내용을 선정하고 조직한다는 큰 틀을 유지함으로써 교육과정 재구성 담론의 논의를 제한하고 있는 것도 사실이다.

당위론적으로 교과서에서 벗어나 교사의 전문적 판단에 따라 교육내용을 선정하고 조직해야 하다는 기존의 주장에 대해 이론(異論)의 여지는 없다. 하지만 문제는 '어떤'기준에서 교육내용을 선정하고 조직할 것인가라는 질문에 대해 기존 연구들은 충분한 대답을 제시하고 있지 못하다는 점이다. 이는 Herbart Kliebard(1970)가 Tyler rationale을 재평가하면 제기하였던 Tyler rationale의 근본적 한계, 즉 교육의 방향성(교육철학)에 대한 논의가 불충분하다는 점이 현재 교육과정 재구성 담론에도 그대로 적용될 수 있다는 점이다.

따라서 본 연구에서는 교육의 방향성을 고려함은 물론이고, 교육과

정의 3대 원천으로 불리는 학습자, 사회, 지식의 요구들을 반영한 교육
과정 재구성이 어떻게 진행되어야 하는지를 중심으로 살펴보고자 한다.
논의의 편의를 위해 학교의 목적은 사회문제의 해결과 보다 나은 사회
의 건설이 되어야 한다는 John Dewey의 사상을 차용하고자 한다. 왜
냐하면 Dewey는 학습자의 흥미는 그들이 성장해 가면서 지식을 알게
되어 보다 충만한 의미를 가지게 된다는 것을 보여줌으로써 장차 그들
의 민주주의 사회의 일원으로 역할을 담당할 수 있도록 학교교육의 목
적이 설정되어야 함을 강조하고 있다. 또한 교사의 역할을 심리적인 것
으로부터 논리적으로 학습자를 옮겨가게 하는 것으로 간주함으로써 본
연구에서 살펴보고자 하는 요소들(교육목표, 학습자, 사회, 교과 등)을 모두
포함하고 있기 때문이다.

Ⅲ. 제4차 산업혁명의 특징을 반영한 교육과정 재구성 방향성

1. 교육의 목적

학교교육의 청사진을 제시한 2015 개정 교육과정은 '창의·융합형
인재' 양성에 대한 시대적 요구의 반영물이다(김경자, 2015 : 19). 이 과정
을 살펴보면 먼저 2008년 11월 국가과학기술위원회에서 「국가융합기
술발전기본계획」을 발표하였고, 기술·미래상을 실현하기 위해서 '창의·융
합형 인재' 양성을 요청하였다. 이어 2014년 2월 국가융합기술발전전
략을 발표하고, 인문학과 과학의 융합 확대, 창의·융합형 인재 양성을
5대 전략에 포함시켰다. 즉, 미래 사회인 4차 산업혁명 시대는 융합기
술이 주도하는 산업 구조를 갖춘 사회가 될 것이라는 예측 하에 교육
과정의 개정 작업이 착수하고 2015년 9월 23일에 고시하게 되었다.
　4차 산업혁명의 특징이 현실과 가상의 융합(O2O)으로 대변될 수 있

기에, 새로운 시대를 위한 교육은 융·복합 교육을 지향하고 있다고 볼
수 있다. 따라서 논의의 진행을 위해 먼저 융·복합 교육에 대한 개별
정립이 필요할 것이다. 먼저 융합(혹은 융·복합)의 개념을 정리하는 작업
은 최현철(2015)의 연구를 통해 상당한 도움을 받을 수 있다. 그는 대학
교육에서 혼용되고 있는 융복합과 융합의 개념들을 분석하여, 융합을
학문 간의 상호작용을 통해 새로운 것이나 분야를 창출하는 것으로 개
념적 통일을 이룰 필요가 있음을 강조하고 있다.

또한 그는 여기서 더 나아가 융합을 다시 과학주의와 환원주의를 배경
으로 한 통섭(consilience)과 개념적 혼성을 기반으로 한 수렴(convergence)으
로 구분하고 있다. 보다 구체적으로 통섭적 관점은 융합 대상이 될 개
별 학문들의 고유성이나 독립성을 환원주의에 입각하여 중화하게 되고,
수렴적 관점은 개별 학문들의 고유성이나 독립성을 인정하면서 특정
연구목적을 위해 공통개념이나 개념적 혼성을 형성하게 된다는 것이다.

하지만 이러한 개념 정의에 시간(time)을 고려한다면 문제가 복잡해
진다. 즉 융합이 학문 간 상호작용을 통한 새로운 학문분야를 창출하는
것이라면, 모든 학문은 처음에는 융합적 성격을 가지겠지만, 시간이 지
난 후의 평가는 달라질 수밖에 없다는 점이다. 다른 말로 "새롭게 탄생
한 융복합 학문은 일정 기간을 거쳐 학문으로서 자율적 지위를 획득하
게 되면 더 이상 융복합 학문이 아니라 독립적 학문이 되어"(박구용,
2012 : 487), 옛 시대의 유물로 취급될 수 있는 가능성 아래에 놓이게 된
다. 따라서 융합은 기존의 지식을 통해 새로운 분야를 창출한다는 점에
서 그 자체로 목적이며, 이 목적의 성취는 동시에 또 다른 융합이라는
목적을 성취하기 위한 수단이 된다는 점에서 융합은 연속선상에서 파
악될 필요가 있다(김대영, 2016).

즉, 4차 산업혁명 시대에 요구되는 융합교육은 그 자체로 목적이면
서 한편으로 또 다른 융합을 위한 수단으로 작용한다. 이 과정에서 학
습자 개개인의 역량도 중요한 역할을 담당하겠지만 4차 산업혁명 시대

가 요구하는 협동, 협력, 협업도 중요한 요소로 작용하게 된다. 사실 이러한 주장은 4차 산업혁명 시대에만 적용될 수 있는 특별한 것이 아니다. 이는 교육을 경험의 재구성 혹은 확장으로 정의한 Dewey의 사상에서도 충분히 엿볼 수 있다.

삶은 성장의 과정이며, 교육 역시 성장의 과정으로 간주한 Dewey (1916 : 97)는 성장의 요건(혹은 교육의 요건)으로 의존성과 가소성을 꼽고 있다. 이를 좀 더 자세히 살펴보면,

> 의존성은 사회적 관점에서 보면 약점을 의미하는 것이 아니라 강점을 의미한다. 다시 말하면 의존 상태는 곧 상호의존 상태인 것이다. 개인을 스스로의 힘에 의존하도록 만들면 그 개인은 그만큼 남의 도움이 필요하지 않은 상태로 되고 나아가서는 다른 사람들과 동떨어져서 무관심을 나타내게 된다. 가소성은 자신의 기질을 그대로 유지하면서 주위의 색깔에 맞게 색깔을 바꾸는 적응적 탄력성에 더 가깝다. 그러나 가소성은 이보다 더 깊은 의미를 가지고 있다. 그것은 본질상 경험을 통하여 학습하는 능력, 하나의 경험에서 배운 것을 나중에 문제 사태를 해결하는 데에 활용하는 능력이다(p.97).

특히 지금처럼 사회가 복잡해질수록 의존성과 가소성 사이의 상호작용은 증가하게 된다. 즉, 성인으로서 생활할 수 있는 능력을 개발하는데 긴 시간이 필요하게 되고, 이는 곧 의존상태(상호 협력)가 연장된다는 것을 의미하며, 이는 다시 가소성의 신장 가능성을 제고시키기 때문이다. 그는 여기서 더 나아가 가소성과 관련된 인간의 속성인 '나이가 들면 들수록 가소성이 감소하는 현상'(Dewey, 1916 : 99)을 경고하고 있는데, 이러한 현상을 타개하기 위한 방안으로 '습관'의 형성을 언급하고 있다. 그가 제시하는 습관의 두 가지 특징을 살펴보면 다음과 같다.

첫째, 행동을 효율적으로 통제하는 능력으로 고정된 외적 조건에 우리 자신을 맞추어 넣은 것으로 이 경우 습관은 타성이 되어 적응이

평형을 이루게 된다. 둘째, 환경을 능동적으로 통제하는 능력으로 능동적 습관을 형성하며 지적·정서적 성향을 형성해 주기도 한다(pp. 99 - 102). 전자의 고정된 습관인 타성은 성장의 정체를 의미하나 후자인 능동적 습관은 능력을 새로운 목적에 적용하는 사고, 창의성, 자발성 등이 수반된다(p. 109).

경험의 계속적 성장으로 가소성과 그 성장의 기반이 되는 사회현실을 고려한 의존성이 교육의 목적이 되어야 함을 부정할 이는 거의 없을 것이다. 이러한 교육의 방향은 분명 4차 산업혁명 시대가 요구하는 소통, 협업, 개방적 사고, 창의성 등과 일맥상통하는 부분이 있으며, 새로운 시대의 교육목표로도 손색이 없으며, 교사가 교육과정을 재구성할 때 명심해야 할 기준으로 그 역할을 담당해야 할 것이다.

2. 교육의 시작점으로 학습자

Dewey는 「*The Child and Curriculum*」(1902)에서 경험을 논리적 측면과 심리적 측면으로 구분하고 이 둘은 '종류'의 차이가 아닌 서로 연속선상에 있는 '정도'의 차이로 이해하고 있다. 여기서 경험의 논리적 측면은 교과 그 자체를 의미하며, 심리적 측면은 학습자와의 관련 속에서 교과를 뜻한다. 즉, 아동의 경험 속에 있는 사실이나 지식(심리적 측면)이 학습을 시작하는 초기 단계에 나타나는 것이라면, 교육과정을 구성하고 있는 사실이나 지식(교과)은 교육의 최종단계를 형성하는 것으로 보고 있다.

또한 그는 계속해서 「*Democracy and Education*」(1916)에서 심리적인 과정에서 논리적인 과정으로 나아가는 것을 성장으로 보았으며, 이 두 사이를 연결시켜 주는 것을 흥미로 이해하고 있다. 여기서 주목할 점은 Dewey는 흥미의 개념을 흥미(interest)의 어원인 inter-esse (what is between), 즉 거리가 있는 두 사물을 관련짓는 것(p. 209)으로부터 도출하고 있다는 점이다.

다양한 국제비교 지표들에 의하면 우리나라 학생들은 과도한 학습량으로 인한 학습 부담과, 단편적 지식 암기 교육, 문제풀이 학습 등에 매몰되어 행복하지 않은 것으로 조사되고 있다. 흥미를 가지고 몰입하여 학습을 하지 않을 때 학생들은 행복하지 않고 공부에 대한 의미를 찾지 못한다. 그리고 배울 내용이 많고 이들 내용들이 서로 연결성이 낮을 때 단기적으로 그 내용을 기억하지 못하게 되고 그 내용들은 창의성의 발현이나 융합의 기반이 되지 못한다는 점에서 흥미는 '교육의 알파요 오메가'(Dewey, 1916 : 220)이다

이처럼 개인의 경험을 교과(지식)와 연계시키고 한 Dewey의 교육원리는 최근 Michael F. Young(2006), Basil Bernstein(1996)에서도 찾아볼 수 있다. 먼저 Young(2006)은 지식의 유형을 이론적 지식(학자들에 의해 생산되는 지식)과 실제적 지식(일반인들이 가정, 지역사회, 일터의 경험을 통해 얻게 되는 지식)으로 구분하고 교육의 주요한 목적은 학습자를 실제적 지식의 수준에서 벗어나게 하여 그들이 세상과 그들의 삶을 이해하고 대안을 탐색하도록 하는데 있다고 보고 있다.

Young(2006)이 구분하고 있는 지식의 유형 즉, 이론적 지식과 실제적 지식의 구분은 Bernstein이 구분한 수직적 담론 및 수평적 담론과 그 궤를 같이 하고 있다. Bernstein(1996)에 의하면 수평적 형태의 담론은 '지역적·상황 의존적·암묵적·다층적·종종 맥락 간에는 모순적인 일상적·상식적 지식의 형태'(p. 170)로 정의되며, 수직적 담론은 구체적 속성을 가진 하위 현상에서 추상적인 원리인 상부로 이동하는 구조를 띠고 있는 이론적 지식을 의미한다. 교육과정은 이론적 지식(수직적 담론) 혹은 실제적 지식(수평적 담론) 중 하나를 선택하는 문제가 절대 아니다. 오히려 Young(2006)과 Bernstein(1996)이 주장하는 바와 같이 교육과정 연구는 학생들이 이미 가지고 있던 다양한 실제적 지식을 이론적 지식으로 연결시켜 주는 과정으로 이해될 수 있다(김대영·우옥희, 2016).

이러한 맥락에서 기존 교육과정 재구성 연구들은 Young, Bernstein이 나누었던 두 가지 유형의 지식 중 교사를 대변하는 이론적 지식(수직적 담론)을 중심으로 논의를 진행하는 한계를 보여주고 있다. 이로 인해 학습 자들은 학교에서 배우는 지식이 자신의 필요와 목적에서 유리되어 오직 암기하고 교사의 요구에 따라 재생해야 할 내용으로 인식하게 된다.

다른 한편으로 교사는 학생의 활동 속에 교과를 조직해 넣는 것이 아니라 이미 고정된 지식의 형식으로 교과를 익히고 재생해 내는 능력 을 길러주는 데 에너지를 소비하게 되는 교육적 문제를 야기하게 된다. 물론 이 과정에서 이론적 지식과 유사한 실제적 지식을 가진 일부 학 습자는 학교에서 우등생으로 불리며 뛰어난 성취를 보여주지만, 대부분 의 학습자는 두 지식 사이의 괴리로 인해 학습에 대한 흥미를 점점 잃 게 된다.

[그림 1] 지식의 유형을 고려한 교육과정 재구성

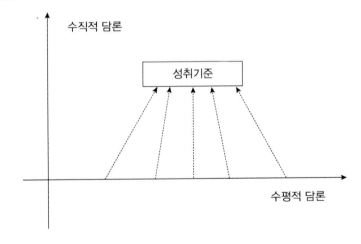

Dewey, Bernstein, Young의 주장처럼 학습자의 흥미와 지식을 연 계하기 위한 방안을 모색할 필요가 있다. 이 과정에서 전통적인 방식의 진단평가나 상담 등을 활용할 수 있지만 보다 빠르고 정확한 진단을

위해 교육부가 개발 예정인 '지능형 학습 플랫폼'을 활용할 수 있을 것이다. '지능형 학습 플랫폼'은 교과 성적뿐 아니라 각종 창의적 체험활동 등 학생의 모든 수행결과물과 학습시간, 참여횟수 등 학생의 모든 학습 Big Data를 체계적으로 분석하여 학생의 강·약점, 수준, 흥미 등을 고려한 적절한 학습경로를 안내해주는 시스템으로 사전에 보다 정확하고 빠르게 학습자의 흥미를 진단할 수 있는 장점이 있다. 따라서 이를 활용하는 것은 "교육과정을 좀 더 충만하고 폭 넓고 세련되게 그리고 보다 통제하기 쉽게 하기 위해 아동들의 흥미와 습관을 활용하는 것이 교사의 전적인 임무"로(Dewey, 1938 : 85) 교사의 교육과정 재구성 출발점으로 중요한 역할을 차지할 것이다.

3. 학교교육의 종착점으로 교과

앞 절에서 교육과정 재구성을 위해 학습자와 교과를 연결할 필요가 있음을 확인하였다. 이제 마지막으로 교육과정 재구성에서 검토해야 할 부분은 교과이다. 물론 교과가 Young이나 Bernstein의 주장처럼 이론적 지식이나 수평적 담론의 형태를 띤다는 점에는 이론의 여지가 없다. 문제는 수많은 이론적 지식 중에 어떤 것을 선택하고 배제할 지를 결정하는 것이다.

즉, 선택의 문제는 기준을 요구하고 교육과정에서 이 기준은 곧 교육목표를 의미한다. 우리는 앞서 경험의 성장이 곧 교육이라는 Dewey의 교육목표를 살펴본 바 있다. 이 교육목표 아래 의존성과 가소성이라는 두 축이 교육과정을 결정하는 방향타 역할을 하고 있으며, 이러한 기준들이 4차 산업혁명 시대에서 부합될 수 있음을 확인하였다. 따라서 교사는 학습자의 현재 상태를 고려하여, 개개인의 성장에 도움을 줄 수 있는 지식을 확인하고 이를 교육내용으로 재구성(삭제, 유지, 추가)하는 작업이 끊임없이 요구된다. 이는 Eliot Eisner(1979)가 주장하였던 영 교육과정(null curriculum)의 중요성을 다시 한번 부각시킨다는 점에서 그 의의를 찾을 수 있을 것이다.

그림 2 교육과정 재구성(홍후조, 2016 : 18)

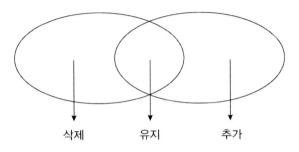

삭제   유지   추가

　하지만 여기서 한 가지 주의할 점은 교과는 그 자체로 교육의 원천
이나 목적이 될 수 없다는 점이다(Kliebard, 1970). 교과는 학습자 개인의
흥미를 확장시켜 주는 또 다른 축이자 수단으로, 학습자를 벗어나면 그
의미가 축소될 수밖에 없다. 예컨대 기존 교과서가 어떤 목적으로, 무
슨 내용을, 어떤 순서로 배워야 할지를 자세하게 설명하고 있어 교사나
학생들에게 안정감을 준 면도 있지만 교사와 학생 사이의 쌍방향 교육
과정이나 개별화 교육과정을 방해하는 요소로 작용한 것도 사실이다.
이러한 문제점은 미래학교 프로젝트를 실시하고 있는 국가들의 교육과
정의 특징을 살펴보면 더욱 분명히 드러난다.

　미국, 영국, 싱가포르 등 해외 사례를 통해 알 수 있는 점은 이들의
교육과정은 4차 산업혁명 시대에 필요한 창의성, 협력 스킬, 문제해결
력 등의 핵심적인 역량과 인성을 향상시키는 데 초점이 맞추어져 있다.
이를 위해 ICT를 활용함으로써 교사와 학생 간의 소통을 원활하게 하
고 언제 어디에서나 끊임없이 학습이 일어나도록 하며 맞춤형 학습을
지원함으로써 교육과정의 질을 높여줄 수 있도록 하고 있다.

표 1 미래학교 프로젝트 교육과정의 해외 사례

구분	창의융합 교육과정	교사·학생 쌍방향 교육과정	개별화 교육과정
미국	초창기에는 탈교과의 프로젝트 기반 교육과정을 운영. 현재는 교육청 차원의 핵심 교육과정을 적용하고 있음. 1주일에 2시간씩 소규모 프로젝트 수업 운영함.	philasde.edmodo.com과 teacherease.com을 활용하여, 과제 제시 및 회수, 다양한 학습 자료 공유, 학생들과의 대화, 학부모들의 과제 확인, 중요한 상호작용에 대한 사항 기록, 학부모들에게 공지사항을 전달하고 있음.	정보 통신 기기를 활용한 프로젝트 기반 수업으로 개인차 고려함. 등급형 성적표가 아닌 기술형 성적표를 통해 핵심 역량에 대한 숙련도 평가함.
영국	개인적 학습과 사고 능력을 고양시키려함. 독립적 탐구, 창의적 사고, 반성적 학습, 팀워크, 자기 관리, 효과적인 참여를 중심으로 하여 교육과정을 운영함.	정보문해력, 매체문해력, ICT 문해력 교육을 통해서 스마트 교육과정을 운영함. 이는 학생들이 자기 주도적으로 창의성과 혁신적능력, 비판적 사고 능력을 고양시켜나가는 것을 목표로 함.	개별적인 음악교육을 위한 악기 제공, 다양한 체육시설 제공 등이 이루어짐. 홀리스틱 관점에 근거하여 학습자들의 다양한 요구를 수렴하는 교육을 시행함.
싱가포르	학생들이 ICT를 책임감 있게 사용할 수 있도록 Cyber Wellness 프로그램을 운영함. 협력적 탐구학습과 토의 학습을 통해 리더십, 사회적 기업가 정신, 시민의식 등을 함양시키고자 함.	학교 웹사이트, LMS, 블로그 등을 이용하여 학생들에게 학습 자료와 피드백을 제공하고 학생들 간의 채팅과 화상회의를 지원함.	학생의 동기, 학습전략, 학습 스타일 등을 분석하여 개개인에게 맞는 학습경로를 제공하고 학생의 요구에 따라 학습내용, 학습속도, 난이도 등을 맞춤형으로 조절함.

즉, 미래형 학교는 미래사회가 요구하는 핵심 역량을 기를 수 있도록 교육과정과 수업의 변화를 도모하고 있으며, 교사와 학생의 상호작용 증진을 위해 ICT를 보조적 수단으로 활용하고 있다. 학생의 흥미와 교과를 연결하기 위한 수단으로 ICT 활용은 기존 서책 형식의 교과서에서 벗어나 학습자의 발달단계에 따라 다양한 형태로 제시하는데 도움을 줄 수 있을 것이다. 예컨대 Jerome Bruner(1966)는 학습자의 학습을 1) 행동적 단계, 2) 영상적 단계, 3) 상징적 단계로 발달 단계를 이룬다고 보고, 각각의 단계에 맞는 교수−학습 자료의 제시형태를 제시한바 있다. 따라서 4차 산업혁명 시대의 핵심 기술들인 AI, VR, AR, IoT, IoB 등을 학습자의 흥미 및 발달단계를 고려하여 교과의 내용을 다양한 형태로 제시함으로써 학습자의 흥미와 교과의 연결성을 제고할 수 있을 것이다.

IV. 결론

교육의 질은 교사의 질을 넘지 못한다는 자명한 이치를 굳이 언급하지 않더라도 교육은 결국 교사의 손에 달려 있다. 교육과정, 교과서를 계속해서 바꾸더라도 교사가 바뀌지 않으며, 이들은 문서상 만족거리에 불과하다. 교육과정 개발과 관련된 기존의 인식은 국가 수준의 교육과정이 개발되면 교실 수준의 교육과정도 바뀔 것을 전제하고 있지만, 오히려 바뀐 교육과정이 바뀌지 않는 교실 수준의 교육과정에 용해되어 별반 다를 것이 없는 수업이 어제도 오늘도 진행되고 있는 현실이다.

국가 교육과정이 미래 사회를 대비하기 위해 계속해서 개편되고 있지만 학교는 왜 변하지 않는가? 교육과정의 문제점을 인식하고 이를 해결하기 위해 노력하는 사람들은 그 실패의 원인을 결국 '돈이 부족하다', '시간이 부족하다', '학교교육 관련자들의(학생, 교사, 교감, 교장, 학부모 등) 인식이 변하지 않는다', '학교행정이 변하지 않는다' 등으로 돌린다. 이는 다른 의미에서 교육과정의 운영은 이러한 요인들과 밀접한 관련이 있음을 시사해 주고 있다. 즉, 교육과정의 문제가 해결되지 않을 경우, 먼저 교육과정의 실제 운영에 있어 전제가 되는 이러한 조건들에 해결되었는지, 혹은 해결되지 않았는지에 대해 먼저 고민해 보아야 할 것이다.

이러한 맥락에서 본 연구는 Tyack과 Cuban(1995 : 60 - 84)이 충고하고 있는 것처럼, 개혁을 통해 변화시켜야 할 대상으로 설정한 「학교와 학교구성원이 개혁을 어떻게 변화시켰는가?」라는 질문을 바탕으로 변화를 달성하기 가장 힘들면서, 가장 중요한 곳인 교사와 학생이 상호작용하는 곳에 한 축을 담당하고 있는 교육과정 재구성을 살펴보았다. 이 과정에서 현실적으로 학교현장에서 가지고 있는 교과서의 위력을 확인할 수 있었으며, 교과서에서 탈피하여 교육과정 중심으로 수업을 운영하기 위한 방향성을 점검해 보았다.

특히 4차 산업혁명 시대와 교육과정 재구성을 놓고 종합적으로 판단해 보았을 때, 급변하는 사회 변화 속에서 교육과정의 역할을 다시 한번 고민할 수 있는 계기를 마련하였으며, 보다 근본적으론 교육의 방향성을 고민해보게 한다.

참고문헌

김경자(2015). 2015 개정 교육과정의 방향과 과제. 국가교육과정 5차 포럼 자료집, 19-33.

김광민(2014). 교육과정 재구성의 선결조건. 도덕교육연구, 26(1), 195-211.

김대영(2016). 대학 융합교육의 허와 실. 대학교육, 193, 64-69.

김대영·우옥희(2016). 교육과정 담론에 나타난 포스트모더니즘 인식론에 대한 비판. 한국교육학연구, 22(4), 23-41.

박구용(2012). 학문횡단형 문제찾기 교양교육의 이념, 인문학연구, 43, 479-481.

백남진(2013). 교사의 교육과정 해석과 교육과정 잠재력. 교육과정연구, 31(3), 201-225.

서경혜(2009). 교사들의 교육과정 재구성 실천 경험에 대한 사례연구. 교육과정연구, 27(3), 159-189.

서명석(2011). 교육과정 재구성의 개념적 애매성과 모호성 비판. 교육과정연구, 29(3), 75-91.

이승은(2015). 해석학적 순환으로서의 교육과정 재구성. 초등교육연구, 28(4), 241-265.

정범모(1954). 교육과정. 서울: 풍국학원.

최현철(2015). 융합의 개념적 분석. 한국문화융합학회 추계전국학술대회 자료집, 45-55.

허　숙(2001). 교육과정 운영과 교원 능력개발. 한국교원교육연구, 19(3), 45-62.

홍후조(2016). 알기쉬운 교육과정. 서울: 학지사.

Apple. M.(1986). Teachers and texts: A political economy of class and gender relations in education. New York: Routledge.

Bernstein, B.(1996). Pedagogy, symbolic control and identity: Theory, research and critique. London: Taylor and Francis.

Bruner, J.(1966). Towards a theory of instruction. Cambridge, Mass: Harvard University Press.

Cuban, L.(1984). How teachers taught: Constancy and change in American classroom, 1890－1980. New York: Longman.

Dewey, J.(1902). The child and the curriculum. Chicago: University of Chicago Press.

Dewey, J.(1916). Democracy and education. New York: Macmillan company.

Eisner, E.(1979). The educational imagination: On the design and evaluation of school program. New York: Macmillan.

Kliebard, H.(1970). The Tyler rationale, The School Review, 78(2), 259－272.

Kliebard, H.(1995). The struggle for the American curriculum: 1893－1958. New York: Routledge.

Pinar, W.(1999). Response: Gracious submission. Educational Researcher, 28(1), 14－15.

Schubert, W. H.(1986). Curriculum: Perspective, paradigm, and possibility. New York: Macmillan.

Tyack, D, & Cuban, L.(1995). Tinkering toward utopia. Cambridge, MA: Harvard University Press.

Tyler, R. W.(1949). Basic principles of curriculum and instruction. Chicago: University of Chicago Press.

Young, M. F. D.(2006). Education, knowledge and the role of the state, in A. Moore(ed.). Schooling, society and curriculum. London: Routledge.

4주제

교수 학습방법의 변화

김진숙(한국교육학술정보원 미래교육기획실장/수석연구위원)

획일성을 넘어서는 역량 중심 교수학습 전략 적용 방향

김진숙(한국교육학술정보원 미래교육기획실장/수석연구위원)

Ⅰ. 가르침과 배움에 대한 인식 전환

교수학습이라 일컬어지는 가르치고 배우는 활동은 때로 이분법적으로 해석된다. 이러한 사고는 가르치는 활동은 교사에 의해 이루어지고 배움은 학습자의 역할로 단순 인식되어, 가르칠 내용, 콘텐츠를 교수용과 학습용으로 구분하는 것에 집착하기도 한다. 또한 교수학습을 시간적 흐름으로 해석하여 전통적인 도입, 전개, 정리의 과정 속에서 교사의 역할, 학습자의 역할까지 구체적으로 명시하는 수업설계안 작성을 요구받거나 수행하게 된다. 교과의 속성을 이해하고, 학습목표와의 관련성을 확인하며, 학습 환경이나 학습자에 대한 이해를 바탕으로 한 교수설계 과정을 평가절하하고자 꺼낸 이야기는 아니다. 철저하게 기획되고 준비된 수업이 성공할 확률은 당연히 높을 것이다. 다만 이론적으로 지식의 속성에 따라 획일적으로 구분되는 단편적인 교수전략이나 학습방법, 이론들이 과연 성공적인 배움을 이끌어낼 수 있는가에 대한 성찰이 필요하다. 얼마 전 미래 교수학습 방법을 확인하는 전문가 델파이조사에 참여하면서, 의사소통, 토의토론, 협력, 문제해결, 프로젝트학습, 하브루타, 플립드러닝, 블렌디드러닝 등으로 구분된 교수학습 전략, 학습 방법들의 적합도와 우선 순위를 매기는 질문에 난감했던 기억이 난다. 교실 수업 상황에서 토의토론이 전제가 되지 않는 의사소통이 있을 수 없으며, 문제를 인식하고 해결해 나가는 과정에서의 협력은 어떻게 구분되고, 다양한 온라인에서의 정보의 탐색이 전제가 되지 않는 프로젝트학습은 가능할까하는 고민으로 선뜻 표시를 하지 못했다. 핵심 개념이나 원리를 차분히 설명하는 수업보다 기본이 없는 상태에서 질의와 발표에 의존하는 토의토론이 더 혁신적인 교수학습 방법이라고 단언할 수 있을까? 오히려 교수학습의 변화는 전략이나 이론의 적용이 아니라 교수학습이 적용되는 환경에 더 큰 영향을 받는다. 현재처럼 45분, 50분 내에 가르쳐야 할 내용이 정해져 있고, 그것이 교과서에 가르쳐야 할 순서까지 명시된 상황, 각 교과마다 일주일에 가르쳐야 할 수업 시수가 정해진 상황에서 적용토록 제안되는 협력이나 토의토론, 프로젝트 학습 적용이 이론은 이론이고, 현실은 현실인 상황을 가져오고 있다. 얼마 전 핀란드 정부에서 발표한 교과를 없애는 교육 혁신 실험은 단순히 주제중심학습, 현상중심학습(Phenomenon Based Learning)으로의 전환이 아닌 학습목표와 평가 준거의 설정부터 학습 내용과 전략, 수업 시수 등 교육과정 전반에 걸친 수업의 운영 권한을 학교와 교사에게 일임하는 파괴적 혁신 방안에 가깝다. 현존하는 지식을 아는 것보다 새로운 상황이나 문제를 인지하고, 이를 해결하는 과정에서 협력과 지식의 활용 방안을 찾아내는 과정에 초점을 둔다. 문제의 해결은 실생활의 문제와도 연계되어 사회 문제에 대한 성찰과 성공 경험을 포함한다. 이러한 과정에서 학습자마다 달리 도출되는 성과는 하나의 평가 방식으로는 증명할 수는 없지만 기꺼이 역량이 있는 것으로 판단된다라고 하는 학교와 교사의 신뢰를 바탕으로 한다는 것에 의미를 부여하고 싶은 부러운 실험이기도 하다.

　교수학습의 변화가 학교 단위의 교육과정 운영 자율성과 신뢰를 전제로 한다는 점에서 너무 이상적인 상황이라고 생각할 수도 있다. 하지만 적어도 지금의 획일적인 교육과정 운영 상황에서의 교수학습 방법

적용이 문제라는 인식을 전제로, 전략 측면이 아닌 거시적 관점에서 다루어지고 있는 교수학습 변화 트렌드로서 사회정서학습과 디퍼러닝 학습방식에 주목하고자 한다. 거시적 관점은 학교의 역할 변화를 전제로 학습역량과의 관계 속에서 교수학습 방법과 전략을 인식하는 시각이다.

II. 사회정서학습(Social and Emotional Learning) 부상

현재 교육을 둘러싼 환경 요인으로 4차 산업혁명으로 인한 사회 변화에 주목하고 있다. 4차 산업혁명은 인공지능, 사물인터넷, 클라우드, 빅데이터, 모바일 등의 지능정보기술을 동인으로 한 초지능, 초연결되는 사회로의 전환이다(김진숙, 2016). 이는 인간과 기계(사물), 현실과 가상, 인간과 인간의 관계이면서, 융합, 공존의 문제로 귀결된다. 융합과 공존의 관계는 사회 변화를 지능정보기술 발달로 인한 현존하는 업무의 대체 등 일자리 지형의 변화로 보는 단편적 시각을 넘어선다. 오히려 인간 중심 사회로의 변화이며, 이는 인간이 인간다울 수 있는 개인적 인식과 감성의 문제이고, 타인과의 관계 형성이며, 사회 구성원으로서의 책임과 역할의 문제이다. 교육이, 학교의 역할이 더 이상 지식 전수에 머무르지 않고, 사회 구성원의 가치를 찾아가는 공동체 경험을 제공하는 역할로 시급히 전환해야 하는 이유이다. 학교 공동체를 기반으로 한 학습 경험의 제공은 한 개인이 가져야 하는 일생의 학습 능력의 문제라 할 수 있다. 인지적 능력을 넘어선 사회정서학습에 주목하는 이유이다.

1. 역량과의 관계속에서 사회정서학습 이해하기: WEF와 CASEL 분석

1) 세계경제포럼(WEF)의 제안

4차 산업혁명의 도래를 이야기한 세계경제포럼 보고서에서는 미래 디지털 경제 사회를 살아갈 인간의 능력을 16가지로 구분하여 제시하고 있다(WEF, 2016). 16가지 능력은 <표 1>과 같이 일상의 과제 수행을 위한 '기초 리터러시(fundamental literacies)', 복잡한 과제 수행을 위한 '역량(competencies)', 변화하는 환경에 대응하기 위한 '인성(character qualities)' 등 3가지 범주로 구분되어 있다.

표 1 WEF의 16가지 핵심 능력

범 주		능 력
기초 리터러시 (foundational literacies)	일상적 과업 수행	문해, 산술 능력, 과학적 능력, ICT 리터러시, 금융 리터러시, 문화 및 시민 소양
역량 (competencies)	복잡한 과제 수행	비판적 사고/문제해결, 창의력, 커뮤니케이션, 협업
인성 (character qualities)	변화하는 환경에 대응	호기심, 진취성, 끈기/투지, 적 응성, 리더십, 사회문화적 인식

WEF에서는 기초 리터러시를 기반으로 하되, 역량과 인성의 함양을 위한 구체적인 전략의 하나로 사회정서학습(SEL: Social and Emotional Learning)을 제시하고 있다. 능력은 학습되어질 수 있다는 가정이 전제되어 있다. 역량 범주에 속한 비판적 사고/문제해결, 창의력, 커뮤니케이션, 협업 능력, 인성 범주에 속한 호기심, 진취성, 끈기/투지, 적응성, 리더십, 사회문화적 인식 등의 총 10가지 사회감정스킬(Social and Emotional Skills)을 촉진하기 위한 사회정서학습으로 10가지 방법을 제시하고 있다(WEF, 2016). [그림 1]은 사회감정스킬을 발전시키기 위한 학습 전략을 제시한 것이다.

[그림 1] 사회감정스킬을 증진하기 위한 학습 전략

기술 학습 방법		역량	
놀이기반 학습 장려	⇔	비판적 사고 문제해결	건설적인 피드백 제공
학습 과정을 조정 가능할 수 있게 유연화·세분화		의사소통	언어가 풍부한 환경 제공
학습에 안전한 환경 구축		창의성	건설 및 혁신 기회 제공 선택의 자율성 부여
성장 마인트세트롤 개발		협력	타인에 대한 존중과 관용, 협력 활동에 대한 기회 제공
양육 관계 조성		**인성**	
집중하는 시간 허용		호기심	추측, 질문, 장려, 선택의 자율성 부여 질문을 하기에 충분한 지식과 혁신을 불어넣어 줌 모순을 이끌어 냄
추론과 분석 개발			
적절한 칭찬 제공			
아이들이 화제를 발견할 수 있도록 안내		주도성	장기적이고 몰두할 수 있는 프로젝트 제공 성공 능력에 대한 자신감 제고 선택의 자율성 부여
아이들이 개성과 강점을 활용할 수 있도록 보조	⇔	일관성/ 끈기	실패부로터 배우는 능력
적절한 도전과제 제공		적응력	감정 처리 능력 개발
헌신적 돌봄		리더십	협상 능력 개발 공감 능력 촉진
명시적 기술을 목표로 한 학습 목표 제공		사회와 문화 인식	타인에 대한 존중과 관용 공감 능력 개발 문화적 자기 인식 개발
체험형 접근 활용			

자료: WEF(2016). New Vision for Education: Fostering Social and Emotional Learning through Technology. 8p. (번역하여 일부 수정 제시)

WEF에서 제시하고 있는 인간의 능력 제안은 세 가지 측면에서 의미가 있다. 첫째, 각 범주를 구성하는 능력에 대한 개념을 학습 경험 측면에서 일반화하고 있다. 예를 들어 의사소통은 언어가 풍부한 환경

의 제공, 리더쉽은 공감 능력을 촉진하기 위한 경험의 제공을 제안한
다. 둘째, 일반적으로 제시되고 있는 학습 역량, 즉 비판적 사고/문제해
결, 창의력, 커뮤니케이션, 협업 능력을 개인의 인성과 연관지어 학습
전략화시키고 있다는 점이다. 예를 들어 호기심은 비판적 사고와 문제
해결을 위한 전제가 되며, 창의적인 아이디어를 도출해 내기 위한 특성
이 된다. 이를 위한 도전 학습 환경으로 놀이 기반 학습을 장려하고 있
다. 셋째, 역량과 인성 함양의 전제가 되는 기초 리터러시의 구분에 의
미가 있다. WEF에서는 문해, 산술 능력, 과학적 능력, ICT 리터러시,
금융 리터러시, 문화 및 시민 소양을 기초 리터러시로 제안하고 있다.
현재 우리나라 교육과정이 국어, 영어, 수학, 과학 등 교과로 구분하고,
해당 교과 지식의 습득은 물론 역량과의 관계까지 교과별로 인위적으
로 구분지어 운영되는 상황을 고려하면, 기본 지식이 개인의 인성과 결
부되어 학습 역량으로 발전되는 연계성을 보여주고 있다. 핀란드의 사
례처럼 교과를 연계, 융합하여 기초 리터러시 관점에서 재편성하는 방
안을 고려해야 한다.

2) CASEL의 제안

2017년에 보고된 Collaborative for Academic, Social, and
Emotional Learning(이하 CASEL) 자료에서 제시된 사회정서학습의 개념
을 살펴보면, 사회정서학습이란 아이들과 성인이 감정을 이해하고 관리
하며, 긍정적인 목표를 설정하고 달성하는 과정에서 타인에 대한 공감
과 긍정적인 관계를 유지하고, 책임감 있는 결정을 내리는데 필요한 지
식과 태도 및 기술의 습득과 적용 과정을 의미한다(Collaborative for
Academic, Social, and Emotional Learning, 2017). 포괄적 개념에 포함된 역량
은 [그림 2]와 같이 자기 관리, 자기 인식, 사회 인식, 관계 능력, 그리
고 책임있는 의사결정 등 다섯가지 영역으로 구성된다.

그림 2 사회정서학습의 다섯 가지 역량(CASEL, 2017)

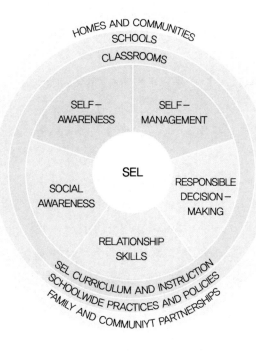

- 자기관리(Self - management) 영역: 다양한 상황에서 자신의 감정, 생각 및 행동을 성공적으로 조절할 수 있는 능력
- 자기인식(Self - awareness) 영역: 자기 자신의 감정과 생각을 정확히 파악하고 이들이 행동에 어떠한 영향을 미치는지를 정확히 인식할 수 있는 능력
- 사회인식(Social awareness) 영역: 다양한 배경과 문화를 가진 사람들을 포함한 타인의 관점을 이해하고 공감할 수 있는 능력
- 관계능력(Relationship skills) 영역: 다양한 개인 및 단체와 건강하고 생산적인 관계를 맺고 유지하는 능력
- 책임감 있는 의사결정(Responsible decision - making) 영역: 윤리적 기

준, 안전 문제 및 사회적 규범을 기반으로, 한 개인의 행동 및 사
회적 상호 작용에 대해 건설적인 결정을 내릴 수 있는 능력

CASEL(2017)에 따르면, 사회정서학습은 다음의 네 가지 방식으로
적용될 수 있다. 먼저, 학생들의 사회·정서적 역량을 향상시키기 위해
하나의 독립적인 수업을 개설하는 것이다. 두 번째로, 사회정서학습을
촉진할 수 있는 협동학습이나 프로젝트 기반 학습을 실행하는 것이다.
세 번째로, 사회정서학습을 언어, 수학, 사회, 건강과 같은 교과에 통합
을 하는 방법이 있다. 마지막으로, 학습에 도움이 되는 환경과 문화를
창출할 수 있는 학교 차원의 계획을 통해 사회정서학습을 촉진할 수
있는 조직적인 전략을 사용하는 방법이 있다.

이상의 네 가지 방식을 적용하는 데에는 SAFE 활동 전략을 제안한
다. SAFE는 능력들이 서로 연계되고(Sequenced), 활동적(Active)이며, 능
력 개발에 중심에 둔(Focused), 명시적(Explicit) 활동 속성을 지닌다.

- Sequenced: 능력 개발을 촉진하는 상호 관련되고 연결된 활동
- Active: 학생들이 새로운 능력과 태도를 함양하는데 도움이 되는
  활동
- Focused: 개인 및 사회적 능력 개발을 강조하는 요소가 포함된
  활동
- Explicit: 특정 사회·정서적 능력 개발을 목표로 함

SAFE 전략을 활용하여 수업에서 사회정서학습을 촉진하는 방향은
총 일곱 가지이다. 먼저, 교사는 모델링과 코칭을 통해 학생들이 자신
의 감정과 다른 사람의 감정을 인식할 수 있도록 수업을 진행해야 한
다. 두 번째로, 갈등해결 기술의 사용을 촉진하며, 단계적으로 대화하
는 방법을 안내함으로써 학생들이 새로운 상황에서 학습한 기술을 적

용할 수 있도록 해야 한다. 세 번째로, 수업에서의 학생들 간의 만남을 통해 학생들은 집단 내의 의사 결정을 실행하며, 교실 내의 규칙을 결정할 수 있다. 네 번째로, 단체 스포츠 활동 및 게임을 통해 학생들은 협력심과 팀웍을 기를 수 있다. 다섯 번째로, 학생들에게 문제해결모형을 기반으로 한 일련의 질문을 제시함으로써, 학생들은 현재와 과거의 사건에 대한 이해를 심화할 수 있게 된다. 여섯 번째로, 나이가 많은 학생과 적은 학생 간의 상호 멘토링을 통해 학생들은 자신감, 소속감, 학업적 능력을 향상할 수 있다. 마지막으로, 짝을 지어 특정 상황에 대해 들려주고, 상대방은 들은 내용을 다시 들려줌으로써, 의사소통을 향상할 수 있는 경청 자세를 길러줄 수 있다.

　　CASEL의 사회정서학습은 [그림 2]에 보여지듯이 교실, 학교, 가정과 지역사회까지 확장되는 학습 환경 조성에 초점을 두고 있다. 교실 내에서 이루어지는 교육과정이나 학습 전략, 학교라는 환경에서의 활동 참여와 규칙 준수, 그리고 가정과 지역사회와의 파트너십을 전제로 하는 학습생태계 관점에서 학습을, 학습자를 바라보고 있다는 것이 특징이다. 이와 같은 철학은 사회정서학습을 구성하는 역량 기술에도 나타나고 있는데, 자기 관리, 자기 인식, 사회 인식, 관계 능력, 그리고 책임있는 의사결정 등은 학습자 관점에서, 학습의 객체가 아닌 주체자로서 어떤 능력을 가져야 하는지를 확인하게 한다. 학습자를 중심으로 한 학습공동체 조성이 미래 학교의 바람직한 모습이라면 사회정서학습을 공동체의 가치를 실현하는 전략으로 발전시킬 필요가 있다. CASEL의 SAFE 활동 전략이나 촉진 방향은 그런 점에서 실천가능성에 대한 아이디어를 제공받는데 충분하다. 다음의 몇 가지 학습 적용 사례도 참조 가능하다.

2. 사회정서학습 실천 사례

1) 미국 7학년 수업사례

Chung과 McBride(2015)의 연구에서는 St. Louis 지역의 중학교 1학년을 대상으로 사회정서학습과 봉사학습을 통합한 수업 운영사례가 소개되어 있다. 본 프로그램에서 교장선생님은 지역의 청소년 발달 기관과 연계하여 기관으로부터 한 진행자를 섭외하여 1학년 사회 교과 수업시간에 수업을 진행하였다. 학생들은 서로 마주보는 방향으로 책상을 배치하여 수업 시작 후 10~20분간 지난 일주일 동안의 긍정적 혹은 즐거웠던 경험을 공유하였다. 학생들은 이러한 이야기를 통해 다른 친구들에게 삶의 교훈을 공유할 수 있었으며, 특히 자신의 목소리를 낼 수 있도록 적극적인 격려를 받았다. 이후, 학생들은 진행자와 함께 회의를 통해 봉사 프로젝트를 설계하며 토론하는 시간을 가졌다. 실제 봉사 이후, 학생들은 봉사결과와 향후 개선방안에 대해 계획하는 시간을 가짐으로써, 봉사정신과 사회정서학습이 요구하는 역량들을 향상할 수 있었다.

2) 라트비아 8학년 수업사례

Martinsone(2016)의 연구에서는 8학년을 대상으로 짝과의 의사소통을 통해 경청에 필요한 기술을 익히고 실천하는 것을 목표로 사회정서학습 프로그램을 진행하였다. 수업에서는 다양한 담화 상황이 담긴 영상이 활용되었다. 수업의 도입에서는 주제와 관련하여 학생들로 하여금 어떤 사람과 의사소통을 하기가 편한 지에 대해 생각해보는 활동을 가졌다. 이후, 본 주제와 관련하여 학생들은 다양한 담화 상황이 담긴 영상을 시청한 후, 청자가 어떠한 반응을 보였는지를 대답하였다. 이후, 세 명이 한 조를 이루어 한 사람은 이야기를 하고, 한 사람은 듣는 역할을 하며, 한 사람은 듣는 사람을 관찰함으로써, 어떠한 적극적 경청 자세(응답, 아이컨택, 주목 등)가 관찰되었는지를 이야기 하는 활동을 진행하였다. 이러한 활동을 통해 학생들은 자신의 담화방식에 대해 평가하고 다시 한번 생각해볼 수 있었다.

3) 한국 5학년 수업사례

김은정·김춘화·이상수(2015)의 연구에서는 부산의 초등학교 5학년을 대상으로 3개월 동안 재량시간을 활용하여 사회정서학습 프로그램을 운영한 바 있다. 먼저 자기인식 역량을 기르기 위해 감정단어를 '편안함'과 '불편함'으로 나누어 감정단어를 분류하고 이를 특정 상황에 적용하여 판단하는 활동을 가졌다. 사회인식 역량과 관련하여서는, 여러 동영상을 시청한 후, 각 영상의 등장인물의 감정을 추리하고 공유하였다. 자기관리 영역에서는 비폭력 대화법을 활용하여 역할극을 진행하였으며, 관계관리 영역에서는 학급 내 왕따 문제를 해결하기 위해 여러 역할을 맡아 각 역할에 해당하는 행동을 해봄으로써 역할에 따른 서로 다른 감정을 공유하는 시간을 가졌다. 이러한 프로그램 운영을 통해 학생들은 사회인식과 관계 관리 및 상호이해에 있어 유의미한 발전을 보였다.

사회정서학습을 기반으로 한 수업 사례를 살펴보면 문제를 인식할 수 있는 주제는 주어지지만, 모든 학습 상황은 학생과 학생, 학생과 교사를 포함한 전문가들간의 의사소통에 의해 유연하게 진행되고 있음을 확인할 수 있다. 무엇을 배워야 한다는 인위적인 학습 목표보다는 책임감있는 의사결정 과정에 함께 참여하는 경험에 초점을 둔다.

Ⅲ. 디퍼러닝(Deeper Learning)의 확산

교수학습 체제를 구성하는 요인에는 교수자와 학습자를 둘러싼 교육 목표와 내용, 전략, 평가, 그리고 학습 환경 등이 있다. 앞서 교수학습 방법이나 전략을 교육과정의 하위 요소로 보았을 때 나타날 수 있는 획일적 적용에 대한 문제를 언급하였다. 교수학습의 접근을 학습자 역량에 두고, 개인의 특성(인성)과 사회정서 능력에 초점을 둔 접근이 사회정서학습이라면 교수학습의 전략적 측면에서 최종적인 학습 성과로서 학습을 바라보는 시각이 디퍼러닝이다. 디퍼러닝은 복잡하고 다양한 요인이 영향을 미치는 학습 환경에서 궁극적으로 지향하는 것에 초점을 맞추고자 하는 접근 방식이다. 디퍼러닝을 심층학습, 심화학습 등의 한국어로 번역하지 않은 것은 보충학습의 반대 개념으로 오인될 수 있기 때문이다.

1. 학습 성과로서 디퍼러닝을 이해하기

디퍼러닝에 대한 정의를 살펴보면 학습을 통해 발생되는 최종적인 학습 성과로 인지되고 있음을 확인할 수 있다. 디퍼러닝은 바라는 결과를 진술한 교육목표, 교육적 신념이나 원리이고(Lens, Wells, & Kingston, 2015 : 7), 학생들이 성공적으로 갖추어야 할 역량이자 능력으로 간주된다 (Martinez, McGrath, & Foster, 2016). 이와 같은 시각에서 디퍼러닝의 구성 요인으로 인지적(cognitive), 개인 내적(intrapersonal), 개인 간(interpersonal) 역량 요소를 제안하기도 한다(Warkentien, Charles, Knapp, & Silver, 2017).

[그림 3] 디퍼러닝의 세 가지 역량(Warkentien, Charles, Knapp, & Silver, 2017: 1)

National Research Council 21st Century Skills		
	Cognitive (thinking and reasoning)	Intrapersonal (self-management to reach goals)	Interpersonal (expressing information to others and interpreting others)
Deeper Learning Competencies	Thinking critically	Learning to learn	Working collaboratively
	Mastering rigorous academic content	Developing academic mindsets	Communicationg effectively

- 인지적(cognitive) 영역: 학생들은 읽기, 쓰기, 수학과 같은 교과에서 학문적 토대를 잘 마련할 수 있어야 한다. 특히 학문에서의 원리나 개념을 잘 이해할 필요가 있다. 학생들이 특정 내용을 제대로 이해했다면 그들은 배운 내용을 다른 상황이나 과제에 적용할 수 있게 된다. 또한 학생들은 비판적으로 사고할 수 있어야 한다. 즉, 학생들은 정보를 종합하고 분석할 수 있는 능력을 길러야 한다.

- 개인 내적(intrapersonal) 영역: 학생들은 자신의 학습과정을 관리할 수 있으며, 그들이 무엇을 알고 무엇을 모르는지를 인식할 수 있어야 한다. 또한 지식이 언제, 어떻게 융합되는지 알며, 그들의 성공을 가로막는 장벽을 인지하고 그에 따른 해결전략을 결정하고 실행할 수 있어야 한다. 무엇보다 학문적 마음가짐을 신장하는 과정에서 학생들은 자신이 학문적으로 유능하다는 자신감과 함께 자기 자신을 신뢰할 수 있어야 한다.

- 개인 간(interpersonal) 영역: 학생들은 과제를 수행하기 위해 다른 사람들과 협력하는 방법과 공동의 결과물을 창출하는 방법, 그리고 복잡한 문제를 이해하고 해결할 수 있는 방법을 학습해야 한다. 또한 그들은 논리적이고 실용적이며 유의미하고 목적을 인지하는 등 다양한 방식으로 복잡한 개념에 관해 다른 사람들과 효과적으로 소통할 수 있는 방법을 학습해야 한다. 따라서 학생들은 자료, 결과, 생각을 명확히 조직할 수 있는 방법을 알아야 한다.

디퍼러닝을 학습 성과나 역량 관점에서 인식하게 되면 학생들이 학습을 통해 무엇을 얻게 되는지에 초점을 맞추게 된다. 디퍼러닝이 지향하는 방향이나 특성을 좀 더 살펴보면 다음과 같다(Lens, Wells, & Kingston, 2015 : 8 - 13).

1) 폭(Breadth)보다는 깊이(Depth)

21세기 이전부터 지식의 양은 빠른 속도로 증가해왔으며, 이제는 빅데이터(Big data) 시대로 진입하였다. 지식은 급속도로 발전하였지만, 인간은 증가하는 지식을 모두 습득하기에는 진화론적으로 불가능한 상황에 처하였다. 따라서 이제 학교 교육에서 가르쳐야 할 지식은 더 많은 지식이 아닌 다른 종류의 지식을 가르치는 것이다. 즉, 전통적으로 내려오는 지식을 가르칠 것이 아니라 능력(skills)을 가르쳐야 한다. 가르쳐야 할 지식의 내용은 그 자체로 중요할지라도, 결국에는 한 사람의 이해를 달성하기 위한 수단이 되어야 한다. 따라서 깊은 개념적 이해가 도달될 때 학습은 지속적이며, 유연하며, 현실적이게 된다.

2) 창조(Creation)

무언가를 창조한다는 것은 이해가 가장 깊은 수준으로 이루어질 때 가능하다. Wiggins & McTighe(1998; Lens, Wells, & Kingston, 2015에서 재인용)는 학생들의 이해도를 가장 최고 수준으로 평가하는 방법이 바로 그들이 창조한 특정 작품이나 행위를 평가하는 것이라고 말하였다. 이처럼, 학생들에게 학습이 의미 있으며 오랜 시간 지속적이기 위해서는 그동안은 존재하지 않았던 무언가를 창조하는 행위로 학습이 끝나야 한다. 디퍼러닝에서의 창조란 예술작품을 창조하는 것을 의미하는 것은 아니며, 좀 더 폭넓은 의미에서 그 어떤 무언가를 새롭게 만드는 것 모두를 포함한다. 예컨대 자신의 주장을 드러내거나, 영상을 제작하거나, 광고를 만들어보거나, 블로그를 만들어보는 것 모두가 창조 활동에 해당한다.

3) 미래가 아닌 현재

미래에 집중하는 것은 현재의 가치를 잊게 만든다. 따라서 학생은 미래에 어떤 사람이 될 것인지에 집중하기 보다는 현재 나는 누구인지에 대해 인식하며 그 소중함을 느낄 수 있어야 한다. 이는 마치 John Dewey(1897: 7; Lens, Wells, & Kingston, 2015에서 재인용)가 그의 저서에서 드러낸 "교육은, 그러므로, 삶의 과정이며, 미래의 삶을 위한 준비가 아니다."란 말과 일맥상통한다. 따라서 디퍼러닝에서는 현재에 그 초점을 둔다.

4) 하나의 이야기(A Story)

인간은 스토리텔러(Storyteller)이다. 이야기를 함으로써 인간은 경험의 의미를 만들어낼 수 있으며, 그 경험을 기억하고 소통할 수 있게 된다. 학습 또한 이러한 방식을 지녀야 한다. 따라서 디퍼러닝에서는 성찰(reflection)을 강조한다. 성찰의 행위 속에서 학생들은 학습한 내용을 이야기로 풀어나가면서 학습한 내용을 기억하고 활용할 수 있게 된다. 그리고 동시에 학교에서는 학생들이 학습을 통해 어떤 이야기를 할 수 있도록 그에 상응하는 교육경험을 제공해주어야 한다.

5) 전체와 부분이 어우러진(holonomous) 학습

전체와 부분이 어우러진(holonomous) 학습에서는 학습자로 하여금 자율성과 상호존중을 지닌 자아실현을 하는 한 개인으로 성장함과 동시에 지역사회의 규준과 가치를 존중하는 사회의 일원으로 성장하는 두 가지 모두를 강조한다. 따라서 학교교육에서도 모든 구성원의 적극적인 참여가 필요하다. 예컨대 학교에서 상호협력을 가르칠 때, 교사뿐만 아니라 학생 모두가 같이 협업하여야 한다.

2. 디퍼러닝 적용하기

디퍼러닝에 대한 개념과 방향을 살펴보면 상황 상황마다의 전략이나 가르치는 테크닉보다는 전체적인 학습 흐름을 더 강조하고 있는 것을 확인할 수 있다. 같은 맥락으로 디퍼러닝을 적용할 때 교수자가 인지하고 있어야 할 수준 정도의 학습 실천 방안을 살펴보면 다음과 같다 (2014; Martinez, McGrath, & Foster, 2016에서 재인용).

1) 학생을 학습자로서의 자율성 부여하기

교사는 학생을 학습자로서의 자율성을 부여할 수 있어야 한다. 따라서 그들의 교수학습방법은 학생들이 수동적인 학습자가 아니라 자기 주도적이고 책임감을 지닌 사람이 될 수 있도록 이끌어주어야 한다. 따라서 수업은 피드백, 수정작업, 반성이 포함된 복잡하고 계속 진행되는 학습의 형태로 구성되어야 한다. 교사는 학생들 간의 피드백뿐만 아니라 본인의 피드백도 효과적으로 전달할 수 있어야 하며, 이를 통해 학습이 단 한 번만으로 끝나지 않음을 상기시켜 주어야 한다. 예컨대 학생들 간의 소규모 토론, 일기 혹은 블로그 작성, 학생 주도의 세미나, 포트폴리오 등이 좋은 방안이 될 것이다.

2) 지식을 맥락화하기

디퍼러닝을 실천할 수 있기 위해 교사는 지식을 맥락에 맞게 변형하여 학생들이 내용지식을 잘 습득할 수 있도록 도와주어야 한다. 이에 따라 교사는 안내 질문(guiding question), 공동의 주제, 빅 아이디어를 매시간의 과제와 수업활동 및 프로젝트에 제공해야 한다.

3) 실제 문제와 실제 환경에 학습을 연결하기

교사는 학습이 학생들의 삶에 유의미해질 수 있도록 학습이 실제 문제(real issues)와 실제환경(settings)에 맞추어 수업을 진행해야 한다. 학교 이후의 미래 삶과 관련하여, 학생들은 직업현장에서 경험을 하거나, 주제와 관련한 특정 분야의 전문가와 상호작용함으로써 실제 세계의 문제를 해결해보거나, 프로젝트에서 특정한 전문적인 역할을 수행하거나, 역사적 사건을 현재의 문제와 연결하는 활동을 하는 것이 바람직하다.

4) 학교를 넘어선 학습으로 넓히기

학습내용을 실제 세계에 적용할 뿐만 아니라, 그 학습내용이 학교 밖의 지역사회, 기관, 기업과 연결되어 학생들이 풍부한 학습내용과, 바깥에서의 경험, 부가적인 자원을 누릴 수 있어야 할 것이다.

5) 개별 학생에게 적합한 학습경험 제공하기

학생들이 학습의 흥미를 느끼고 학습에 대한 지속적인 학습 자세를 가질 수 있도록 교사는 학생들과의 끈끈한 관계를 통해 유목적적으로 수업을 설계할 필요가 있다. 예컨대 교사는 학생들의 요청이 있을 경우, 학생들이 특정 내용을 잘 이해할 수 있도록 부가적인 학습 자료를 제공할 수 있어야 한다.

6) 기술(technology) 사용하기

디퍼러닝의 효과적인 학습을 위해서 교사는 최신의 기술을 활용하여 수업을 설계할 필요가 있다. 예컨대 수업 주제와 관련하여 관련된 영상을 학생들이 개별적으로 관람할 수 있도록 패드와 같은 기기가 있을 경우, 학생들은 인터넷을 통해 자료를 다운 받아 시청한 후, 협력문서나 자료 공유 프로그램 등을 통해 조원들과 조사 결과에 대한 토론을 할 수 있도록 해야 한다.

디퍼러닝의 철학이나 방향을 확인하고 실천적 방안을 제안할 때, "교수자가 인지하고 있어야 할 수준 정도"라고 표현하였다. 정확히 말하면 교수자가 교수 설계를 할 때 이론에서 제안하는 학습 단계, 단계마다의 짜여진 테크닉 적용 등의 프레임에서 벗어나야 한다고 거듭 강조하고 싶었기 때문이다. 디퍼러닝이 제안하는 학습 방향은 결국 학습의 자율성, 지식의 맥락화, 실생활 문제와의 연결, 학습 경험 확대, 개별화/개인화, 기술의 적극적 활용이라 할 수 있다. 이 정도의 핵심 개념을 가지고, 교수자는 학습자가 호기심을 가지고 도전해 볼 수 있는 주제가 무엇일까? 그 주제는 학습자의 경험과 연계되어 있는가? 학습자들이 어떠한 아이디어를 어디까지 확장시켜 내놓을지 모르겠지만 각 아이디어가 실생활의 문제 해결까지 연결되도록 어떻게 조언할까? 적절한 인적, 물적 자원의 투입은 어느 단계에 적절할까? 때로는 학습자의 수준이 못 미칠 때 때로는 더 많이 나아갈 때 어느 정도까지 유연성을 가지고 운영 방식을 바꿀 수 있을까? 기술의 활용을 어느 부분에 적용할까? 등의 전반적인 학습 흐름을 인지하는 수준에서의 교수 설계 방향으로 접근해 볼 수 있다. 이 또한 디퍼러닝에서 제안하고 있는 개념이기 때문에 최근의 학습 트렌드나 방향 제시 속에서 교수자가 수업 설계에 대한 철학을 가지고 전체 수업을 운영할 수 있도록 전문성을 인정하는 것부터 시작해야 할 것이다. 다음의 디퍼러닝 실천 사례는 전반적인 학습 흐름 속에서 교수자의 학습 철학과 신념이 어떠했는지를 가늠해 보고 살펴볼 수 있도록 제시된 것이다.

3. 디퍼러닝 실천 사례

1) King Middle School의 수업사례(Martinez, McGrath, & Foster, 2016 : 6)

미국 포틀랜드 주의 King 중학교에서 지속가능성을 주제로 한 6주간의 8학년 수업에서 교사는 두 가지의 안내 질문을 제시하였다. 첫 번째 질문은 "천연자원을 어떻게 채굴하여 사용할 수 있는가?"이며, 두 번째 질문은 "세상을 발전시키기 위해 우리는 에너지 소비를 어떻게 변화시킬 수 있을까?"였다. 이러한 두 가지 질문은 여러 교과 간의 핵심 아이디어, 관계, 이슈, 능력들을 연결하는 것이었다. 학생들은 과학과 수학 교과시간에 주제와 관련된 자료를 수집하고 분석하였다. 기술 시간에는 발전기를 설계하고 제작하는 활동을 수행하였으며, 영어 교과 시간에는 주제와 관련한 연구를 수행하고 글을 써보는 활동을 수행하

였다. 또한 사회 교과시간에는 토지이용계획을 작성하였다. 또한 교사
는 종종 여러 교과를 통합하여 운영함으로써 학생들에게 통합된 학습
경험을 제공하며, 분절적인 교과 특정 지식 간의 연결을 도모하였다.

2) At Avalon School의 수업사례(Martinez, McGrath, & Foster, 2016 : 7)

미국 미네소타 주의 At Avalon 학교의 미술 교과시간에는 공공예
술의 사용을 주제로, 학생들로 하여금, 모바일 지역 정원(Mobile Community
Garden)을 만들어보도록 하였다. 이를 위해 학생들은 사회 교과 시간에
배운 투표권 및 참정권에 대한 이해를 바탕으로 국가투표 기간에 투표
를 마치고 나온 시민들과 다른 학교 학생들을 대상으로 정원 만들기에
대한 인터뷰를 실시하였다. 이 과정에서 글쓰기, 사진, 다큐멘터리를
가르치는 대학원 프로그램의 전문가로부터 인터뷰하는 방법과 다큐멘
터리 제작에 관해 배우기도 하였다. 교사 또한 국립공원서비스(National
Park Service)나 교육계의 혁신가, 지역신문, 우수 기업과의 연계를 통해
학생들이 독자적인 프로젝트나 인턴십에 참여할 수 있도록 도와주었다.

디퍼러닝의 기본적인 학습 흐름을 살펴보면, 기존의 프로젝트 학습
이나 문제해결 학습의 흐름과 다르지 않다. 다만 디퍼러닝의 개념이나
적용 방향, 실천 사례 등을 살펴보면 학습자에게 제시되는 학습 주제가
교과를 넘어서는 통합적 주제이고, 문제를 해결해 나가는 과정이 장기
적이며, 그 과정에서의 학습 경험이 매우 다양하고 광범위함을 확인할
수 있다. 교과 시간에 습득한 개념이나 원리는 문제를 해결해 나가는
지식적 요소일 뿐 그 자체가 목적이 아닌 것이다.

IV. 배움의 획일적 적용 극복

사회정서학습과 디퍼러닝에 대한 자료를 찾아보기 시작한 것은 도
입에서 제시한 문제 인식으로부터 시작되었다. 학교에서의 가르치고 배

우는 활동은 꽤 오랫동안 이미 주어진 학습 목표와 정해진 교과, 단원, 주제, 그리고 가르쳐야 할 시간까지 지켜야 하는 한계 속에서 이루어져 왔다. 교사용 지도서에 친절히 제시된 각종 교수학습 방법에 대한 안내도 어찌보면 교사의 전문성과 학습 상황을 고려하지 않는 과잉친절일 수 있다. 이러한 상황 속에서 주입식 방법을 탈피하고 협력과 토의토론, 문제해결 학습 등이 적용된 학습자 중심 학습을 실천하라고 한다. 교과를 연구하고, 상황에 맞는 탐구 주제는 언제 개발하고, 교과를 넘어서는 주제 간의 연계성에 대한 자료는 연구된 것이 없다. 문제 인식, 문제 해결 방안 탐색, 문제 해결, 방안에 대한 성찰과 공유는 한 차시에 이루어질 수 없고 그나마 진도에 대한 부담을 지고 블록타임을 활용하거나 일부 시간을 재조정하는 차원에서 이루어진다. 어느 정도 국가 차원의 교육과정 목표나 핵심 성취 기준, 학기나 학년 정도의 시간 운영 등에 대한 가이드라인 제공 등은 필요하다고 해도 교실과 학교를 중심으로 이루어지는 그 많은 불확실성과 학습 상황에 일일이 가이드를 주는 것은 불가능하다라고 인정하는 것부터 교수학습에 대한 변화는 일어날 것이다. 다행히 학교 단위의 교육과정 자율성에 대한 논의가 이루어지고 있는 것 같아 오늘 살펴 본 사회정서학습과 디퍼러닝에 대한 시사점이 그저 공허한 하나의 학습 이론으로 끝나지는 않을 것 같아 다행이다.

교사의 전문성과 교육과정 운영에 대한 권한 강화를 전제로 했을 때 교사가 기획하는 교수학습 방식에도 큰 변화가 필요하다. 학생들이 그 시점, 그 학년에 배워야 할 핵심 개념(사회정서학습에서는 기초 리터러시로 명시)과 원리는 누구도 뒤쳐짐이 없는 완전학습처럼 이루어져야 한다. 사실 이 부분은 과감히 기술에 맡겨도 될 정도로 관련 서비스가 발전될 것이다. 오히려 반복 연습시키고, 수준이나 관심에 맞는 학습 경로대로 이끄는 것은 인공지능이 더 잘할 수 있게 될 것이다. 기술의 도입이 학교와 교사의 역할을 빼앗는 것이 아니라 원래 교사가 해야 할 역할을 할 수 있는 시간과 여유를 주게 될 것이다. 또한 수행과 과정 중심의 평가가 확대될 때, 과정은 결과와 함께 학습자의 학습 포트폴리오로 개인별로 관리되어야 한다면, 이 부분 또한 인공지능이 잘할 수 있는 부분이다. 기술이 제시해 주는 각 개인의 학습 결과에 대한 의미를 해석하고 이를 기반으로 학습자 개인별 조언을 하는 것은 결국 교사의 핵심 역할로 남게 된다. 이미 해오고 있던 경험, 알고 있는 경험에서의 변화는 진정한 변화가 아니다. 지금까지 볼 수 없었지만 옳다고 판단되거나 방향에 대한 분석이 맞다라고 판단될 때 움직이는 것이 혁신의 모습일 것이다. 이러한 현장의 변화를 예측하고 관련된 학습 이론을 발전시키고 현실적으로 적용 가능한 우리나라만의 독특한 경쟁력 있는 모델을 만들어 내는 것은 교육계가 해야 할 일이다.

참고문헌

김진숙, 정제영, 임규연, 정훈, 정광훈, 계보경(2016). 4차산업혁명 대응 미래교육 Big Picture 연구. 서울: 한국교육학술정보원.

Chung, S., & McBride, A.(2015). Social and emotional learning in middle school curricula: A service learning model based on positive youth development. *Children and Youth Services Review, 53,* 192－200.

Collaborative for Academic, Social, and Emotional Learning(2017). What is SEL?, http://www.casel.org/에서 2017. 6. 10 인출.

Dewey, J.(1897). *My pedagogic creed.* New York, NY: E. L. Kellogg.

Lenz, B., Wells, J., & Kingston, S.(2015). *Transforming schools using project－based learning, performance assessment, and common core standards.* US: Jossey Bass Ltd.

Martinez, M. R., & McGrath, D. R.(2014). *Deeper learning: How eight innovative public schools are transforming education in the 21st century.* New York: The New Press.

Martinez, M. R., McGrath, D. R., & Foster, E.(2016). *How deeper learning can create a new vision for teaching.* US: National Commission on Teaching and America's Future. http://nctaf.org/wp－content/uploads/2016/02/NCTAF－ConsultEd_How－Deeper－Learning－Can－Create－a－New－Vision－for－Teaching.pdf.

Martinsone, B.(2016). Social emotional learning: Implementation of sustainability－oriented program in Latvia. *Journal of Teacher Education for Sustainability,* 18(1), 57－68.

Pellegrino, J. W., Ed, & Hilton, M. L., Ed.(2012). *Education for life and work: Developing transferable knowledge and skills in the 21st century*. Washington, D.C.: National Research Council.

Warkentien, S., Charles, K., Knapp, L., & Silver, D.(2017). *Charting the progress of the Hewlett Foundation's deeper learning strategy 2010－2015*. US: RTI International. http://www.hewlett.org/wp－content/uploads/2017/04/Deeper－Learning_2017_RTI－.pdf.

WEF(2016). New Vision for Education: Fostering Social and Emotional Learning through Technology.

Wiggins, G., & McTighe, J.(1998). *Understanding by design. Alexandria*. VA: Association for Supervision and Curriculum Development.

5주제

교원양성제도의 개혁(초·중등교육)

전제상(공주교육대학교 교수)

제4차 산업혁명 시대의 교원교육 개혁으로서 교원양성제도의 개혁

전제상(공주교육대학교 교수)

Ⅰ. 서론

최근 교직사회 주변 환경의 급격한 변화(인구 절벽 현상, 새 정부 출범의 교육혁신정책 예고, 기술혁명, 알파고 충격 등)는 교직사회 현상을 진단 및 분석하고 미래 예측과 대응에 있어서 많은 혼란과 어려움을 가중시키고 있다. 제4차 산업혁명 시대를 맞이하여 교직사회는 미래의 방향성을 제대로 정하지 못하고 혼돈의 늪에 빠져있는 듯한 모습이다. 그동안 교직사회의 변화와 개혁을 위해 많은 교육정책적 노력들이 문민정부 이후 지속적으로 추진되어 왔지만 최근에 이르면서 개혁과 혁신의 동력을 살리지 못하고 침체 현상을 보이고 있다. 특히 학교교육의 중심적 역할을 담당하는 교원정책과 관련한 정책적 이슈에 대한 심층적인 검토와 논의가 찻잔 속의 바람으로 가라앉고 있는 실정이다. 이러한 교직사회 현상에 적지 않은 임팩트를 미치는 것이 바로 제4차 산업혁명의 시대정신이 아닐 수 없다.

제4차 산업혁명이라는 용어는 2016년 세계경제포럼(World Economic Forum)에서 미래사회의 화두로 논의하기 시작한 이래에, 학계와 현장에서 유행어처럼 회자되기 시작하였다. 특히, 우리나라에서는 2016년 3월 인공지능을 대표하는 알파고(AlphaGo)와 이세돌의 바둑 대결로 인해 4차 산업혁명이 화두가 되기 시작하였고, 5월 커제와의 대결을 통해 4차 산업혁명 시대가 도래했다는 충격이 한층 강화되었다. 제4차 산업혁명에서 혁명이란 용어가 시사하듯이, 현재 우리나라 모든 분야에서의 혁명적 변화를 예견하고 있다. 혁명의 사전적 정의는 이전의 관습이나 제도, 방식 따위를 단번에 깨뜨리고 질적으로 새로운 것을 급격하게 세우는 일을 말한다. 제4차 산업혁명이 도래했다는 각성과 함께 사회 곳곳에서 이 세계사적 흐름의 거대한 물줄기(main stream)에 어떻게 탑승할 것인지가 본격적으로 논의되기 시작하며 교직사회에서도 제4차 산업혁명 시대를 어떻게 준비하고 받아들일 것인지에 대한 고민이 날로 깊어져가고 있다. 이 용어가 교직사회 곳곳에 파고들면서 기존 교직사회 질서와의 다른 새로운 질서를 요구하고 있기에, 향후 이 4차 산업혁명을 어떻게 준비하고 받아들이냐에 따라 교직사회의 운명이 달라질 것임이 확연하기 때문이다.

그동안 교육은 인간을 인간답게, 그리고 인간다운 생활을 영위하게 하는 소중한 행위로서 교육적 가치를 부여하면서 교사와 학생의 인격적 만남을 통해 성장과 발전을 기약하는 것으로 사회보편적으로 정의되어왔다. 그러나 제4차 산업혁명 시대의 교육에서는 이와 같은 논리가 동일하게 적용되는 데에는 많은 한계가 있을 것으로 예견된다. 제4차 산업혁명 시대에서는 빅데이터, 인공지능, 사물인터넷 등으로 인한 사람과 사물, 공간을 초연결하고 초지능화하여 산업구조 전체를 혁신할 것으로 예측되기 때문이다. 기존의 제1차 산업혁명(증기기관 기반의 기계화 혁명), 제2차 산업혁명(전기 에너지 기반의 대량생산 혁명), 제3차 산업혁명(컴퓨터와 인터넷 기반의 지식정보혁명)시대의 교직사회는 미래사회의 인재양성을 위한 교사 중심 기반의 학생 지도 방식을 취해왔다. 교사 중심 기반의 학생지도를 위해 그간 정부에서는 교사양성기관에서 교사 자질과 능력 있는 인재를 확보하여 일정기간 동안 엄격한 교육과정을 제공하고, 그들에게 교사자격증을 부여하여 교사 임용 선발시험을 치르게 하였다. 그리고 합격한 자를 대상으로 학교 교육기관에 종사하는 정책을 펼쳐

왔다. 그런데 제4차 산업혁명이 화두가 되고 있는 이 시대에서는 기존의 교원양성제도를 통해 미래사회 인재를 양성하는 것이 적합한가에 대한 의문이 제기되고 있다. 기존에 제기되었던 현행 교원양성제도의 합리성, 적합성, 적응성 등에 대해 숱한 의문과 더불어 시대적 변화에 과연 기존 제도가 부합한지에 대한 논의가 이어지고 있기 때문이다.

이에 따라 최근에 진행된 학술세미나에서는 현행 교원양성정책에 대한 반성적 고찰이 이어지고 있다. 예를 들어 지능정보사회에 대비한 교직 미래전망과 교원정책의 과제(2016. 11. 19. 한국교원교육학회), 미래한국을 위한 교원양성방향(2017. 4. 14. 국회교육희망포럼), 새 정부 출범에 따른 교원정책의 방향과 과제(2017. 5. 13. 한국교원교육학회). 교원양성제도의 문제점과 개선방향(2017. 4. 27. 한국교육학회 교육정책포럼), 제4차 산업혁명과 교원정책의 새로운 전망(2017. 4. 28, 동국대학교 교원정책중점연구소), 교육과정 개선 및 교육정책 변화에 따른 교원양성과정 개선방향과 과제(2016. 5. 13. 한국교육개발원 교육정책포럼), 우수 초등교원양성을 위한 정책토론회(2014. 11. 17. 전국교원양성대학교총장협의회) 등이 진행되어 왔다. 또한 교원양성제도 개혁과 관련해서는 다음의 연구들이 이어져오고 있다. 교원양성체제 개편 방안 연구(2016. 교육부 정책연구보고서), 교육개혁 전망과 과제(Ⅰ): 초·중등교육영역(2016. 12, 한국교육개발원 연구보고 RR 2016 - 28), 교육수요변화에 대응하는 교원양성체제 구축방안(2012. 2. 8. 교육과학기술부 정책연구보고서), 교직환경변화에 따른 교원정책의 진단과 과제(2015. 12, 한국교육개발원 연구보고 RR 2015 - 03) 등이다.

현행 교원양성제도는 교원의 선발, 양성, 자격, 임용, 승진, 전문성 개발 등과 밀접하게 연계되어 있어 어느 하나 요소가 다른 요소들에게 크고 작은 영향을 미치는 복잡한 구조 즉, 복잡계[1] 특성을 지닌다. 그

---

1) 복잡계 이론은 1984년 미국 샌타페이 연구소(SFI: Santa Fe Institute)에서 본격적인 연구를 하였다. 복잡계 이론의 대표적인 사례는 미국 대기학자 에드워드 로렌즈

런데, 이러한 구조는 제4차 산업혁명 시대에서는 더욱 복잡한 특성을 지닐 것으로 예상된다. 제4차 산업혁명 시대의 사회는 현재 시대에서 예측하기 어려운 방향으로 구현될 것이라 추측되기 때문이다.

이에 본 연구에서는 그동안 교원양성제도 개혁과 관련한 많은 학자들이 연구한 결과를 기반으로 하여 제4차 산업혁명 시대의 주요 특징이라고 비견되는 요소들을 접목하여 교원 교육 개혁과제로서 교원양성제도 개혁2)의 방향을 제시하고자 한다. 이를 통해 향후 교원양성제도의 개혁 방향을 가늠하는데 귀중한 시사점을 도출할 수 있다는 데에 의의가 있다.

II. 제4차 산업혁명 시대의 특징

제4차 산업혁명의 용어가 일상화되기 시작한 것은 2017년 대통령

의 나비효과가 있다. 복잡계 이론에 의하면, 어느 장소에서 일어난 작은 사건이 그 주변에 있는 다양한 요인에 작용하고, 그것이 복합되어 차츰 큰 영향력을 갖게 됨으로써 멀리 떨어진 곳에서 일어난 사건의 원인이 된다는 것이다. 복잡계를 해석하기 위하여 선형이 아닌 비선형적 수학해석, 절대작용이 아닌 상호작용, 연속성이 아닌 불연속성, 환원이 아닌 종합을 기본 법칙으로 삼는다. 복잡계 연구를 위한 구체적인 수단으로는 카오스(혼돈), 프랙탈(형상), 퍼지(법석), 카타스트로피(파국) 이론 등이 있다. 복잡계 이론은 기본적으로 이 세상의 모든 질서가 몇 개의 이론만으로 설명될 수 없는 복잡성으로 얽혀 있다는 이론이다. 복잡계에서는 수많은 변수가 유기적으로 작용하기 때문에 일대일 대응방식의 기계론적 과학이 적용되지 않는다. 복잡계는 여러 구성 요소로 이루어진 집단에서 각 요소가 다른 요소와 끊임없이 상호작용을 하는 체계를 말한다. 이러한 체계는 비선형성, 비가역성, 복합적 상호작용, 불확실성, 확률론, 우연성 등의 지배를 받는다. 복잡계 이론은 전체를 구성하는 구성요소들의 상호작용을 통해 새로운 질서를 만들어가는 시스템으로 정의할 수 있다(유영만, 2006; 윤영수·채승병, 2005; 권준·엄준용, 2012). 복잡계 이론은 현상의 복잡성을 가능한 한 그대로 그리고 입체적으로 분석하는 것을 기본 가정으로 하여 상황에 대한 종합적 인식뿐만 아니라 상호 영향, 시간별 변화 차이, 의도하지 않은 결과 등에 관심을 두고 있기 때문에 사회 현상을 설명하는 새로운 패러다임으로 주목을 받고 있다(권준·엄준용, 2012).

2) 제4차 산업혁명 시대를 논의하면서 우려가 많이 되었지만 다행히도 소주제는 혁명이 아닌 개혁으로 안심하면서 원고를 작성하였다.

선거를 통해서이다. 그렇지만 교육학계에서는 2016년에 제4차 산업혁명을 지능정보사회라는 명칭으로 언급[3]하다가, 2017년부터 미래사회에 대한 명칭 변화로 제4차 산업혁명[4] 용어를 언급하기 시작하였다. 제4차 산업혁명[5]의 시대의 특징은 다음의 세 가지로 요약할 수 있다. 과학기술 혁명시대 도래, 인간 삶 전체에 대한 막대한 영향, 일자리 구조의 변화 등이다. 이에 본 연구에서는 이 세 가지를 중심으로 제4차 산업혁명 시대 사회를 조명해보고자 한다(김병찬, 2017; 이민화, 2017; 이광형, 2017; 박영숙·제롬 클렌, 2017).

1. 과학기술의 혁명시대 도래

주지하는 바와 같이, 제4차 산업혁명(The Fourth Industrial Revolution) 용어는 2016년 세계 경제 포럼(WEF: World Economic Forum)에서 언급되었으며, 정보 통신 기술(ICT) 기반의 새로운 산업 시대를 대표하는 용어가 되었다. 컴퓨터, 인터넷으로 대표되는 제3차 산업혁명(정보 혁명)에서

---

3) 학회 차원의 예를 들자면, 지능정보사회 대비 초등교육의 과제와 전망(2016. 10. 22, 한국초등교육학회 등), 지능정보사회에 대비한 교직의 미래 전망과 교원정책의 과제(2016. 11. 19, 한국교원교육학회)이 대표적이다. 정부 차원에서는 지능정보사회에 대비하여 범정부 추진체계인 지능정보사회추진단 출범(2016. 9),하였으며, 제4차 산업혁명에 대응한 지능정보사회 중장기 종합대책을 발표(2016. 12. 29)하였다. 교육 분야 지능정보사회 미래교육혁신 방안 수립을 위한 TF팀(2017. 3. 23)구성·운영하고 있다.

4) 예를 들자면, 제4차 산업혁명과 교원정책의 새로운 전망(2017. 4. 28, 동국대 교원정책중점연구소)이 있다.

5) 제4차 산업혁명의 개념에 대해서는 아직까지 정리된 것이 거의 없다는 사실이다. 이광형카이스트 교수(2017)에 의하면, Schwab(2016)이 한국에 방문했을 때 질문했는데, 자신도 아직 정의하지 못했다는 것이다. 이 말은 제4차 산업혁명은 시작되었지만 그의 정체성을 파악하는데 한계가 있음을 보여주는 것으로 이해된다. 그렇지만 이민화 카이스트 교수(2017)는 제4차 산업혁명을 인간을 위한 현실과 가상의 융합이라고 정의하기도 한다. 이 개념에 의하면, 제1차, 제2차 산업혁명이 만든 현실 세상과 제3차 산업혁명이 만든 가상의 세상이라는 두 세상이 융합해 세상을 최적화시키는 혁명이다. 박남기(2017)도 교원양성제도를 복잡계 관점으로 분석할 것으로 제안하였다.

한 단계 더 진화한 혁명으로서 인공 지능, 사물 인터넷, 빅데이터, 모바일 등 첨단 정보통신기술이 경제·사회 전반에 융합되어 혁신적인 변화가 나타나는 차세대 산업혁명을 말한다. Schwab(2016)은 제1차 산업혁명은 물과 증기에 의한 기계화, 제2차 산업혁명은 전기화, 제3차 산업혁명은 전자와 정보기술에 의한 정보화, 제4차 산업혁명은 디지털, 물리학, 생물학에 의한 초연결·초지능을 기반으로 한다고 주장하였는데, 이를 정리하면 다음과 같다(이광형, 2017; 차두원, 2017; 김재수, 2017; 김병찬, 2017; 한국연구재단, 2017; 박영숙·제롬 클렌, 2017; 김진숙, 2017; 이민화, 2017).

[그림 1] 시대별 산업혁명의 변천과 특징

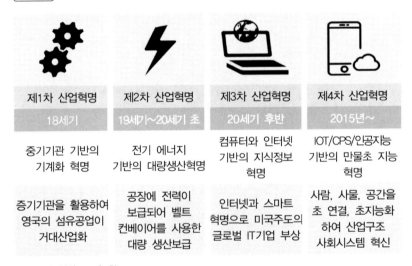

출처: 이광형(2017) 참조

Schwab(2016)은 물리학, 디지털, 생물학 3가지 기술을 기반으로 제4차 산업혁명이 시작될 것을 예견하였는데, 이를 정리하면 다음과 같다(김병찬, 2017에서 재인용).

| 표 1 | 제4차 산업혁명의 3대 핵심 기술 |

영역	핵심 기술
물리학(Physical)	무인 운송수단, 3D프린트, 로봇공학, 신소재
디지털(Digital)	사물인터넷, 블록체인(Block Chain)
생물학(Biological)	유전학, 유전자 편집, 합성생물학

출처: Schwab(2016)의 내용 재정리

2. 인간 삶 전체의 막대한 영향

제4차 산업혁명은 인공 지능(AI), 사물 인터넷(IoT), 클라우드 컴퓨팅, 빅데이터, 모바일 등 지능정보기술이 기존 산업과 서비스에 융합되거나 3D 프린팅, 로봇공학, 생명공학, 나노기술 등 여러 분야의 신기술과 결합되어 현실 세계 모든 제품·서비스를 네트워크로 연결하고 사물을 지능화한다. 제4차 산업혁명은 초연결(hyperconnectivity)과 초지능(superintelligence)

| 표 2 | 제4차 산업혁명 사회의 특징 |

특징	주요 내용
속도 (Velocity)	과학기술을 포함한 인간 삶의 변화 속도가 산술적 증가가 아니라 기하급수적 증가, 각 분야들 간의 연계 및 융합 역시 가속화
범위와 깊이 (Breadth & depth)	디지털혁명을 기반으로 과학기술의 주도적 변화와 과학기술의 변화에 머무르지 않고 사회, 경제, 문화, 교육 등 사회 전반의 광범위한 변화로 이어짐. 과학기술 등 물질적 측면을 넘어서서 인간의 정체성에 대한 철학적 사유, 논의까지 요구하는 변화 예상
시스템 변화 (Systems Impact)	인류 사회에 부분적인 변화가 아니라 시스템 및 체제, 즉 패러다임의 변화 시작. 개인적인 삶에서부터 국가 및 세계 체제의 변화 가속화

출처: Schwab(2016)의 내용 재구성

을 특징으로 하기 때문에 기존 산업혁명에 비해 더 넓은 범위(scope)에 더 빠른 속도(velocity)로 크게 영향(impact)을 끼치는 것을 말한다(박영숙·제롬 클렌, 2017; 이광형, 2017; 김병찬, 2017). 이와 같이 과학기술의 혁명시대 탄생은 과학기술의 변화에 머무르지 않고 인류 사회의 삶 전체(경제시스템, 사회문화시스템, 고용노동시장시스템 등)에 막대한 영향을 미칠 것으로 예상하고 있다. Schwab(2016)은 제4차 산업혁명 변화의 의미를 속도, 범위와 깊이, 시스템 영향 등으로 구분하여 설명하고 있다(김병찬, 2017).

제4차 산업혁명의 핵심 키워드는 초연결성, 초지능성, 예측가능성을 핵심으로 하고 있다(삼성증권, 2017). 초연결성은 사람과 사물, 사물간 인터넷 통신망을 연결하여 정보를 제공 및 생산하는 것으로 의미한다. 초

그림 2 제4차 산업혁명의 핵심 키워드

출처: 삼성증권(2017)

그림 3 제4차 산업혁명 시대의 정보 수집 및 분석 방법 변화

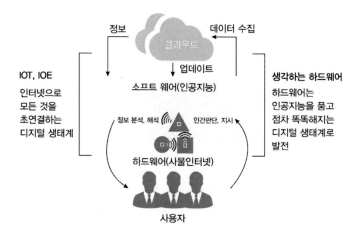

출처: 현대경제연구원(2017)

지능성은 빅데이터와 클라우드의 정보를 분석해 일정한 패턴을 파악하는 것을 말한다. 예측가능성은 빅데이터와 클라우드의 정보를 분석결과를 통해 인간의 행동을 예측하는 것을 의미한다.

　제4차 산업혁명 시대는 인터넷으로 모든 사물들이 연결되는 사회로 인간이 정보를 수집하고 가공하는 개념이 지금의 세계와는 다른 차원으로 유도할 것으로 예견된다. 그동안 인간은 지능과 감정을 가지고 가치 판단을 하던 것에서 벗어나 인공지능 역시 가치 판단을 할 수 있는 영역으로 확대되어 인간과 사물의 경계가 무너지는 시대를 경험하게 될 것이다(현대경영연구원, 2017; 이광형, 2017; 이민화, 2017).

3. 일자리 구조의 변화

　제4차 산업혁명은 일자리 구조를 근본적으로 변화시킬 것으로 예상하고 있다. 다보스포럼, 옥스퍼드 대학, 가트너 그룹 등 수많은 연구기관들이 4차 산업혁명으로 일자리 실종을 경고하고 있다. 과거의 경험

에 비춰보면, 1·2차 산업혁명 시대에서는 인간의 일을 기계가 대체할 것이라는 시대적 담론이 반향을 일으킨 바 있고, 3차 산업 시대에는 시스템 통합으로 인한 업무 자동화가 화두 되기도 하였다. 그렇지만 제4차 산업혁명에서의 일자리 변화는 과거 혁명들보다도 훨씬 획기적이고 파격적일 것이라고 예상한다. 옥스퍼드 대학의 교수 마이클과 칼프레이는 '지금부터 10~20년 후, 미국 총 고용자의 47%의 직업이 자동화로 대체될 가능성이 높다'는 다소 충격적인 전망을 내놓았다. 단순 반복만 하는 직업은 사라지고 창의적으로 사고하는 직업만이 지속된다는 것이다. 그렇지만 현장에서는 기계에 의해 대체되는 일자리 대신 새로운 직업도 생겨날 것이라는 전망도 있다(박정수, 2017; 이민화, 2017).

그림 4 제4차 산업혁명 역사와 주도 가치의 변화

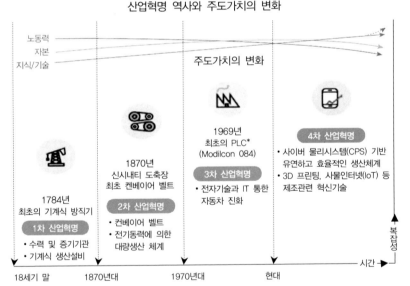

* PLC(Programmable Logic Controller)
자료: DFKI(독일인공지능연구소, 2011), POSRI 인용 재편집
출처: 박정수(2017. 6. 17)

표 3 2015~2020년 일자리의 변화   (단위: 천명)

일자리 감소		일자리 증가	
산업 분야	인원 수	산업 분야	인원 수
사무, 행정 (Office and Administrative)	−4,759	비즈니스, 금융 운영 (Business and Financial Operations)	+492
제조, 생산 (Manufacturing and Production)	−1,609	경영 (Management)	+416
건설, 채굴 (Construction and Extraction)	−497	컴퓨터, 수학 (Computer and Mathematical)	+405
예술, 디자인, 엔터테인먼트, 스포츠, 미디어 (Arts, Design, Entertainment, Sports and Media)	−151	건축, 엔지니어링 (Architecture and Engineering)	+339
법률 (Legal)	−109	영업, 관계 (Sales and Related)	+303
시설, 유지 (Installation and Maintenance)	−40	교육, 훈련 (Education and Training)	+66
일자리 감소 총계	−7,165	일자리 증가 총계	+2,021

자료: World Economic Forum(2016 : 15)의 내용 재정리

World Economic Forum(2016)은 2020년까지의 분야별 일자리 증감을 분석하였는데, 구체적인 내용은 다음과 같다. World Economic Forum(2016)은 2020년까지 사무·행정, 제조·생산 분야의 일자리가 급감할 것으로 예상된다. 비즈니스·금융 및 경영, 컴퓨터·수학 분야의

일자리는 상당수가 증가할 것으로 예측하고 있지만, 교육 분야는 일자리가 다소 늘어날 것으로 전망하고 있다. 전체적으로는 2015년부터 2020년까지 약 700만 개의 일자리가 감소하는 반면, 일자리 증가는 약 200만 개에 그치기 때문에 증감을 종합하면 500백만 개 이상의 일자리가 줄어들 것으로 예상하고 있다(김병찬, 2017에서 재인용).

그림 5 제4차 산업혁명 시대의 유망 직업 및 기술

4차산업혁명 유망 직업·기술
4차 산업혁명이 미래 직업세계에 미치는 영향을 주제로
분야별 미래 유망직업 21개 소개

첨단 과학 및 사업분야		삶의 질·복지·공공안전분야
인공지능전문가	착용로봇개발자	사이버포렌식전문가
빅데이터분석가	드론운항관리사	범죄예방환경전문가
가상현실 전문가	스마트도로설계자	동물매개치료사
사물인터넷전문가	개인간대출전문가	도그워크
공유경제컨설턴트	의료정보분석사	크루즈승무원
로봇윤리학자	스마트팜구축가	메이커스랩코디네이터
스마트의류개발자	엑셀러레이터매니저	감정노동상담사

4차 산업혁명시 유망 직종	10대 미래유망 기술
로봇윤리학자	빅데이터 기반 사기방지 기술
공유경제컨설턴트	온라인·모바일 금융거래 보안기술
가상현실 전문가	사물인터넷(IoT) 보안
의료 정보 분석사	정신건강 진단·치료 기술
동물 매개 치유사	소셜로봇(공감로봇기술)
	빅데이터 기반 감염병 예측·경보 시스템
	시스템 기반 미세먼지 대응 기술

출처: 한국고용정보원(2016)

한국고용정보원(2016)은 4차 산업혁명 유망 직업 기술을 분야별 21개로 다음과 같이 소개하였다. 첨단과학 및 사업분야는 인공지능전문가, 빅데이터분석가, 가상현실전문가, 사물인터넷전문가, 공유경제컨설턴트, 로봇윤리학자, 스마트의류개발자, 착용로봇개발자, 드론운항관리자, 스마트/도로설계자, 개인간대출전문가, 의료정보분석가, 스마트팜구축가, 엑셀러레이터매니저를 제시하였으며, 삶의 질 복지 및 공공안전분야는 사이버포렌식전문가, 범죄예방환경전문가, 동물매개치료자, 도그워크, 크루즈승무원, 메이커스랩코디네이터, 감정노동상담사를 제안하였다.

또한 한국연구재단(2017)은 미래유망기술분야로 신체증강휴먼, 웰니스(개인) 맞춤형 관리, 인공장기 바이오, 뇌기능향상 기술, 극한환경 응형 4D소재, 차세대 자동차용 초비강도 소재, 차세대로봇, 미래초연결지능통신, 미래교통시스템, 재난감지 및 대응기술, 에너지 저장기술, 스마트하우스 12개 분야를 소개하였다.

이상의 시대별 산업혁명의 역사적 변화와 4차 산업혁명의 특징을 종합하여 교원양성제도를 반추해보면 다음과 같은 시사점을 얻을 수 있다. 첫째, 4차 산업혁명은 과학기술 혁명으로 정보통신 기술이 인간의 의식을 변화시키는 속도의 시대가 보편적 현상으로 자리잡게 될 것이다. 그렇기에 이와 같은 변화 속도에 교원양성기관은 어떻게 대응하느냐에 따라 그 운명은 달라지게 될 것이다. 둘째, 인터넷을 통한 인간과 사물 간의 연계를 인공지능으로 소통하는 초연결사회가 되면서 인간 삶 전체에 막대한 영향을 미칠 것으로 예상할 수 있다. 그렇기에 앞으로 교원양성기관은 양성기관 간의 연계를 위한 노력에 집중해야 하며 기존의 폐쇄성을 극복하기 위한 전략을 강구할 필요가 있다. 셋째, 인공지능의 고도화로 국가 간 경계와 언어 장벽이 무너짐으로써 국가와 개인 간 교류가 일상화되면서 개방적 사고와 의사소통이 보다 중요한 문제로 대두될 것이다. 그렇기에 교원양성기관의 교수·학습의 내용과 방법 등에 있어서 새로운 방향으로 재정립될 필요가 있다. 넷째, 모든 직업이 근본적인 직무 범위와 깊이가 예전과는 전혀 다른 차원의 심도높은 고도의 전문성을 요구하게 된다. 그렇기에 교원양성기관에서 발급하는 자격증의 종류와 유형 등에서의 변화가 필요함이 예상된다. 제4차 산업혁명에 대한 개념적 정체성이 아직 확립되지 않았기에, 그에 대한 정의를 내리기 어렵지만, 이상과 같은 방향으로 시대가 변화해간다는 사실에 비춰볼 때 교원양성제도 전반에 대한 재점검이 필요하다는 것을 알 수 있다.

Ⅲ. 교원양성제도의 개혁과 선행연구의 결과

1. 교원양성제도 개혁의 의미

교원양성은 단위학교에서 개별 교원에게 주어진 직무를 제대로 수행하기 위한 지식과 방법, 기술 및 바람직한 태도를 교육하여 길러내는 것을 말한다. 교원교육은 예비교원을 사전에 교육하는 직전교육과 현직교원을 대상으로 하는 현직교육을 포함한다. 교원은 법규에서 요구하는 자격을 갖춘 교육공무원을 뜻하지만 교원양성이라는 단어에서 교원이 함축하고 있는 의미에 따라 예비교원을 미리 훈련시켜 길러낸다는 것과 자신의 직무를 효율적으로 수행할 수 있는 자질과 품성을 갖춘 현직 교원이 될 수 있도록 전문적으로 준비시킨다(서정화, 1989)는 두 가지 해석이 가능하다. 교원양성을 논의함에 있어서 교원의 의미를 양성을 위한 대상으로 보느냐(예비교원) 아니면 양성을 위한 목적으로 보느냐(현직 교원)에 따라 해석에 차이가 있을 수 있다. 그렇지만 실제적으로 교원양성은 교사를 양성하는 것으로 그리고 예비교원을 교직 입직에 대비하여 교원으로서의 직무수행에 필요한 사항들을 교육시켜 배출하는 것으로 통용된다. 따라서 교원양성은 예비교원들을 대상으로 장차 교원의 직무수행을 잘할 수 있도록 필요한 지식과 기술 그리고 가치관 등을 교육시키는 것으로 정의할 수 있다(신현석, 2009).

실제적으로 교원은 학생들을 교육하기 위한 충분한 교과지식, 학생을 이해하고 지도하는 방법과 기술, 그리고 교직에 대한 자긍심 등 자질과 품성을 갖추어야 한다. 교원의 자질과 품성은 교원양성과정을 통해 체계적으로 교육되어야 하며, 교원양성과정은 초등교원은 교육대학교에서 중등교원은 사범대학 등을 중심으로 고등교육기관에 설치·운영되어 있다. 교원양성을 위한 고등교육기관의 설치와 교원양성과정의 운영에 관한 모든 사항은 법규에 의해 정해져 있으며 국가의 공식적인 제도로 기능한다. 신제도주의에 의하면, 제도는 포괄적으로 정치와 경제 각 부문에서 개인들 간의 관계를 구조화시키는 공식적인 규칙, 순응 절차, 표준화된 관행으로 정의된다(Hall, 1986). 그리고 좁은 의미의 제도는 공공 조직의 표준화된 관행, 규정, 일상적 절차로 정의될 수 있다(Hall, 1992를 인용한 신현석(2009)에서 재인용). 결국 교원양성제도는 교원을 양성하기 위한 제반 절차와 과정이 국가의 법규에 의해 규율되는 공식적이고 표준화된 형식을 의미한다(신현석, 2009).

이와 같이 교원양성제도 개혁의 개념적 의미에는 교원양성제도를 하나의 제도로서 운영되는 교원양성의 제반 절차와 과정을 의도적으로 고치고 변화시키는 일련의 활동을 내재하고 있다. 일반적으로 제도의 변화를 바람직한 방향으로 유도하는 것으로는 그 잘못된 것이나 부족한 것, 나쁜 것 따위를 점진적으로 고쳐 더 좋게 만든다는 개선이 있으며, 제도나 기구 따위를 새롭게 급격하게 뜯어 고친다는 개혁이 있다. 따라서 교원양성제도의 개혁을 추진한다는 것은 기존의 교원양성제도의 제반 절차와 과정을 급격하게 고쳐 근본적인 변화를 주는 것을 의미하는 것이다.

그동안 교원양성제도의 개혁은 역대 정부마다 추진된 대표적인 교원정책의 하나이었다. 그것은 교원정책에 있어서 교원양성제도가 차지하는 비중이 수요와 공급이란 두 가지 축으로 교직사회의 미치는 영향력이 막중하여 교직변화를 이끄는 동인으로 작용하기도 하였다. 물론 교원양성제도는 학문적 분석 대상이면서 정책적 분석 대상이 되어 왔다(신현석, 2009). 교원양성의 문제는 국가차원에서 보면 교원 인적자원 계획, 즉 교원수급계획의 종속변수이면서 동시에 자격과 채용의 독립변수로서 기능하기 때문이다. 교원양성제도는 관련 이해 변인들이 복잡하게 연계되어 있어서 잘못 설계하거나 추진하게 될 경우 예기치 못한 불균형을 초래하는 특수성을 가진다. 현실적으로 교원양성제도의 개혁은 단지 양성의 관점으로 추진하는데 한계를 가지므로 중·장기적으로 교원수급계획을 고려하면서 단기적으로 교원양성기관 설립의 목적과 취지 등을 고려하면서 물적 자원의 조건을 반영할 필요가 있다. 또한 교원양성제도는 예비교사에 대한 자격부여와 선발 및 임용을 연계하여 개혁해야 하는 종합적 접근이 요청되고 있다. 따라서 교원양성제도의 개혁은 체제적 관점이나 교육인사행정의 관점에서 교원양성체제의 투입요소(혹은 독립변수)인 교원수급계획과 양성기관의 목적 그리고 물적 자원의 지원을 고려하면서, 양성제도의 산출요소(혹은 종속변수)인 자격과 채용을 연계하여 추진되는 것이 바람직하다(신현석, 2009). 신현석(2009)은 교원양성체제 개혁을 위해 체제적 관점에서 투입, 과정, 산출로 구분하여 진단 및 분석하였다. 투입요인으로는 교원수급 계획, 교원양성기관의 사명과 목적, 물적자원의 지원을, 과정요인으로는 교수, 학습, 교육과정을 기반으로 4가지 하위체제(구조체제(형식), 정치체제(거버넌스), 개인체제(참여자), 문화체제(풍토))를, 산출요인으로는 자격과 임용을 제시하여 의미 있는 분석 결과를 도출하였다. 지금도 이러한 분석틀은 양성제도 분석의 유용성을 가진다.

이처럼 교원양성제도의 개혁은 교육정책의 핵심 주제로 많은 논의의 대상이 되어 왔지만 과연 급변하는 시대 흐름에 맞게 적절하게 대응해 왔는가에 대한 비판의 목소리가 높다. 교원양성제도는 제4차 산업혁명이라는 새로운 변수를 함께 고려하는 새로운 방향으로 혁신할 필요성이 더욱 증대되고 있다. 그렇기에 제4차 산업혁명 시대의 핵심 개념들(속도, 범위와 깊이, 시스템 변화) 중 어떤 것을 기반으로 접근하는 것이 바람직한가에 대한 논리적 검토가 필요하다.

2. 선행 연구 결과에 나타난 교원양성제도 개혁 내용

그동안 교원양성제도 개혁을 위한 노력이 정부와 전문가를 중심으로 지속적으로 전개되어 왔다. 신현석(2009)은 문민정부 이후 이명박 정부에 이르기까지 교원양성체제 개편을 위한 정부기관의 개편 방안(7개)을 비롯하여 연구보고서(6개), 개인 연구(22편) 등 총 35건에서 제안된 방안들을 체제적 관점에서 분석하였다. 이에 대한 분석 결과를 제시하면 다음과 같다.

표 4 역대 정부의 교원양성제도 개혁방안 내용

체제요소		개선방안	
		문민정부	국민의 정부
투입	교원수급 계획	• 중등교원의 수급 정책	• 중장기적 교원수급 계획 수립(2)
	물질 자원	• 교육여건 개선(2)	• 실습실 및 종합교육센터 설립
	목적 및 사명	• 품위 있고 유능한 교원 육성(2)	• 교원의 전문성 신장 • 현장 적합성이 높은 교사 양성
과정	교수·학습	• 학교 현장과의 연계 강화	• 이론의 실천적 검증(교육 실습강화)
	교육과정	• 교육과정 운영의 내실화 • 프로그램 질적수준 제고	• 교육과정 다양화 및 개선(2) • 교육실습강화(3) • 양성과 연수의 통합 체제 구축

과정	구조체제 (형식)	• 평가인증제 도입 • 대학원수준에서의 양성 • 교육대학양성 체제개편	• 교육양성기관의 통폐합 및 연계성 강화(7) • 교원전문대학원 설립(4) • 평가인증제 도입(3)
	정치체제 (거버넌스)	• 질 관리 체제 수립 • 양성기관의 기능과 역할 재조정	• 국가 기관에서 질 관리
	개인체제 (참여자)		• 현장경력자 교수채용 • 교육관련 인사 의견수렴
	문화체제 (풍토)		• 개별대학의 특성에 따라 교원교육체제 발전
산출	자격	• 교원자격증제도 신축적 운영 • 교원양성의 정예화	• 교원자격, 임용체제 유연화 및 개방화(2)
	임용	• 현장교육능력중시(2)	• 평가방식개선(교직 적성과 자질 비중 강화)
투입	교원수급 계획	• 교원 수급의 탄력성 확보(5)	• 임용인원 대 양성인원의 적정비율 유지
	물적 자원	• 행정 재정적 지원 강화	
	목적 및 사명	• 질적 우월성 제고 • 교원의 사회적 책무성 제고 • 교원의 전문성 향상(2)	• 전문성 향상
과정	교수·학습	• 양성기관 간의 학점교류 • 교수진 능력개발 프로그램 도입 및 지원 강화(3)	
	교육과정	• 목표설정에 따른 교육과정 구성운영 • 교육과정의 개선 • 교육과정 표준화(2) • 교육실습 내실화(2) • 현장적합성 강화(6)	• 시대의 변화와 사회의 요구반영

과정	구조체제 (형식)	• 교원 종합 양성 기관 설립 등 초중등교원양성체제의 재구조화(6) • 교원전문대학원의 도입(4)	• 교원양성기관평가인증제 도입(3) • 교육전문대학원 설립(2)
	정치체제 (거버넌스)	• 권한이양 • 자원공유 • 상호의존 • 권한의 다양화와 분산	
	개인체제 (참여자)	• 예비교사의 지식 이해 태도의 성장	
	문화체제 (풍토)	• 교직관 비중 확대	• 인성이나 성격을 중시하기 위한 면접강화
산출	자격	• 국가기준에 의한 자격취득 및 관리 강화(6), 학년별 자격제도 확립(2)	• 개방적 교원자격증제도(2) • 교원 자격 갱신제 • 수석교사제 운영 등 교원 자격체제의 이원화
	임용	• 선발방법 다양화 등 교원 임용 시험 제도 개선(3) • 수습교사제 도입(3)	• 임용체제다양화 • 수습기간 확대 • 임용시 교원용 공지적성 평가 적용

신현석(2009)은 문민정부, 국민의 정부, 참여정부, 이명박정부 시기의 교원양성제도 개혁 내용을 분석하면서 다음과 같이 결론을 내렸다.

"교원양성체제의 개편 모형에서 과정에 해당되는 교원양성과정에 대한 개편방안이 가장 많은 것으로 나타났다. 그중에서도 구조체제 즉, 교원양성제도의 구조와 형식에 대한 개편방안이 가장 많았다. 그리고 양성체제의 핵심기술 중 하나인 교육과정에 대한 개선방안이 많았는데, 이는 주로 제7차 교육과정과 연계된 양성교육의 변화에 대한 요구가 많았기 때문이다. 한편, 개편 모형의 산출에 해당되는 자격과 임용에 대한 개선방안도 많이 제안되었는데 이 방안들은 교원양성제도 개편과 연계되어 있다. 이에 비해 제안된 횟수는 적지만 개편 모형의 투입에 해당되는 교원수급계획 측면에서도 개선방안이 적지 않게 제안되어 교원양성체제를 개편하기 위한 과정에서 수급계획과 자격 및 임용이 양성과정과 연계되어 모색되고 있음을 알 수 있다(김명수, 2003; 권오현, 2003; 김재복, 2004; 김이경 외, 2004; 김태완 외, 2008). 이는 교원양성체제 개편에서 교육인사행정 과정의 단계들 간의 연계가 고려되고 있음을 나타내는 것이며, 정책의 합리성제고에 대한 인식이 점차 늘어나고 있음을 알 수 있게 해준다. 그러나 교원양성체제 내 구성요소 간 결합을 통한 개편방안의 모색은 여전히 부족한 것으로 보인다. 핵심기술과 하위체제 간 결합에 의한 개편방안의 도출은 이해관계가 첨예하게 대립되어 있는 정치지향적인 구조 및 형식 중심의 양성체제 개편방안 모색에 묻혀 정책의 합리성을 약화시키는 요인으로 작용하고 있다."

이러한 신현석(2009)의 결론에 비춰보면, 교원양성제도 개혁을 논의함에 있어서 중심축은 교원양성제도의 구조와 형식, 교육과정 개편, 교원수급정책으로 집중되어 있음을 보여주고 있다. 이러한 현상은 지금도 반복되고 있는 것으로 파악된다.

박근혜 정부 기간 동안의 교원양성제도 개혁을 위한 노력(정부보고서 3, 나머지는 학회 차원의 연구발표)은 다양하게 연구과제들로 제안되기는 하였으나, 실제로 교원양성정책에 반영되어 실현된 것은 별로 없는 실정이다. 다만, 교원양성기관의 질 관리 정책으로 교원양성기관평가에 집중된 특징을 보인다.

결론적으로, 교원양성제도 개선을 위한 노력이 문민정부 이래로 박근혜 정부에 이르기까지 지속성을 가지고 추진되었다고 할 수 있다. 그렇지만 교원인사정책의 하나로 정부가 교원양성제도 개선(개혁)에 무게중심을 두고 추진하였으나 점진적으로 추진 동력이 약화되는 특징을 보이고 있다. 이와 같은 현상은 역대 정부별의 교원정책 지향성을 분석한 박영숙 외(2015)에서도 간접적으로 나타나고 있음을 알 수 있다.

표 5 박근혜 정부의 교원양성제도 개혁방안 내용

체제요소		개선방안 박근혜 정부
투입	교원수급계획	교사채용확대, 교사수급, 교수인력 확충
	물적자원	행재정지원
	목적 및 사명	역량개발, 소명의식 제고
과정	교수·학습	실무능력 강화
	교육과정	교원양성과정 개선(2), 역량중심 교육과정 개선, 개정교육과정
	구조체제(형식)	교원양성기관 연계, 양성기간 확대
	정치체제(거버넌스)	교원양성기관평가 개선,
	개인체제(참여자)	다문화·북한이탈학생, 재외국민 가정 학생 교육
	문화체제(풍토)	임용시험방식 개선
산출	자격	무시험 검정기준 개선, 자격기준 개발, 통합자격증 개선, 교직과목 개선, 수석교사제 개선
	임용	예비교사 실습 기간 확대, 교원임용시험제도 개선

3. 교원양성제도의 현황과 문제점

1) 교원양성제도의 현황

① 교원양성기관의 현황

교원양성기관은 교원양성을 위해 일정한 직무를 수행하는 조직체로서 교원양성 교육과정의 운영과 교원자격 부여가 실제로 이루어지는 곳을 말한다. 교원양성기관 설립의 법적 근거는 고등교육법과 고등교육법 시행령에 명시되어 있다. 초등교원양성기관은 전국 각 시·도의 12개 국립 교육기관과 사립교육기관 1곳으로 목적형으로 양성되고 있다. 중등 교원양성기관은 국·공립교육기관이 72곳, 사립이 247곳으로 목적형을 기반으로 하는 개방형 방식으로 4년 동안 걸쳐서 양성되고 있다. 2017년 초등교원의 임용현황은 약 90%에 이른다. 반면에 중등교원의 임용 현황은 약 14.81%에 해당되는 것으로 분석되었다(김갑성 외, 2012).

표 6 2017학년도 전국교육대학교 임용 현황

구분	응시자수	합격자수	합격률(%)
서울교대	373	321	86.06
경인교대	623	569	91.33
공주교대	373	346	92.76
광주교대	342	306	89.47
대구교대	416	387	93.03
부산교대	383	326	85.12
전주교대	292	265	90.75
진주교대	322	298	92.55
청주교대	310	260	83.87
춘천교대	317	274	86.44
한국교원대	123	114	92.68
계(평균)	3,874	3,466	89.46

2017년 기준으로 교원양성기관수와 편제정원의 현황은 다음과 같다(박남기, 2017). 초등교원양성기관의 4년간 편제정원은 15,391명으로 매 학년마다 약 3,848명 수준이다.

표 7 초등교원 양성기관수와 편제정원의 현황

구 분		설립별	학교수	학과수	학년별정원				
					17 학년도	16 학년도	15 학년도	14 학년도	합 계
사범계	사범대학	국립	15	198	3,704	3,726	3,783	3,785	14,998
		공립	1	7	98	98	98	98	392
		사립	30	170	5,194	5,676	5,698	5,844	22,412
		소계	46	375	8,996	9,500	9,579	9,727	37,802
	일반대학 교육과	국립	1	1	15	15	15	15	60
		사립	14	22	769	769	774	789	3,101
		소계	15	23	784	784	789	804	3,161
	총계	국립	16	199	3,719	3,741	3,798	3,800	15,058
		공립	1	7	98	98	98	98	392
		사립	44	192	5,963	6,445	6,472	6,633	25,513
		합계	61	398	9,780	10,284	10,368	10,531	40,963
비사범계	일반대학 교직과정*	국립	29	639	1,647	2,065	2,138	2,191	8,041
		공립	1	13	58	58	62	64	242
		사립	117	1,441	5,202	6,228	6,470	6,857	24,757
		사립산업	2	8	39	39	39	39	156
		소계	149	2,101	6,946	8,390	8,709	9,151	33,196
	교육대학원**	국립	23	450	4,638	4,548	4,689	4,742	18,617
		공립	2	25	214	252	252	252	970
		사립	84	762	8,642	9,087	9,177	9,348	36,254
		소계	109	1,237	13,494	13,887	14,118	14,342	55,841
	총계	국립	52	1,089	6,285	6,613	6,827	6,933	26,658
		공립	3	38	272	340	314	316	1,212
		사립	203	2,211	13,883	15,354	15,686	16,244	61,167
		합계	258	3,338	20,440	22,277	22,827	23,493	89,037
중등 교원양성 총계		국립	68	1,288	10,004	10,354	10,625	10,733	41,716
		공립	4	45	370	408	412	414	1,604
		사립	247	2,403	19,846	21,99	22,158	22,877	86,680
		합계	319	3,736	30,220	32,561	33,195	34,024	130,000

반면에 중등교원양성기관의 4년간 편제 정원은 총 130,000명이며, 매 학년마다 약 32,000명으로 나타났다.

표 8 중등교원 양성기관수와 편제정원의 현황

설립	구분	교육 대학명	연도별 초등교육과 정원					
			17학년도	16학년도	15학년도	14학년도	13학년도	소계
국립	교원대	교원대	111	111	111	111	111	444
	교육대	경원교대	598	598	598	598	598	2,392
		공주교대	354	354	354	354	354	1,416
		광주교대	326	326	326	326	326	1,304
		대구교대	383	383	383	383	383	1,532
		부산교대	356	356	356	356	356	1,424
		서울교대	355	355	355	355	355	1,420
		전주교대	285	285	285	285	285	1,140
		진주교대	319	319	319	319	319	1,276
		청주교대	286	286	286	286	286	1,144
		춘천교대	321	321	321	321	321	1,284
	교대 계		3,583	3,583	3,583	3,583	3,583	14,332
사립	일반대학	제주대	114	114	115	115	115	459
	일반대학	이화여대	39	39	39	39	39	156
국립계			3,808	3,808	3,809	3,809	3,809	15,235
사립계			39	39	39	39	39	156
총 계			3,847	3,847	3,848	3,848	3,848	15,391

② 교원양성기관의 교육과정 체계

교원자격검정령 시행규칙 제12조(전공과목 및 교직과목의 이수기준과 학점 등) 관련하여 표3에 따르면, 초등학교 정교사(2급)는 전공과목 50학점 이상(교과교육 및 교과내용영역 3,73650학점 이상, 기본이수과목 21학점(7과목) 이상 포함)

표 9 초등교원양성기관의 교육과정 체계

구분 \ 교대		경인교대	공주교대	광주교대	대구교대	부산교대	서울교대
교양	필수	8	28(29)	29	31(33)	15	24
교양	선택	23	10(12)	6	13	16	10
교직	교육학	20	18	20	18	20	18
교직	교육실습	4	4	4	4	4	4
전공	교과·비교과교육	48	53(54)	52(62)	52(56)	44(59)	50
전공	예체능실기 및 외국어교육	21	8(15)	6(12)	6(12)	13(23)	14
심화		18	21 (21~26)	20	21	22	20
계		142	142 (153~158)	137(149)	145(157)	134(165)	140

구분 \ 교대		전주교대	제주교대	진주교대	청주교대	춘천교대	한국교원대
교양	필수	26	14	4	13(14)	22	–
교양	선택	12	16	26	19	12	21
교직	교육학	20	18	18	18	19	18
교직	교육실습	4	4	4	4	4	4
전공	교과교육	52(54)	56(62)	62(64)	47(48)	49	66
전공	예체능실기 및 외국어교육	10(18)	11(15)	11(19)	16(22)	12(21)	3(6)
심화		21	24	20	18	21	21
계		145(155)	143(153)	145(155)	135(143)	141(150)	140(143)

과 교직과목 22학점 이상(교직이론 및 교직소양: 18학점 이상으로 교직소양: 6학점 이상 포함), 교육실습: 4학점 이상으로 교육봉사활동 2학점 이내 포함 가능)을 취득하도록 규정되어 있다. 비고란에서는 대학은 교육실습에 소요되는 실비를 해당 학생에게 부담하도록 할 수 있으며, 대학은 교육실습에 관한 일반기준을 마련하여야 한다고 명시하고 있다. 이와 같이 교원양성기관은 고시된 기본이수과목 내에서 자율적으로 이수과목을 정하여 교육과정에 편성·운영하되, 무시험검정 시 대학에서 정한 과목만을 기본이수과목으로 인정할 것인지, 국가에서 고시한 과목 전체를 인정할 것인지의 여부는 대학별 '교원양성위원회'에서 결정하도록 하고 있다.

2017년 4월 기준으로 전국 초등교원양성기관의 교육과정은 다음과 같다. 초등교원양성기관의 교육과정은 최저 134학점에서 최고 145학점으로 구성되어 있으나 실제는 학점과 수업시수가 서로 다른 불일치 현상이 심화되어 있다. 예비교원들의 학습량 과다로 창의적인 사고와 다양한 교육적 경험을 하는데 제약 요건으로 작용하고 있다.

또한 초등교원양성기관의 교육실습은 초등교사 양성과정에 있어서 초등교육에 관한 이론적 연구를 심화·발전시키고, 초등교직사회에 관한 실천적 경험을 통하여 초등학교 교육현장을 이해하고 필요한 교육적 기능을 수행하며, 더불어 초등교육 정신을 진작시켜 우수한 초등교사로서 갖추어야 할 기본적인 자질과 능력 등을 신장하도록 하는 데 주된 목적이 있다. 예를 들어, 공주교육대학교의 교육실습은 초등예비교사들이 학교현장의 교육활동을 경험하기 위해 학칙 제34조3 및 학사운영규정 제62조에 의해 교육실습 및 수업실기능력인증제 운영지침을 마련하여 실시되고 있다. 교육실습은 교육실습Ⅰ(참관실습), 교육실습Ⅱ(수업실습), 교육실습Ⅲ(종합실습), 교육실습Ⅳ(협력실습)으로 4단계로 구분하여 단계별로 실시하고 있다. 각 단계별 교육실습 시기에 있어서 협력실습은 1학년에서 시작하여 4학년까지, 참관실습은 2학년, 수업실습은 3학년, 종합실습은 4학년 때에 각각 실시하도록 하고 있다. 수업실습과 종합실습 기간 동안에는 수업실기능력인증을 희망학생에게 받도록 하고 있다. 공주교육대학교의 교육실습 운영 현황은 다음과 같다.

표 10 공주교육대학교의 교육실습 운영 현황

학년/학기	실습명	이수학점	교육실습기간	운영 형태	
1/1 - 4/2	협력실습	1	40시간 이상	교육봉사활동	
2/1	참관실습	P/F제	4월(1주)	대학 오리엔테이션 +현장실습	
3/2	수업실습	1	10월(4주)	현장실습	수업실기 능력인증제
4/1	종합실습	2	6월(4주)	현장실습	

참관실습은 교육현장에 직접 참가하여 학생, 교사, 교육환경 및 교육과정 운영 실태 등을 관찰하고 지도교사의 교육활동을 보조하는 일을 통하여 교사의 역할과 임무에 관한 실제적 지식을 얻는데 목적이 있으며, 참관실습 기간은 1주, P/F제로 운영하고 있다. 참관 실습의 내용은 크게 학생관찰(학생의 지적·정의적·신체적 발달 특성), 교직생활(교직원의 인적 구성과 사무분장, 교직관, 교사의 직무, 근무상 유의점, 직원회 과정), 교육환경(학교의 입지, 건물 및 시설, 교실 환경구성, 지역사회 특성), 교육과정(교과지도, 재량활동지도, 특별활동지도, 생활지도, 학급 및 학교경영)로 구분된다.

③ 전국 국립대학교 교원양성기관별 학생 1인당 투자비

교원양성기관별 학생 1인당 투자비용은 학생 수업의 질을 좌우하는 중요한 척도가 된다. 전국 초등교육기관의 경우는 학생 1인당 투자금액이 최저 3,719천원에서 최고 6,816천원으로 대학간 격차가 상당하여 균등한 교육의 질이 담보되지 못하고 있음을 보여주고 있다. 반면에 종합대학교의 경우는 학생 1인당 투자금액이 최저 4,200천원에서 최고

9,768천원으로 나타났다. 각 대학의 2010년 정보 공시 자료를 기준으로 비교해 보면 전국 교대의 학생 1인당 교육비는 평균 530만원이고 국립대학교 학생 1인당 교육비는 평균 570만원이다. 이러한 결과는 초등교원양성기관보다 종합대학교의 학생 1인당 투자금액이 높아 대학유

표 11 전국 국립대학교 학생 1인당 투자금액   (단위: 천원, 명)

연도	학교명	재학생 (학부)			대학원 재학생	합계	국고 세입결 산액	국고 세출결산액	학생 1인당 투자액	유형별 평균 투자액
		정원내	정원외	계						
2010	경인 교대	1,664	43	1,707	1,447	4,825	2,515,307	17,944,136	3,719	
	경인 제2 캠퍼스	1,573	98	1,671						
	공주 교대	1,871	126	1,997	480	2,477	1,427,842	13,189,651	5,325	
	광주 교대	1,752	92	1,844	591	2,435	1,427,931	13,924,359	5,718	
	대구 교대	2,043	129	2,172	866	3,038	1,683,487	13,846,053	4,558	
	부산 교대	2,030	103	2,133	732	2,865	1,837,358	19,526,986	6,816	
	서울 교대	2,072	0	2,072	1,176	3,248	1,928,684	19,544,772	6,017	
	전주 교대	1,514	104	1,618	445	2,063	1,067,481	13,591,806	6,588	
	진주 교대	1,775	85	1,860	408	2,268	1,340,995	11,833,567	5,218	
	청주 교대	1,567	113	1,680	495	2,175	1,210,231	10,653,518	4,808	
	춘천 교대	1,847	60	1,907	548	2,455	1,347,278	10,365,348	4,222	5,308
	강원대	13,636	1,281	14,917	3,949	18,866	15,304,892	119,821,522	6,351	
	경북대	18,399	1,824	20,213	9,734	29,947	21,453,267	138,624,255	4,629	

형별에 따른 차이가 발생하고 있음을 알 수 있다. 특히 초등교원양성기관은 목적형 대학으로서의 교육여건이 상대적으로 열악하여 교육여건 개선의 필요성을 보여주고 있다(박남기, 2017).

4. 교원양성제도의 문제점

우리나라 교원양성제도의 문제는 교원양성교육 프로그램 질 관리 문제로 귀착되고 있다. 현재와 같은 무시험검정 교원자격제도에서는 소정의 양성과정만을 이수하면 자격증을 받아 교직으로 진출할 수 있다는 점이 가장 큰 문제로 대두되어 왔다. 교원양성기관의 입학단계에서 면접 등을 통해 교직적성을 검증하는 장치가 있지만 이것만으로는 부족하다. 또한 입학 이후의 양성과정에 대해서는 외형적으로는 국가수준의 통제 및 관리형을 취하지만 내용상으로는 교원양성기관의 자유방임형을 취하고 있기 때문에 양성기관과 교수마다 수준차가 상당하여 일정 수준의 질이 유지된다고 보기 어렵다(전제상, 2006). 예를 들면, 교원자격검정령 시행규칙 제12조에서는 일반대학 교직과정에 대한 과목과 이수학점만 규정하고 있을 뿐 과목별 교육 내용이나 직무수행기준 등이 제시되어 있지 않으며, 교육대학과 사범대학에 대해서는 교원양성 교육과정에 대한 법적 규제나 제한이 명시되어 있지 않다는 사실이다.

현재 초등교원양성기관 13개교, 중등교원양성기관 319개의 다양한 교원양성기관들이 난립하고 있음이 확인해 주듯이, 교원양성기관마다 교원의 질적 수준이 담보되지 못하여 국가수준의 질 관리체제가 미흡하다는 비판을 받고 있다. 이러한 교원의 질적 격차와는 상관없이 모든 양성기관의 졸업자에게 동일한 교원자격증이 수여되고 있다. 현행 교원양성제도와 관련한 대표적인 문제점에 대해서는 황규호 외(1999)의 연구 결과는 지금까지도 유효한 것으로 인용되고 있는데, 이후의 연구들(송광용, 2004; 조동섭, 2005; 정진곤 외 2004; 전제상, 2010; 서정화 외, 2009; 전제상 외, 2011; 신현석, 2009; 박남기, 2017; 이병기, 2017)도 대체적으로 황규호 외

(1999)의 문제점에서 크게 벗어나 있지 않은 실정이다.

첫째, 교원양성교육 프로그램의 질적 수준 문제를 들 수 있다. 교사의 자질 부족 측면에서는 교육적 사명감 및 윤리의식 부족, 교과내용 지식 및 교과지도 능력 부족, 학생지도 및 학급경영 등의 실무 능력 부족, 교육적 안목 및 교육관 미흡, 지속적 자기계발 노력 부족을 들고 있다. 교육프로그램 전문성 결여 측면에서는 일반대학교 교원양성교육 과정의 차별성 미흡에 따른 전문성 결여, 학교 현장 연계성을 결여한 교육과정, 교과내용학 및 교과교육학, 교육학 이론간의 연계적 통합성 부족, 교육실습 기간 부족 및 실습내용에 대한 체계화 부족, 교원양성 교육방법의 부적절성, 교원양성 교육과정에 대한 국가수준의 기준 부재, 교원양성 교육기관의 교육여건 미흡 등을 들 수 있다.

둘째, 교원양성 교육의 질 관리 체제 미흡을 들 수 있다. 자격의 질 관리체제가 미흡하다. 교원자격증은 국가자격증임에도 불구하고 교사로서 갖추어야 할 자질과 능력의 검증 절차 및 교사자격 취득을 위한 교육과정 기준 없이 무시험검정으로 발급되는 한계를 가진다. 또한 교원양성기관마다 각기 다른 교육과정과 교과교육 담당교수의 확보, 교육실습시설과 설비, 교과목 편성과 이수학점 수, 학사 경고의 기준 등 교육여건이나 교육프로그램상의 현격한 격차가 상존하고 있다. 특히 사범대학간 교과교육학과 교과내용학 이수학점 비율이 상대적으로 높으며, 교원양성기관마다 상이하다. 국가수준의 기준 제정이 미흡하여 교원자격의 엄격한 관리체계 미흡과 교원임용고사 내용 및 방법의 부적절성으로 이어지고 있다.

셋째, 교원수급 불균형과 교육기관 운영의 효율성 부재의 문제이다. 교원자격증 과잉 배출 측면에서는 중등교원의 경우는 과다 설립기관에 따른 수급 불균형 극심 현상을 초래하고 있으며, 우수 학생의 사기 저하 현상으로 이어지고 있다. 폐쇄적 교원자격증 제도 측면에서는 자격증 표시과목의 세분화에 따른 과목별 과원교사 및 상치교사 과다 발생,

교원자격증 활용분야가 학교교육에만 국한, 초중등 교원자격의 연계성 미흡, 유능한 인력을 교직 유인을 못하는 탄력적 자격제도 미비를 들고 있다. 교원양성기관 세분화에 따른 효율성 부족 측면에서는 소규모 교원양성기관 운영의 효율성 부족과 교원양성기관 간 연계성 미흡, 일반대학과 교원양성 교육기관 간의 통합성 및 연계성 미흡을 들고 있다. 특히, 중등교원양성에 있어서 양성인원의 과다도 인적자원 활용이 떨어지고 있으며, 과다한 임용시험 경쟁으로 교원양성기관 교육과정의 비정상화를 초래하고 있다. 아울러 교원양성기관별 역할분담도 없이 동일분야의 교원을 중복 양산하여 교원양성 교육의 내실화를 저해하고 있다.

IV. 교원양성제도 개혁의 방향

제4차 산업혁명의 특징(속도, 범위와 깊이, 시스템의 변화 등)에 비춰보면, 교원양성제도 개혁을 위한 기본 전제로 고려해야 할 원리는 다음과 같다. 첫째, 전문성의 원리는 교원양성체제의 개편이 배출되는 교원의 전문성을 극대화시킬 수 있는 방향으로 재정의되어야 한다. 교원양성교육을 통해 배출되는 교원의 지식 기반 전문성, 능력기반 전문성, 신념기반 전문성을 비롯하여 생활지도 전문성, 학교 및 학급 관리 전문성 등을 종합적으로 함양시킬 수 있어야 한다. 교원의 직무수행에 필요한 역량으로 특별히 강조되는 소통역량으로 분석되었는데, 이는 학부모와의 소통, 학생과의 소통, 교사 간 소통, 교사와 관리자 간 소통, 교사와 새로운 교직 인력 간의 소통 등으로 소통의 대상에 따른 전문성을 확보하는 것이 중요하게 되었다(박영숙 외, 2015). 둘째, 연계성은 교원양성기관이 학교 현장과의 연계성을 높이는 방향으로 교원양성체제가 개선되어야 한다. 이것은 앞서 4차 산업혁명의 핵심적 가치로 초연결이 강조되고 있음을 고려해보면 쉽게 이해할 수 있다. 현행 교원양성제도의 가장 큰 문제점은 교원양성기관과 현장 학교 간의 형식적인 연계가 아니라 실질적인 연계가 될 수 있도록 재구조화되어야 한다. 실질적인 연계가 될 수 있도록 구조적인 여건을 만드는 것이 과제이다. 셋째, 적응성의 원리는 4차 산업혁명 시대의 변화에 따른 적응력 있는 교원을 양성하는 방향으로 교원양성제도 개혁이 이루어져야 함을 의미한다. 적응성은 우선 학교 현장의 필요나 요구의 변화에 따라 유연하게 교원을 양성할 수 있는 핵심 역량 중심 교육과정 체제를 구축하는 것을 의미한다. 그리고 교원양성체제의 교육과정 및 구조가 시대적, 사회적 변화에 따라 융통성 있게 변화될 수 있어야 한다. 마지막으로, 효율성의 원리는 교원양성에 따른 효율성과 효과성을 높이는 방향으로 이루어져야 한다. 한정된 국가 예산을 가지고 운영되는 것인 바, 교원양성체제는 최소의 비용으로 최대의 효과를 낼 수 있어야 하며, 최소의 교원의 질을 확보하기 위해 기본 기준은 항상 달성할 수 있어야 한다(서정화 외, 2009; 전제상 외, 2011).

1. 교원양성체제의 개혁

1) 양성기한 연장 및 대학원 수준의 교원양성체제 도입

굳이 4차 산업혁명의 특징으로 강조하지 않더라도 사회의 변화 및 지식의 증가에 따라 교원들에게 더 많은 능력과 역량이 요구된다. 기존 4년간 학부 과정에서의 교원양성으로는 급변하는 사회 변화와 요구에 충분히 대응할 수 없는 구조이다. 그러므로 새롭게 시대 환경에 대응하고 교원의 전문성 향상을 고도화하기 위해서는 교원양성 기간을 연장하거나 대학원 수준에서의 교원양성이 필요하다는 논리적 요구가 있다 (서정화 외, 2009; 신현석, 2009; 전제상 외, 2011; 이병기, 2017; 박남기, 2017).

특히, 교원양성과정에서 학교 현장과의 연계성은 매우 중요하다. 대학원 수준의 교원양성도 학교 현장과의 연계성을 높이는 방향이 될 수 있다. 학교 현장에서 선택과목 및 심화과목 운영이 확대될 것으로 예상됨에 따라 교원들에게는 심화된 전문성이 필요한데, 대학원 수준에서의 교원양성은 이러한 현장의 필요를 채워줄 수 있는 방향이다. 대학원 수준에서 좀 더 폭넓고 심화된 교육을 받은 교원은 미래 사회의 변화에 좀 더 잘 적응할 수 있다. 얼마 전 2017년 4월에 국회 교육희망포럼이 주최하고 국·공립대학교 사범대학장 및 교육대학원장 협의회가 공동으로 주관한 토론회의 발표와 토론 내용에 따르면 중등교원양성기관도 이제는 5년제 혹은 6년제 개혁의 필요성을 강조하였다(김희백, 2017 : 87; 박철웅, 2017 : 101; 이병기, 2017 : 12). 1차적으로는 인턴교사 과정을 필수로 하는 5년제 도입을 실시할 필요가 있다. 또 하나는 미국이 초기에 했듯이 모두 6년제로 바꾸기 보다는 기존의 4년제 양성과정을 그대로 두고 6년제 양성과정 시범대학을 선정하여 실시하는 방안이 있다. 이때 늘어나는 학년을 실습학년제(홍섭근, 2017)로 운영하는 것이 대안이 될 수 있다(박남기, 2017). 2001년 교직발전종합방안은 교원인사정책의 변화를 유도하는 촉매제처럼 앞으로 국가교육위원회가 설치·운영되면 교원양성정책과 교원수급정책을 비롯한 각종 교원인사정책 개혁방안들이 체계적으로 수립되어야 한다.

2005년 이후에 본격적으로 논의되기 시작한 의학, 법학, 경영학에서 전문대학원 설치가 추진되면서 교원전문대학원이 관심을 가지게 되었다. 전문대학원은 고등교육법 제29조의2에 의하면 전문 직업분야의 인력양성에 필요한 실천적 이론의 적용과 연구개발을 주된 교육목적으로 하는 대학원으로 규정하고 있다. 현행 교원양성체제의 문제점을 극복하기 위한 대안으로 등장한 교원전문대학원 도입방안으로 제안된 대표적인 모형은 교원양성체제 개편 종합방안연구(2004)에서 제시된 4가지 방안들이다. 제1안은 6년제 모형으로 교원양성 교육기관을 6년으로 연장하는 방안, 제2안은 2+4년제로 학부 교양교육 2년 이후 4년간 교

사 전문교육 실시하는 방안, 제3안은 4+2년제로 4년제 학부교육 이후
2년간 교원양성 전문교육 실시하는 방안, 제4안은 복합형 모형으로 4년
제, 6년제 및 4+2년제를 복합운영하는 방안이다. 각 모형에 따른 장·단
점은 다음과 같다(박영숙 외, 2009).

표 12 교원전문대학원 도입 모형의 장·단점

모형	기본 성격	장점	단점
6년제 모형	• 교원양성 교육 기관을 6년으로 연장	• 교원양성교육 기간 연장에 따른 교사 지위 향상 및 전문성 신장 • 목적형 교원양성기관의 장점 유지 가능(특히 교육대학) • 현행 제도를 강화한 것으로 현행 교원양성 교육과정의 문제점 해결 가능 　– 실습기간 연장 　– 교과교육학 및 교직소양 강화	• 사회적 비용의 증가 • 6년 과정 이수 후 임용이 보장되지 않을 경우, 졸업생 불만 고조
2+4 모형	• 학부 교양교육 2년 이후 4년간 교사 전문교육 실시	• 교원양성교육 기간 연장에 따른 교사 지위 향상 및 전문성 신장 • 현행 양성체제의 구조의 기본 골격을 유지함으로써 체제 변화에 대한 적응 용이 • 학생의 전공 선택권 강화 • 사범교육의 특성화 유지 가능(연계과목운영, 교직사명감 교육 등)	• 새로운 학제의 도입에 따른 혼란 　– 학부 3학년에서 학생을 선발함에 따라 타 대학(학과)의 학사 운영에 혼란 야기 • 우수학생 유치의 어려움

2+4 모형		• 통합교과 담당교사 양 성 및 복수 전공·부전 공 교사 양성 용이	
4+2 모형	• 4년제 학부교 육 이후 2년간 교원양성 전문 교육 실시	• 대학원 수준의 교원양 성교육에 따른 교사의 사회적 지위 향상 • 교직에 대한 학생의 선 택 기회 확대 • 소수정예의 교사 양성 교육에 의한 교사 수급 문제 완화	• 학수부준의 사범대학 폐 지에 따른 반발 가능 • 교과내용과 교과교육의 연계성 및 통합성 저하 우려 • 통합교과 담당교사 양 성 곤란 • 복수전공·부전공 교사 양성 곤란 • 교직사명감 약화 우려
복합 모형	• 4년제, 6년제 및 4+2년제를 복 합운영 • 6년 과정 이수 자에게는 석사 학위와 1급 정 교사 자격증을 부여하고 중등 의 경우 고교 교사로 임용	• 현행 양성체제의 구조 의 기본 골격을 유지함 으로써 체제 변화에 대 한 적응 용이 • 교원양성과정의 유연성 및 개방성 추진 • 학생의 다양한 진로 선 택권 강화 • 고교 심화선택과목 담 당교원 전문성 신장	• 다양한 과정의 운영에 따른 혼란의 가능성 • 수급조절 효과 미약

2) 초등과 중등 교원양성의 연계

　그동안 교원양성체제 개편방안 논의에서는 교대 및 사대 통폐합의 문제가 포함되어 검토되었고, 이에 관한 방안들이 수차례 제안되었음을 교원양성체제 개편방안에 관한 각종 연구에서 확인할 수 있다. 초등과 중등 교원양성의 통합에 관한 논의를 위해서는 전문성 차원에서 학생들의 인지적, 정서적, 신체적 발달 추세의 변화에 따라 전통적 초등과정과 중등과정의 구분은 무의미해지고 있다. 유치원 과정과 초등 저학년과의 연계, 초등 고학년과 중학교 과정의 연계 등이 필요한 시점이다. 따라서 초등교원 양성과정과 중등교원 양성과정의 분리는 학생들의 발달 추세의 변화에 따른 전문성을 갖춘 교원양성과는 맞지 않을 수 있다. 아동의 특성에 맞는 전문성을 갖춘 교원을 양성하기 위하여 초등교원 양성과정과 중등교원 양성과정은 통합될 필요가 있다(서정화 외, 2009; 전제상 외, 2011; 이병기, 2017; 박남기, 2017).

학교체제는 초등학교와 중등학교가 분리, 운영되고 있지만, 교육 수요자인 학생들의 입장에서 보면, 초등과 중등은 밀접하게 연계된 체제이다. 따라서 좀 더 직접적인 현장과의 연계성을 고려한다면 초등과 중등교원은 밀접하게 연계되어야 하며, 교원양성과정 역시 초등과 중등 사이의 통합이 필요하다. 4차 산업혁명의 대표적 특징이 초연결사회로 경계가 무너질 것이라는 점에서 미래사회에는 학교급 간의 경계가 점점 약해질 것으로 예상된다. 이미 무학년제, 조직진급제, 조기졸업제 등이 부분적으로 시행되고 있다. 따라서 교원양성 과정에서도 초등과 중등의 통합을 통하여 미래 변화 방향에 부응할 필요가 있다(서정화 외, 2009 : 전제상 외, 2011; 이병기, 2017; 박남기, 2017).

3) 교원양성기관과 시·도교육청·현장 교육기관 간의 정기적인 협력 체제 구축

4차 산업혁명 시대는 초연결 지능사회에서 협력은 모든 분야에서 기본으로 강조되는 개념이므로 교원 양성을 위한 주체들 간의 협력이 필수적이다. 교원양성교육기간은 예비교원을 양성하여 시·도교육청에 공급하는 체제로 운영되고 있지만, 예비교원의 질 수준에 맞는 교육과정을 제대로 실현하고 있는지에 관한 협력적 관계를 구축되어 있지 못하다. 물론 일부 시·도교육청에서는 교원양성기관과 MOU를 체결하여 일정 수준의 정보를 교류하고 있지만 교원양성기관의 교육과정에 대한 건의나 반영은 어렵다. 그렇지만 현실에서는 일자리 생존이 위협받는 상황에서는 협력이 아니라 경쟁이 난무할 가능성을 배제하기 어렵다. 이러한 문제점을 극복하기 위한 전력으로 박영숙(2017)은 주체들 간의 현안 진단과 혁신 요구를 공유하고 스스로 진화해가는 지능형 네트워크 구축이 필요함을 역설하였다. 이를 위해 논의 내용이 공유될 수 있도록 시계열적인 지능형 정책 데이터베이스 구축이 필요하다는 것이 그의 주장이다. 이러한 지능형 네트워크 구축은 현재 교원양성제도 개혁방향을 논의하는데 놓치기 쉬운 여러 가지 제한점을 극복하는데 유용하게 활용될 수 있을 것이다(박영숙 외, 2015; 박남기, 2017). 또한 교원양성교육에 대한 국가적 책무성을 강조하기 위해서는 교원양성위원회를 법적 기구화하여 교원양성체제, 교육과정, 교원양성기관평가, 교원수급정책, 초중등 연계교육과정 등과 같은 주요 현안을 심의하는 것이 요구되는데, 지능형 네트워크와 연계하여 검토하는 것이 필요하다(이병기, 2017). 앞으로 예비교원의 양성기관과 시·도교육청 간의 정기적인 협력과 교류를 통한 현장 적용성 높은 교육프로그램을 제공하는 노력을 경주해야 한다.

2. 교원양성교육의 개혁

1) 핵심 역량 중심의 교육과정 개혁 및 평가인증제 도입

제4차 산업혁명 시대에 부합되는 교육과정을 개발, 적용하기 위해서는 초중등교육의 연계를 강화하고, 역량중심의 교육내용으로 변환하는 노력이 필요하다. 초중등현장에서 필요로 하는 교육과정 내용으로 구성되기 위해서는 지금과 같은 교원양성기관의 경직된 교육과정을 개혁하여 현장 적용성을 제고해야 한다. 교원양성기관의 자율성을 보장하면서도 질적 수준을 유지하기 위해 교육과정 인증제 도입을 검토할 필요가 있다(이병기, 2017). 예를 들면, 미국의 경우도 교원양성기관 인증제도(The National Council for Accreditation of Teacher Education) 운영을 참조할 필요가 있다. 아울러 초중등학교 현장에 역량중심 교육과정이 도입되고 있다. 교원양성 프로그램에도 이러한 변화가 반영될 뿐만 아니라, 나아가 미래 교사가 필요로 하는 기본 역량을 제고할 수 있도록 교원양성 기관도 역량중심 교육과정의 도입을 서둘러야 할 것으로 보인다. 역량 중심 교육과정에서 의미하는 역량은 지식을 아는 상태에서 더 나아가 이를 적용하여 사회에서 성공적으로 살아나가기 위한 능력을 의미한다 (백남진과 온정덕, 2014). 교원양성 교육과정을 역량 중심 교육과정으로 개혁하여 현장 적합성 등을 제고하는데 일조해야 한다(박남기, 2017). 교육 환경 변화에 따른 교원의 역량이 무엇이며, 이러한 역량 함양을 위해 교원의 선발, 양성, 임용, 연수의 전 과정에서 고려되고 있는 역량과 이를 강화하기 위해 취해지고 있는 대응이나 운영의 구체적인 내용과 방식에 대한 개혁을 강조하였다(박영숙 외, 2015). 또한 학습자 미래역량 개발자로서 교사 전문성 향상을 위한 학습촉진자로서의 교사, 프로젝트 관리자로서의 교사, 맞춤형 학습경로 제공자로서의 교사 역할을 강조하면서 핵심 중심 교육과정의 개혁방안을 제시하였다(정미경 외, 2016). Schwab(2016)은 4차 산업혁명 시대가 인간에게 재앙이 되지 않기 위해서는 상황맥락적 지능, 정서 지능, 영감 지능, 신체 지능의 필요성을 역설하고 있는데, 이를 교원양성기관의 교육과정에 반영하여 예비교원들의 학습 경험을 제공할 수 있도록 재구조화될 필요가 있다.

2) 임용 전 인턴교사제 도입

교육실습은 교육대학이나 사범대학에서 습득한 전문이론을 교육현장에서 직접 체험함으로써 예비교사로서의 자질을 평가하고 교직에 대한 적성여부를 판단하는 과정을 말한다. 이러한 교육실습의 필요성과 중요성에도 불구하고 교육실습 기간이 짧고 학점 배당이 부족하며, 교육실습 운영의 미흡 등의 문제점이 지적되어 왔다. 또한 실습학교 선정의 애로, 실습 협력학교의 환경 제약, 계획적인 실습지도 곤란 및 대학 지원 미비, 교육실습 기피현상 등이 제기되었다. 현행 교육실습 제도의 문제점 극복의 대안으로 제시된 것이 임용 전 인턴교사(수습교사)제 도입이다. 인턴교사제 도입은 교원양성체제 개편과정에서 교육실습 내실화 차원에서 제기되는 대표적인 쟁점과제이다. 인턴교사(수습교사)제 도입은 양성 과정에서 교육 실습을 폐지하고, 임용시험 합격자에 한해서 일정 기간(6월~1년) 수습 후 임용하는 인턴교사제를 의미한다.

인턴교사제는 시험을 통한 교원임용이라는 틀은 유지하되, 임용시험 합격자를 대상으로 인턴교사 기간을 거친 후 제2차 임용시험을 거쳐 정식 교원으로 임용하는 것을 말한다. 제1차 시험은 자격시험, 제2차 시험은 실질적인 임용시험이라 볼 수 있다. 이 방안은 교사임용의 실질적인 다단계화와 인턴교육제도 도입을 핵심 내용으로 한다. 인턴교사제 도입방안은 제1차 교원임용시험 → 인턴교육 → 제2차 교원임용시험 → 정식 교원 임용하는 절차를 가지며, 교원양성기관 졸업자를 대상으로 제1차 교원임용시험을 실시하고, 합격자에 한해 6~12개월의 인턴교육을 거친다. 인턴기간 동안은 집중적인 교사교육 프로그램을 제공하고 학교 현장과 연계된 교육실습 강화 등 실무중심의 교사교육을 실시한다. 인턴교육을 거친 사람을 대상으로 제2차 임용시험을 통해 정식교원으로 임용한다. 제2차 교원임용시험에는 인턴기간 동안의 성적, 과제, 논문, 면접 등을 전형자료로 활용한다. 제2차 교원임용시험은 시·도별로 실시할 수도 있고, 중앙에서 관리할 수도 있다(서정화 외, 2009 : 전제상 외, 2011).

3. 자격체계의 개혁

1) 학교급 간 연계자격증 도입

현행 교원 자격의 연계성과 신축성 미흡에 대해서는 기존 학교급 간 연계자격증 도입 및 양성방안에 관한 연구에서 지적된 사항들이다.

이 연구 결과에 의하면, 연계성은 최소한 교사양성의 교육내용이 학교현장의 교육과정과 밀접한 연계를 가져야 한다는 의미와 유·초·중등 교사 양성과정 간에 연계성이 있어야 한다는 두 가지 의미를 가진다. 전자가 양성과 학교현장의 연계라면 후자는 양성기관 간의 연계를 의미한다. 양성기관에서의 양성 내용과 학교현장 사이의 연계가 미흡하다는 문제는 늘 지적되어 왔다. 현재 졸업이 자격과 동일시되는 현재의 무시험검정제도 하에서는 교사자격증은 양성기관이 교육을 이수했다는 증서일 뿐 학교현장에서의 성공적인 교육활동을 예언해주는 증서는 아니다. 우리나라는 유·초·중등교원이 별도의 기관에서 단절된 양성 과정을 이수하고 자격증을 취득하고 있다. 따라서 유치원 교육과 초등학교 저학년, 초등학교 고학년과 중등학교 저학년 간의 계열성에 대한 이해가 미흡한 실정이다. 현재처럼 학교급 간에 엄격히 구분되어 있는 현행의 교사자격증 제도는 개정 교육과정의 운영에 효율적으로 대처하기 어려움이 상존하고 있다.

교원 자격 제도의 개선은 교원수급 문제의 해결보다 교원에게 요구되는 최소한의 전문적 자질 및 소양을 확보하는 것을 핵심과제로 한다. 이러한 관점에서 교원 자격의 연계성 강화를 위한 학교급 간 연계자격제도, 복수 및 부전공자격 제도의 개선방안을 검토할 수 있다. 교원자격증 연계의 의미는 개정 교육과정에서의 공통기본교과 운영, 유치원의 공교육 편입, 농어촌 소규모 학교의 증가와 초·중등통합학교의 도입 등 현재 진행되고 있거나 가까운 장래에 실현될 것으로 예상되는 학교체제의 변화에 능동적으로 대응하고 변화하는 학습자의 발달 상황에 대해 연계성 있는 이해와 효능성 있는 교수법을 개발하기 위해 획일적인 학교급별 1교사 1자격 제도를 지양하고 학년 자격증이나 1교사 다자격을 강조함으로써 교사 수급의 융통성과 효율성을 기하는 것을 말한다.

2) 교원연계자격증 관련 부전공 및 복수전공 활성화

교원연계자격증 도입과 관련한 또 다른 대안은 부·복수전공을 권장함으로써 유사한 결과를 달성할 수 있다. 학교급 간 복수전공을 부전공을 활성화함으로써 상이한 학교급 간에 복수자격을 취득하도록 유도한다. 이 방안의 경우는 복수자격과 부전공자격제도의 활성화 방안이다. 농어촌학교의 통폐합, 교육과정 개편, 전문계 고등학교의 감소로 인한 과원교사 발생 등 변화하는 교육환경 속에서 교원의 다기능화를 통해 인력운영의 탄력성을 제고하기 위한 제도로서 현재 교원양성기관에서 시행하고 있는 제도를 강화하도록 한다. 복수자격 및 부전공제도의 장·단점은 다음과 같다. 장점으로는 고등학교 선택중심 교육과정 운영시 미선택 교원, 농어촌학교의 통폐합, 초중등학교 교육과정 개편으로 인한 과목 상치교사, 전문계 고등학교 감소로 인한 감원교사 등 인력의 효율적 활용이 가능하다. 단점으로는 교원양성과정의 부실화 우려, 교과전담교사 자격과 관련한 교육대학 및 사범대학 간 갈등우려, 복수자격 교원의 전문성 약화 및 복수자격 공신력 저하 우려, 교원의 근무조건 악화에 대한 교직단체 반발 등이 있다.

3) 초·중등학교 교사자격 세분화

초등학교 교사자격 세분화를 위해서는 학급담임 자격을 중심으로 하되, 고학년과 일부 수행중심 교과를 중심으로 교과전담 자격으로 운영해야 한다. 학교현장의 혼란과 초등교원 수급의 불균형을 최소화하기 위해 교과전담 자격의 단계적 도입이 요구된다. 단기적으로 교과전담교사는 자격증에 괄호로 병기된 교과만 전담할 수 있도록 하되, 그에 따른 초등교사 배치 및 운용의 경직성은 순회교사제, 복수자격의 일환으로 초등학교 교사 자격을 취득한 중등학교 교사의 초등학교 지원 등을 통해 완화해야 한다. 추후 초등교원양성기관의 개편 추이에 따라 2, 3, 4단계 안의 단계적 도입이 필요하다.

중등교원자격 기준 차별화 및 자격증 표시과목 통합을 위해서는 교원양성 경로의 다양화에 따른 중등교원자격 기준 차별화가 요구된다. 교육전문대학원이 도입되는 경우 교육전문대학원 졸업자에 대한 중등교원자격 기준 설정이 요구된다. 또한 교육전문대학원의 도입, 선택 중심 교육과정의 확대 등에 따라 중등학교 교사 자격 기준을 중학교와 고등학교 자격 기준으로 구분하여 제시가 필요하다. 1안으로는 중등학교 교사 자격을 중·고로 분리하지는 않되 중학교에서 가르칠 통합교과명(예 사회·도덕)과 고등학교에서 가르칠 세부교과명(예 지리)을 병기하고 세부교과명을 괄호 안에 제시하는 방안이다. 2안으로는 중학교 교사 자격과 고등학교 교사 자격을 분리하는 방안이다.

4. 자질 및 능력 검증으로의 교원임용시험제도 개혁

현행 교원임용시험은 교원양성기관의 교육내용과 방법, 학생들의 의식구조 등에 막대한 영향을 미치고 있다. 현행과 같은 지필 중심의 임용시험체제는 양성기관의 학원화 경향, 지나친 경쟁심 유발, 암기위주의 학습행태 조장 등 양성기관의 학사운영을 저해하는 요인으로 작용하고 있다. 현행 임용시험체제는 학교교육 내실화를 위한 교사의 수업전문성 제고 방안의 일환으로 2012년 2월 교직적성과 인성을 갖춘 교사 선발을 위한 교사 신규채용 개선방안을 발표한 이후 지금까지 시행되고 있다. 앞으로 교원임용시험제도 개선을 통해 교원양성제도 운영의 변화를 도모해야 한다. 교원임용시험에서 교과내용학의 경우 교과내용 지식을 묻더라도 실제 중등교육과정과 연계된 것으로 하고, 교육과정과 학습자 이해, 수업설계능력을 평가하는 쪽으로 임용시험을 변화할 필요가 있다(김기현, 2017). 물론 현재처럼 중등교원의 경우는 임용 비율이 약 15% 내외로 낮은 상황에서는 임용을 준비하는 학생들과 그냥 자격증만 따려고 하는 학생들을 위한 과정으로 이원화될지도 모른다.

따라서 적정인원이 배출되도록 법대처럼 법학전문대학원 제도 도입의 가능성을 검토할 필요가 있다(박남기, 2017).

5. 교원양성기관 평가정책의 개혁

교사양성교육 개선을 위한 평가정책이 1998년부터 시작되었으나, 교원양성기관평가 결과를 교사교육기관에 본격적으로 활용하기 시작한 것은 2010년부터 지금까지 4주기 평가가 실시되었다. 조만간 5주기 교원양성기관평가가 시작하게 되는데, 중등교원양성기관의 경우는 교원수급의 불균형이 심각한 상황에서 평가정책을 통한 정원 감축으로 인한 부담이 증대되고 있다. 교원양성기관 평가시스템이 우수한 교사 배출을 위한 양성기관의 질 관리라는 본래 목적보다는 예비 교원 정원 감축이라는 양적 조절에 치우치고, 평가 지표나 방식이 양성기관의 발전을 견인하기에 적절하지 못하다는 비판이 비등하다. 특히, 사범대학은 교원양성기관평가와 대학구조개혁평가를 이중으로 진행하는 불합리한 측면이 있다. 교원양성기관평가에서 우수 평가를 받았어도 구조개혁평가에서 낮은 등급을 받게 되면 사범대학 정원도 삭감하는 이중적 구조를 지니고 있다. 사범대학의 경우는 교원양성기관평가를 통한 구조조정을 실시하고 구조개혁평가에서는 제외하는 정책이 필요하다(이병기, 2017; 홍창남, 2017).

6. 교원양성기관의 교육지원 여건 개혁

교사양성기관의 교육 질적 수준을 확보하기 위해서는 양성 규모의 적정화를 위한 교수 정원 확보와 학생 1인당 교육비를 상향 조정할 필요가 있다. 예를 들어, 전국 교육대학교의 경우는 학교규모의 한계와 교수 인력이 충분하지 않아 학생들에게 높은 수준의 교육프로그램을 제공하는데 어려움이 많다. 또한 교원양성기관의 교육시설이나 설비가 초중등학교 수준에도 미치지 못하는 상황을 극복하기 위한 과감한 재정지원 지원이 절실한 실정이다. 교원양성기관의 교직원을 대상으로 하는 연수기회가 제한되어 4차 산업혁명 시대를 이해하고 교육과정에 반영하는데 한계가 있다. 제4차 산업혁명 시대의 예비교원들이 갖추어야 할 역량 교육에 필요한 지식과 기능, 그리고 교수법과 학생지도법 등에 대해 희망시 연수를 받을 수 있도록 연수 예산과 지원 시스템을 갖출 필요가 있다(박남기, 2017; 이병기, 2017). 교원양성기관의 교수는 타 양성기관이나 학교현장과의 교류가 전혀 없어 상호 현장성 있는 지식과 경험 이해의 폭을 제한하고 있으므로 상호 교류의 기회를 제공할 필요가 있다. 예를 들면, 교육대학교의 경우는 대학 간 또는 초등학교 간, 연구기관 간 상호 교류가 쉽게 가능할 수 있도록 관련 규정을 개정할 필요가 있다. 이 제도는 사범대학에도 적용하는 것을 검토할 만하다. 아울러 교원양성기관의 예비교원들도 일정 비율 이내에서 타 교육기관에서 자율적으로 수강할 수 있는 문호를 개방하는 제도를 검토할 필요가 있다.

V. 결론

우리는 매일같이 급변하는 세상에서 살아가고 있다. 인간은 변화에 탁월한 적응능력으로 새로운 문명과 문화를 창조하고 있다. 인간의 변화 적응력이 인지 범위를 넘어설 경우에 충격과 두려움에 휩싸이게 된다. 지금 우리 사회를 둘러싼 변화가 그런 모습이 아닌가 생각된다. 변화는 사물의 성질, 모양, 상태 따위가 바뀌어 달라짐을 의미한다. 인간의 삶에서 매일같이 지각하는 시대적 변화는 어떤 의미를 가지는가? 인간은 변화에 적응하려고 애쓰는 존재이다. 인간은 변화에 따라 능동적으로 적응하고 대응하지 못하면 생존할 수 없다. 마찬가지로 교직사회도 급변하는 사회변화 환경에 능동적으로 대응하느냐에 따라 미래 사회 생존의 모습이 달라질 수 있다. 유발 하라리(2017)는 미래 역사는 호모 사피엔스를 넘어 호모데우스(Homo Deus)로 진화하면서, 데이터의 흐름에 따라 결정되는 데이터교 등장을 예언하고 있다. 개인은 점점 거대 시스템의 작은 칩으로 되어가고 있다. 우리는 날마나 이메일, 전화, 기사와 논문 등을 통해 데이터 조각을 흡수하고 그 데이터를 처리하고, 새로운 데이터 조각들을 더 많은 이메일과 전화, 논문과 기사를 통해 재전송한다. 이 거대한 체계 안에 우리가 어디 있는지, 이 데이터들이 다른 데이터와 어떻게 연결되어 있는지를 모른다는 것이다. 그것을 알아낼 시간도 없다고 강조하고 있다. 감히 두려움이 밀려온 듯한 생각이 든다.

마찬가지로, 제4차 산업혁명 시대를 맞이하여 교원양성제도는 또 한번의 험난한 파고를 넘어야 하는 중차대한 기로에 서있다. 왜냐하면 제4차 산업혁명은 우리가 예측하지 못하는 사이에 인공지능을 기반으로 하는 초 연결사회에서 개방화, 협력화, 전문화, 연결화, 적응화 등의 가치를 새롭게 정의하기를 요구하기 때문이다. 교원양성은 미래 사회를 대비한 인재를 양성하는 곳으로, 교원양성제도 개혁은 교원양성기간의 확대, 역량 중심 교육과정 개편, 학습자 경험 중심 학습, 교육실습 기간 연장, 교원수급 불균형 해소, 교원양성기관 간 연계와 협력, 교원자격체제 개혁, 임용시험제도 개혁, 교원양성기관 평가 개혁 등의 수많은 과제를 던져주고 있다. 이러한 교원양성제도 개혁이 하루아침에 달성되지는 않겠지만, 2001년 교직발전종합방안이 체계적으로 준비되어 교직의 질적 수준을 제고한 것처럼 이와 유사한 형태의 교원인사정책 전반을 다시 한 번 재구조화(restructuring)하는 작업이 요구된다. 4차 산업혁명 시대에 적응하는 인재 양성을 위해서는 양성교육기관에 대한 선 투자가 추진되어야 미래사회를 선도할 수 있다. 현재처럼 교원양성기관의 열악한 상태를 그대로 두면서 제4차 산업혁명 시대에 걸맞는 인재를 가르치라고 하는 것 자체가 어불성설이다. 교원양성제도 개혁은 인적, 물적 자원의 투자로 성공을 기약해야 한다.

참고문헌

EduNext2 미래 한국을 위한 교원 양성 방향(67-72). 국회 교육희망포럼 자료집.

계보경, 김현진, 서희전, 정종원, 이은환(2011). 미래학교 체제 도입을 위한 Future School 2030 모델 연구. (연구보고 KR 2011-12). 서울: 한국교육학술정보원.

교육인적자원부 교원자격·양성제도 개편추진위원회(2004). 교원자격·양성제도 개편방안 연구.

교육인적자원부(2000). 21세기 지식기반사회에 대비하는 교직발전종합방안.

교육인적자원부(2004). 교원양성체제개편 종합방안(시안).

교육인적자원부(2005). 교원승진·연수·양성체제 개선방안.

교육인적자원부(2006). 2006-2020 중장기 교원수급계획(안).

교육인적자원부(2006). 교원성과상여금 지급방안 연구. 교육인적자원부 정책연구.

교육인적자원부(2006). 학교교육력 제고를 위한 교원양성체제 개선방안.

교육인적자원부(2007). 교원양성체제 개편 방안. 교육인적자원부 내부자료.

교육인적자원부, 한국교육개발원, 교원연수개선연구팀(2005). 교원 양성·인사·연수정책 연구자료.

교육혁신위원회(2006). 교육력 제고를 위한 교원정책 개선방안. 교육혁신위원회.

구자억 외(2009). 3주기 교원양성기관평가 강화 방안 연구. 한국교육개발원 연구보고 RR 2009-31.

구자억 외(2010). 교원연수기관 평가 모형 개발연구. 연구보고 RR-2010-29 한국교육개발원.

김경애, 류방란, 김지하, 김진희, 박성호, 이명진(2015). 학생 수 감소 시대의 미래지향적 교육체제 조성 방안. (연구보고 RR 2015-04). 서울: 한국교육개발원.

김경자(2015). 2015 개정 초등교육과정의 방향과 과제. 한국초등교육학회, 2015 개정 초등교육과정의 전망과 과제(1-18). 2015 한국초등교육학회 추계학술대회 자료집.

김명수·전제상·김도기(2011). 교육수요 변화에 대응하는 교원양성체제 구축방안. 교육과학기술부 정책연구.

김명주 역(2017). 유발 하라리. 호모데우스. 김영사.

김민식, 최주한(2016). Industrial IoT·Industrial Internet의 이해. 정보통신방송정책, 28(12), 20-26.

김병찬(2007). 교원연수제도의 발전방향과 과제. 교육력 제고를 위한 교원교육의 발전방향과 과제 2007년도 제49차 교원교육 학술대회 자료집.

김병찬(2016). 지능정보사회에 대비한 교직의 미래 전망과 중등교원 정책의 과제. 한국교원교육학회 제70차 연차학술대회.

김병찬(2017). 제4차 산업혁명과 교원정책의 미래 전망. 제4차 산업혁명과 교원정책의 새로운 전망. 동국대학교 교원정책중점연구소 제2회 교원정책포럼.

김병찬(2017). 지능정보사회의 도래에 따른 교원 양성교육의 전망과 과제. 교원교육소식, 82, 5-17.

김성수(2017). 미래교육을 위한 교원 양성 발전 방향. 국회교육희망포럼.

김승환(2016). 지능정보사회에 대비한 교육의 미래. 한국교원교육학회 제70차 연차학술대회.

김신복(2017). 미래사회의 교육패러다임 변화와 교육행정. 2017년 한국교육행정학회 춘계학술대회.

김왕준(2017). 제4차 산업혁명과 교원양성 교육과정의 미래 전망. 제4차 산업혁명과 교원정책의 새로운 전망. 동국대학교 교원정책중점연구소 제2회 교원정책포럼.

김이경 외(2004). 교원자격·양성제도 개편방안 연구. 한국교육개발원.

김재수(2017). 4차 산업혁명과 Open Science. 4차 산업혁명과 R&D 토론회. 미래창조과학부·한국연구재단.

김진숙(2017). 4차 산업혁명과 미래교육 전망. 제4차 산업혁명과 교원정책의 새로운 전망. 동국대학교 교원정책중점연구소 제2회 교원정책포럼.

김진형, 윤정로, 전상인(2016). 4차 산업혁명 도래. 교육개발, 43(3), 19-29. KEDI미래교육위원회 좌담회.

김태완 외(2008). 교원 양성 및 임용의 다양화 방안 연구. 교육과학기술부 2008년 정책연구과제 위탁-16.

김혜숙 외(2006). 교원양성 및 연수기관평가제 시행을 위한 세부방안 연구. 교육인적자원부 정책연구 2006-공모-8.

김혜숙·강상진·최금진(2006). 교원양성 및 연구기관 평가제 시행을 위한 세부방안 연구. 교육인적자원부 정책연구.

김희규(2016). 교육과정 및 교육정책 변화에 따른 교원양성과정 개선 방향과 과제. 제93차 한국교육개발원 교육정책포럼.

박남기(2003). 교육대와 사범대 통합의 쟁점. 제12회 인적자원포럼 자료집. 서울대학교 행정대학원 한국정책지식센터. 1-9.

박남기(2017). 미래사회를 대비한 교원양성체제 개혁방향. 2017 한국교육학회 교육정책포럼.

박수정·박상완·이인회·이길재·박용한(2016). 교원양성체제 개편방안 연구. 교육부·충남대학교 정책연구.

박영숙 외(2009). 선진 교원충원 전략 및 지원과제 개발연구. 한국교육개발원.

박영숙·전제상(2005). 교직문화의 변화 전략 및 지원과제 탐구. 한국교육행정학연구 23권 3호.

박영숙·박균열·정광희·김갑성·전제상(2015). 교직환경 변화에 따른 교원정책의 진단과 과제: 교원의 역량 개발을 중심으로.

박영숙·제롬 글렌(2017). 세계미래보고서 2055. 비즈니스북스.

서정화 외(2009). 교직선진화를 위한 교직경쟁력 강화방안. 교육과학기술부.

서정화·박세훈·박영숙·전제상·조동섭·황준성(2011). 교육인사행정론. 교육과학사.

서정화·전제상(2008). 새 정부의 교육개혁과 교원정책. 새 정부 교육정책의 현안·쟁점에 관한 긴급토론회 자료집. 자유주의교육운동연합.

성열관, 서우철, 김성수, 윤성관(2014). 전인적 성장을 위한 학교 교육과정 구성 및 편성방향에 관한 연구. 경기도교육청 연구보고서. 경기도교육과정.

손화청(2016). 인공지능시대의 교육. 지능정보사회 대비 초등교육의 과제와 전망. 2016 한국초등교육학회 창립 30주년 기념 국제학술대회.

송광용(2004). 우수교사 양성을 위한 교사교육 체제. 교원 양성, 어떻게 할 것인가? 교육정책 토론회 발표 자료, 한국교원단체총연합회.

신상명(2002). 교원양성체제의 문제점과 발전방향. 교육행정학연구, 20(3), 69-89.

신현석(2017). 새 정부 출범에 따른 교원정책의 방향과 과제. 한국교원교육 학회 제71차 춘계학술대회.

윤홍주(2014). 초등교원 양성대학에 대한 행재정 지원방안. 우수 초등교원 양성을 위한 정책토론회. 전국교원양성대학교 총장협의회.

이광현(2014). 초등교원수 추계에 따른 초등교원 양성 적정 규모. 우수 초 등교원 양성을 위한 정책토론회. 전국교원양성대학교 총장협의회.

이광형(2017). 4차 산업혁명에서 5차 산업혁명으로 가는 R&D. 4차 산업혁 명과 R&D 토론회. 미래창조과학부·한국연구재단.

이병기(2017). '미래지향적 교원양성방안'. 미래 한국을 위한 교원양성 방 향. 국회교육희망포럼.

이호영(2015). 초연결사회의 지속가능한 미래. 대한민국 미래이슈분석보고 서. 미래창조과학부, 미래준비위원회.

장슬기(2016). 한국의 교육현장 속에서, 미래학교를 찾다- 4차 산업혁명 시대, 미래한국 학교교육의 전망과 해법. 경기도교육연구원 개원3주년 기 념 심포지엄. 70-93.

장윤종(2016). 4차 산업혁명의 미래. 2016년 7월 26일 민간미래전략위원회 세미나 발표자료.

전제상 외(2007). 교직과 교사. 서울: 학지사.

전제상(2006). 초·중등 교원인사 정책의 혁신방향과 과제-교원자격 및 양 성시스템을 중심으로. 교육혁신위원회 교원정책개선토론회자료집.

전제상(2007). 교원양성기관 평가인정제 실시방향과 과제. 교육력 제고를 위한 교원교육의 발전방향과 과제. 한국교원교육학회 학술대회 자료집.

전제상(2008). 교원의 전문화. 선진한국의 교육비전. 서울: 교육과학사.

정미경·박희진·이성회·허은정·김성기·박상완·백선희(2016). 교육개혁
　　전망과 과제(Ⅰ): 초·중등교육 영역. 한국교육개발원.

조동섭(2002). '초등교원양성체제의 발전 방향'. 교육의 질 향상과 교원양성
　　체제 발전 방향. 한국교원교육학회 제36차 춘계학술대회자료집. 61−78.

조동섭(2005). 교원양성대학의 기능과 역량 강화 방안. 교육행정학연구,
　　23(2), 399−419.

조상식(2017). 제4차 산업혁명에 대한 교육철학적 성찰. 제4차 산업혁명과
　　교원정책의 새로운 전망. 동국대학교 교원정책중점연구소 제2회 교원정
　　책포럼.

조상식, 김기수(2016). 미래 한국교육의 교육철학적 기초−진단, 과제 그리
　　고 방향. 경기도교육연구원 개원3주년 기념 심포지엄. 30−52.

차두원(2017). 과학기술, 변화와 변환. 4차 산업혁명과 R&D 토론회. 미래
　　창조과학부·한국연구재단.

최계영(2016). 4차 산업혁명 시대의 변화상과 정책 시사점. KISDI 프리미
　　엄 리포트, 정보통신정책연구원.

최상덕, 서영인, 이상은, 김기헌, 이옥화, 최영섭(2014). 미래 인재 양성을
　　위한 핵심역량 교육 및 혁신적 학습생태계 구축(Ⅱ). (연구보고 RR 2014
　　−16). 서울: 한국교육개발원.

최상덕, 서영인, 황은희, 최영섭, 장상현, 김영철, 김경은, 김은하(2013). 미
　　래 인재 양성을 위한 핵심역량 교육 및 혁신적 학습생태계 구축(Ⅰ). (연
　　구보고 RR 2013−20). 서울: 한국교육개발원.

한국개발연구원(2016). 제4차 산업혁명과 한국경제의 구조 개혁. 한국개별
　　연구원 기자간담회 자료.

한국교육개발원, 세계은행(2014). 행복교육 실현과 창의인재 육성. (연구자
　　료 CRM 2014−146). 서울: 한국교육개발원.

한국연구재단(2017). 2017 국가미래유망기술 상시 발굴 및 준비체제 정책
　　지원 보고서.

홍창남(2017). '교원양성기관평가의 발전방향'. 미래 한국을 위한 교원양성

방향. 국회교육희망포럼.

황규호 외(1999). 교원양성체제 개선방안. 교육부 교원양성·연수체제 개선 연구위원회 자료집.

황규호·박소영·윤건영·이성균·최의창(2014). 교원양성 교육과정 및 무시험검정기준 개정 연구. 교육부 정책연구.

황종성(2016). 지능사회의 패러다임 변화 전망과 정책적 함의. 정보화정책, 23(2), 3-18.

Schwab, K.(2016). *The Fourth Industrial Revolution*. Colony/Geneva: World Economic Forum. 송경진(역). 제4차 산업혁명. (2016). 서울: 새로운 현재(메가스터디).

Toffler, A.(1990). *The third wave*. New York: Bantam Press.

World Economic Forum.(2016). *The Future of Jobs: Employment, Skills and Workforce Strategy for the Fourth Industrial Revolution*. Colony/Geneva: World Economic Forum. January 2016.

박정수(2017. 6. 17). 박정수의 일자리와 4차 산업혁명 이야기. 매경신문. http://news.mk.co.kr/newsRead.php?&year=2017&no=397194.

이민화 KAIST 초빙교수(창조경제 연구회 이사장)(2017. 6. 11). 4차 산업혁명의 변화 속 미래일자리의 전망한국대학신문. http://news.unn.net/news/articleView.html?idxno=175189.

삼성증권(2017. 3. 30). 제4차 산업혁명, 어디에 투자해야 할까?. http://post.naver.com/viewer/postView.nhn?volumeNo=6980379&memberNo=1553580&vType=VERTICAL..

한국대학신문(2017. 6. 11) 4차 산업혁명과 함께 떠오르는 미래 유망직종은 핵심기술 분야 외에도 인간 생활과 연관된 직종 등장 예상. http://news.unn.net/news/articleView.html?idxno=175233
http://www.newswire.co.kr/newsRead.php?no=849216

현대경제연구원(2017. 4. 30).'4차 산업혁명 시대의 인재 육성 방향' 조사 발표. http://www.newswire.co.kr/newsRead.php?no=849216

5주제

교원양성제도의 개혁
(유아·보육/특수교육)

김윤태(우석대학교 교수)

장애유아 의무교육 실현을 위한
특수교사양성제도 개선방안

김윤태(우석대학교 교수)

Ⅰ. 들어가는 말

1. 논의의 필요성

2007년 "장애인 등에 대한 특수교육법" 제정을 통해 장애를 갖고 있는 유아에 대한 의무교육이 규정된 이후 한국에서는 장애유아를 위한 교육의 기회가 확대되었지만 비장애 유아와 분리된 형태의 의무교육은 실제적인 의무교육 체계를 갖지 못한 채로 지금까지 비정상적으로 시행되고 있고 누리과정이라 부르는 유보통합정책은 충분한 논의와 준비과정의 결여로 교육현장에 현재 많은 혼란을 가져 왔다. 유보통합정책이 진행되는 와중에 보육이 갖고 있는 가치와 장애의무교육의 당위성은 간과되어 교사의 자격, 양성과정, 교육기관의 인정문제 등이 상존하는 것도 사실이다. 발달과정에서의 교육과 보육에 대한 장애유아의 권리는 부모의 욕구와 교사양성기관과 교육현장의 의견 차이로 표류하고 있는 것 또한 사실이다. 본 발표에서는 첫째, 장애유아 의무교육에 따른 교사양성과정과 교사자격의 문제를 누리과정체계에서 살펴보고 둘째, 장애유아 의무교육에 따른 교육기관의 문제와 사립유치원에서의 장애유아 취원 문제를 통해 교원양성과 배치와 관련된 문제를 살펴보고 다양한 문제점 해결을 위한 방안을 제시하고자 한다.

II. 누리과정에 따른 장애유아 의무교육에 따른 교사양성과정과 교사자격의 문제

1. 장애유아 의무교육 현장에서의 교사양성과정의 문제

현재 장애유아 의무교육이 주로 이루어지는 곳은 유치원과 장애전문어린이집으로, 이곳에서는 공통된 교육과정인 누리과정이 적용되고 있으나 이곳에 근무하는 교사는 이원화된 유치원교사와 유아특수교사, 보육교사의 양성과정을 통해 배출되고 있다. 현재 시행되고 있는 유아특수교사와 보육교사의 양성현황을 비교해보면 다음과 같다.

1) 유아특수교사 양성현황

① 대학학부

한국에서 특수교사 양성을 시작한 시기는 1950년 6월 서울맹아학교에서부터이다(국립교육원,1997). 이때는 3년제 고등학교 사범과에서 교사를 양성하였다. 현재 특수교사는 대학(교직과정 포함)과 대학원(교육대학원과 특수교육대학원)을 통해 양성되고 있다. 국내에서 특수교육 교사를 양성하는 학과로는 유아특수교육과, 초등특수교육과, 중등특수교육과, 특수체육교육과 등이 있으며, 이중 국내 유아특수교육 교사 양성 대학 현황은 <표 1>과 같다.

표 1 특수학교 정교사 양성기관

설립별	대학명	계열	학과 및 전공명	입학정원	승인인원	자격종별 및 표시과목
국립	공주대	사범대학	특수교육과	50	50	특수학교(유치원) 정교사(2급)
						특수학교(초등) 정교사(2급)

구분	대학					자격
						특수학교(중등) 정교사(2급)
국립	전남대 (여수)	사범 대학	특수교육학부 유아특수교육전공	15	15	특수학교(유치원) 정교사(2급)
	한국 교통대	교육과	유아특수교육과	14	14	특수학교(유치원) 정교사(2급)
계	3			79	79	
사립	나사렛대	교육과	유아특수교육과	40	40	특수학교(유치원) 정교사(2급)
	남부대	교육과	유아특수교육과	15	15	특수학교(유치원) 정교사(2급)
	대구대	사범 대학	유아특수교육과	35	35	특수학교(유치원) 정교사(2급)
	백석대	사범 학부	유아특수교육과	40	40	특수학교(유치원) 정교사(2급)
	우석대	사범 대학	유아특수교육과	35	35	특수학교(유치원) 정교사(2급)
	이화 여대	특수 교육과	특수교육과	36	36	특수학교(유치원) 정교사(2급) 특수학교(초등) 정교사(2급) 특수학교(중등) 정교사(2급)
	인제대	교육과	특수교육과	30	30	특수학교(유치원) 정교사(2급) 특수학교(초등) 정교사(2급) 특수학교(중등) 정교사(2급)
	중부대	사범계	유아특수교육과	20	20	특수학교(유치원) 정교사(2급)

사립	한국 국제대	교육과	유아특수교육과	20	20	특수학교(유치원) 정교사(2급)
계	9			271	271	
총계	12			350	350	

출처: 2016년 특수교육연차보고서

② 대학원

1992년 교육법 개정으로 교육대학원 특수교육 전공도 특수교사 양성이 가능하게 되어 교육대학과 교육대학원에서도 특수교사를 양성한다.

2016년 현재 17개 대학의 교육대학원에서 27개 특수학교 정교사 양성 과정을 운영하고 있으며 그 현황은 <표 2>와 같다.

표 2 │ 특수학교 정교사 양성기관

설립별	대학명	설립 년도	수업형태	16학년도 운영전공	자격종별 및 표시과목
국립	공주대	1997	계절	유아특수교육 전공	특수학교(유치원) 정교사(2급)
	부산대	2001	야간	유아특수교육 전공	특수학교(유치원) 정교사(2급)
	창원대	1997	야간	특수교육전공	특수학교(유치원) 정교사(2급)
	한국교통대	2013	야간	특수교육전공	특수학교(유치원) 정교사(2급)
	한국 교원대	1997	계절	특수교육전공	특수학교(유치원) 정교사(2급)
국립계	5			5	

설립별	대학명	설립년도	수업형태	15학년도 운영전공	자격종별 및 표시과목
사립	대구대	1997	계절	특수교육전공	특수학교(유치원) 정교사(2급)
				감각운동발달 장애교육전공	특수학교(유치원) 정교사(2급)
				지적학습발달 장애교육	특수학교(유치원) 정교사(2급)
				유아특수교육	특수학교(유치원) 정교사(2급)
	순천향대	1999	야간	특수교육전공	특수학교(유치원) 정교사2급)
	아주대	2001	야간	특수교육	특수학교(유치원) 정교사(2급)
	영남대	1999	계절, 주간	특수교육	특수학교(유치원) 정교사(2급)
	우석대	1996	계절	유아특수 교육과	특수학교(유치원) 정교사(2급)
	이화여대	1993	야간	특수교육	특수학교(유치원) 정교사(2급)
	인제대	1998	야간	특수교육전공	특수학교(유치원) 정교사(2급)
	전주대	2000	야간	특수교육전공	특수학교(유치원) 정교사(2급)
	조선대	1999	계절	특수교육	특수학교(유치원) 정교사(2급)
계	9			12	
총계	14			17	

출처: 2016년 특수교육연차보고서

2) 보육교사 양성현황

보육교사는 2·3·4년제 대학과 사이버대·방통대 등 원격대학, 학점인정기관 등 다양한 양성기관을 통해 배출한다. 특히 매년 배출인원이 증가하고 있는 학점인정기관 출신의 경우, 주로 온라인 교육(이수자의 93%)을 통하여 자격을 취득하고 있다. 보육교사는 대학뿐 아니라 다양한 양성체제를 갖고 있어 연고별 양성현황으로 보면 다음 <표 3>과 같다.

표 3 연도별 어린이집 원장·보육교사를 위한 자격증 발급 현황

연도별 어린이집 원장·보육교사를 위한 자격증 발급 현황			
○ 2005. 1. 1 ~ 2017. 4. 30			(단위: 건)
구분	어린이집 원장	보육교사	총계
2005		60,353	60,353
2006		99,281	99,281
2007	49,636	110,584	160,220
2008	36,673	110,004	146,677
2009	30,504	101,632	132,136
2010	29,520	97,123	126,643
2011	26,251	99,462	125,713
2012	32,956	111,128	144,084
2013	73,067	123,842	196,909
2014	58,129	128,583	186,712
2015	6,409	81,737	88,146
2016	7,335	76,095	83,430
2017	2,803	44,009	46,812
총계	353,283	1,243,833	1,597,116

자료: 2017 한국보육진흥원 자격증 교부 관련 보육통계

2. 특수교사(유치원)와 보육교사의 자격기준

누리과정의 공통 시행에도 불구하고 장애유아 의무교육을 담당하는 유치원교사와 보육교사의 자격기준은 이원화되어 있다. 동일한 교육과정을 운영하고 있음에도 불구하고 유치원교사의 자격은 유아교육법에 근거하여 교육부에서 교사자격을 부여하고 있고, 보육교사는 영유아보육법에 근거하여 보건복지부에서 교사자격을 부여하고 있는 것처럼 장애유아 의무교육관련 근거법, 소관부처, 자격증, 자격취득 최소학력 등에서 큰 차이를 갖고 있다.

유치원교사 자격기준과 보육교사 자격기준을 비교하면 다음과 같다.

1) 특수교사(유치원) 2급 정교사 자격기준

표 4 │ 특수교사 자격기준(초·중등교육법)

자격급별	자격기준
정교사 (1급)	1. 특수학교 정교사(2급) 자격증을 가지고 3년 이상의 교육경력이 있는 사람으로서 일정한 재교육을 받은 사람 2. 특수학교 정교사(2급) 자격증을 가지고 1년 이상의 교육경력이 있는 사람으로서 교육대학원 또는 교육부 장관이 지정하는 대학원에서 특수교육을 전공하고 석사학위를 받은 사람 3. 유치원·초등학교 또는 중등학교 정교사(1급) 자격증을 가지고 필요한 보수교육을 받은 사람 4. 유치원·초등학교 또는 중등학교 정교사(2급) 자격증을 가지고 1년 이상의 교육경력이 있는 사람으로서 교육대학원 또는 교육부 장관이 지정하는 대학원에서 특수교육을 전공하고 석사학위를 받은 사람
정교사 (2급)	1. 교육대학 및 사범대학의 특수교육과를 졸업한 사람 2. 대학·산업대학의 특수교육 관련 학과를 졸업한 사람으로서 재학 중 일정한 교직과정을 마친 사람

정교사 (2급)	3. 대학·산업대학의 특수교육 관련 학과를 졸업한 사람으로서 교육대학원 또는 교육부장관이 지정하는 대학원에서 특수교육을 전공하고 석사학위를 받은 사람 4. 유치원·초등학교 또는 중등학교 정교사(2급) 자격증을 가지고 필요한 보수교육을 받은 사람 5. 유치원·초등학교 또는 중등학교 정교사(2급) 자격증을 가지고 교육대학원 또는 교육부 장관이 지정하는 대학원에서 특수교육을 전공하고 석사학위를 받은 사람 6. 특수학교 준교사 자격증을 가지고 2년 이상의 교육경력이 있는 사람으로서 일정한 재교육을 받은 사람 7. 유치원·초등학교·중등학교 또는 특수학교 준교사 자격증을 가지고 2년 이상의 교육경력이 있는 사람으로서 교육대학원 또는 교육부장관이 지정하는 대학원에서 특수교육을 전공하고 석사학위를 받은 사람
준교사	1. 특수학교 준교사 자격검정에 합격한 사람 2. 특수학교 실기교사로서 5년 이상의 교육경력을 가지고 일정한 교육을 받은 사람

표 5 유치원교사 자격기준(유아교육법 시행령 제22조) 참고

자격 급별	자격기준
정교사 (1급)	1. 유치원 정교사(2급)자격증을 가진 자로서 3년 이상의 교육경력을 가지고 소정의 재교육을 받은 자 2. 유치원 정교사(2급)자격증을 가지고 교육대학원 또는 교육부장관이 지정하는 대학원의 교육과에서 유치원 교육과정을 전공하여 석사학위를 받은 자로서 1년 이상의 교육경력이 있는 자
정교사 (2급)	1. 대학에 설치하는 유아교육과 졸업자 2. 대학(전문대학 및 이와 동등 이상의 각종 학교와 「평생교육법」 제31조 제4항에 따른 전문대학 학력 인정 평생교육시설을 포함한다)졸업자로서 재학 중 소정의 보육과 교직학점을 취득한 자

정교사
(2급)
	3. 교육대학원 또는 교육부장관이 지정하는 대학원의 교육과에서
	   유치원 교육과정을 전공하고 석사학위를 받은 자
	4. 유치원 준교사자격증을 가진 자로서 2년 이상의 교육경력을 가
	   지고 소정의 재교육을 받은 자

준교사	유치원 준교사 자격검정에 합격한 자

2) 보육교사 자격기준

표 6   보육교사 자격기준(영유아보육법 시행령 제21조)

자격종류	자격기준

보육교사
(1급)
	1. 보육교사 2급 자격을 취득한 이후 3년 이상의 보육업무 경력
	   과 보건복지부장관이 정하는 승급교육을 받은 사람
	2. 보육교사 2급 자격과 보육관련 대학원에서 석사학위를 취득
	   한 자로서 1년 이상 보육업무 경력과 보건복지부 장관이 정하
	   는 승급교육을 받은 사람

보육교사
(2급)
	1. 전문대학 또는 이와 같은 수준 이상의 학교에서 보건복지부령으로
	   정하는 보육 관련 교과목 및 학점을 이수하고 졸업한 사람
	2. 보육교사 3급 자격을 취득한 후 1년 이상의 보육 업무 경력이
	   있는 사람으로서 보건복지부장관이 정하는 승급 교육을 받은
	   사람
	3. 고등학교 졸업자가 전문대학 학위 취득과 병행하면서 취득하
	   는 경우

보육교사 (3급)	고등학교 또는 이와 같은 수준 이상의 학교를 졸업한 사람으로서 보건복지부령으로 정하는 교육 훈련 시설에서 정해진 교육 과정 을 수료한 사람

표 7 유치원 어린이집 교사 자격기준 비교(참고)

구분	유치원	어린이집
근거법	유아교육법 제22조	영유아보육법 제21조
소관부처	교육부	보건복지부
자격증	교육부장관이 자격증 검정수여	보건복지부장관이 자격증 검정 수여
자격취득 최소학력	전문대학 졸업(이상)	고등학교 졸업(이상)
자격구분	준교사, 2급·1급 정교사, 수석교사	3급·2급·1급 보육교사

자료: 유아교육법[시행 2014. 4. 29.][법률 제12336호, 2014. 1. 28, 일부개정]
　　　영유아보육법[시행 2014. 5. 28.][법률 제12697호, 2014. 5. 28, 일부개정]

현재 장애유아 의무교육이 이루어지고 있는 유치원과 어린이집(장애전문어린이집)에서 누리과정이라는 동일한 공통교육과정을 실시하지만 의무교육현장에서 유치원교사와 보육교사는 이처럼 상이한 양성과정을 통해 교사가 배출되고 있다. <표 7>에서 나타난 것과 같이 보육교사 3급은 고등학교 졸업만으로 보육교사 자격증 취득의 자격이 되지만 유치원 교사의 경우 대학졸업이 자격증 취득의 최소 자격이다. 관련법을 근거로 장애유아 의무교육을 담당하고 있는 유아특수교사의 자격기준은 대학교에서 학사이상의 소지자가 원칙이다. 장애유아 의무교육 기관과 의무교육 간주기관인 보육시설에서 동일한 교육과정을 운영하는 교사의 자격조건이 이처럼 큰 차이를 갖고 있는 것이다.

이러한 양성과정의 자격기준의 차이는 결국 의무교육을 담당하는 교사의 수준에도 차이가 날 수밖에 없다. 실제로 유아특수교사는 대학에 설치된 학과 중심으로 교육부가 교원양성학과 평가 등 자격관리를 함으로 질적 수준을 보장하고 있으나, 보육교사는 학점 중심으로 자격발급기관인 보건복지부가 교사양성 정원 인가권 없이 양성하고 있어 장애유아 의무교육을 위한 누리과정의 운영이 시행되는 현장에 따라 교사자격과 양성과정의 차이는 의무교육 대상자인 장애유아의 교육권이 침해될 수밖에 없는 현실이다.

유아교육은 유아기부터 발달단계에 알맞은 교육이 실시되어야 하고 특히, 장애를 갖고 있는 유아의 경우 기관에서 제공하는 교육은 전문성이 담보되어야 함에도 불구하고 교사의 양성과정과 자격기준에서부터 장애유아의무교육이 파행적으로 운영되고 있는 것이다.

Ⅲ. 장애유아 의무교육에 따른 교육기관의 인정문제와 사립유치원에서의 장애유아 취원 문제

1. 보육시설의 장애유아 의무교육 교육기관 인정문제

장애인 등에 대한 특수교육법 제19조 제2항의 규정에 따라 만 3세부터 만 5세까지의 특수교육대상자가 「영유아보육법」에 따라 설치된 보육시설 중 대통령령으로 정하는 일정한 교육 요건을 갖춘 보육시설을 이용하는 경우에는 제1항에서 정하는 유치원 의무교육을 받고 있는 것으로 본다. 시행령의 규정은 다음과 같다.

> 제15조 【보육시설의 교육 요건】 법 제19조 제2항 단서에서 "대통령령으로 정하는 일정한 교육 요건을 갖춘 보육시설"이란 다음 각 호의 사항을 모두 충족하는 시설을 말한다.
> 1. 「영유아보육법」 제30조 제1항에 따른 평가인증을 받은 시설
> 2. 장애아 3명마다 보육교사 1명을 배치한 시설(보육교사가 3명 이상인 경우에는 보육교사 3명 중 1명은 「초중등 교육법」 제21조 제2항에 따른 특수학교 유치원 교사 자격증을 소지한 교사여야 한다)에 의해 보육시설을 장애유아 의무교육기관으로 인정하고 있다.

이러한 규정에 의한 교육기관과 관련된 문제점은 장애유아 의무교육의 70%이상을 담당하고 있는 곳이 교육기관이 아니고 일정한 교육요건만 갖춘 복지시설이라는 데 있다.

2. 사립유치원에서의 장애유아 취원 문제

2016년 특수교육 연차보고서에서 밝힌 사립유치원에 재원하고 있는 특수교육대상 유아의 수는 1,199명으로 이들은 대부분 장애유아 의무교육대상자들이다. 하지만 사립유치원에 재학하고 있는 유아특수 교육대상자는 장애유아 의무교육에 따른 교육적 지원을 받지 못하고 있다. 이러한 문제는 대부분 사립유치원에 특수학급이 설치되어 있지 않은 것이 일차적 원인이다. 사립유치원에 재원 하는 장애유아 의무교육 대상자가 특수교육 지원센터에서 순회교육을 통해 간접적으로 교육지원을 받고 있으나 순회교사가 유아특수교육을 받고 정교사 자격증을 소지하지 않은 경우가 대부분이고 교육시간도 주2회 정도로 그쳐 실제적으로 장애유아 의무교육이 이루어지고 있다고 볼 수 없다. 이와 같은 원인으로 장애를 갖고 있는 유아의 부모들은 자녀가 의무교육 대상자임에도 불구하고 한국에서 대부분 비장애유아들이 선택하는 사립유치원에 입학을 포기하고 있는 실정이다. 이러한 문제는 실제적으로 유아교육의 한 축을 담당하고 있고 다양한 인프라와 전문성을 갖추고 있는 사립유치원에서의 장애유아 의무교육이 실패하고 있다는 반증이다.

IV. 결론 장애유아 의무교육 실현을 위한 특수교사양성 제도 개선방안

1. 장애유아 의무교육 실현을 위한 교사자격관리 방안

영유아기에 있는 모든 인간은 발달과정에서 자신의 능력을 극대화

할 권리를 부여받고 있다. 따라서 국가 및 지방자치단체와 보호자는 이
들에게 발달할 권리를 보장하고 지원해야 한다. 특히 의무교육으로 규
정된 장애를 갖고 있는 영유아의 경우에는 교육에서의 차별 없는 동등
한 권리가 보장되도록 해야 한다. 이러한 교육의 권리가 보장되기 위해
서는 모든 장애유아 의무교육기관은 동일한 교사자격을 갖춘 교사가
배치되는 것이 필수적이다.

　장애유아 의무교육기관의 교사자격은 특수교육(유치원)정교사 자격증
소지자가 원칙이고 2016년 이후에는 "장애아동복지지원법"의 규정에
따라 특수학교(초중등)정교사가 장애유아 의무교육기관인 장애아전문어
린이집 배치가 허용되지 않게 되어 장애유아의무교육을 전담할 유아특
수교육 양성기관과 양성인원 확대가 필요한 실정이다. 현재 파행적으로
운영되고 규정되고 있는 어린이집 특수교사의 장애유아 의무교육을 담
당할 수 있는 유아특수정교사 자격 취득을 위한 정부차원의 지원이 필
요하다. "장애아동복지지원법시행령"의 부칙 제2조 특수교사 경과조치
의 문제해결과 장애의무교육의 보육과 교육현장에서의 차별 없는 동일
한 제공을 위해 특수학교(유치원)정교사를 배출하는 대학의 유아특수교
육과에서 현재 교육부에서 실시하고 있는 평생교육지원정책과 연계해
서 선취업 후진학 학위과정을 통해 동일한 자격을 취득할 기회를 보장
하고 이 기간 동안 수업료와 장학금을 지원해서 기 배출된 어린이집
특수교사의 취업유지와 장애유아 의무교육을 위한 동일한 교사자격을
갖추도록 해야 한다. 이 문제 해결이 장애유아 의무교육 실현을 위한
교사자격관리의 최우선 과제이고 이와 관련한 상충되는 관련법의 개정
이 조속하게 이루어져야 할 것이다.

2. 장애유아 의무교육 실현을 위한 교사 배치와 처우에 대한 문제점 개선 방안

　장애유아에 대한 의무교육이 비정상적으로 시행되는 이유는 국가가

법으로 정한 의무교육에 대한 책무를 다하지 않는 것에 일차적 책임이 있다. 그 결과 장애유아 대상 의무교육 지원체계와 충분한 예산이 수반되지 않은 채 시행된 장애유아 의무교육 현장은 수많은 문제점을 낳을 수밖에 없는 구조다. 이러한 현실에서 장애유아를 갖은 부모는 유보통합에 따른 다양한 선택지에서 혼란스러울 수밖에 없다. 결과는 대부분의 장애유아 부모가 장애유아 의무교육의 시행에도 불구하고 교육기관을 선택하지 않고 의무교육으로 간주하는 보육시설을 선택하는 경우가 70%를 넘고 있다. 이것은 교육기관이 아직 장애유아를 의무교육하기에 어려운 현실을 반영하고 있다. 특히 보육이 갖고 있는 장점과 보육시간의 차이 치료지원의 차이는 장애유아 부모에게 보육기관을 선택하게 하는 중요한 이유가 된다. 문제는 보육기관이 장애유아에게 다양한 지원의 경험과 장시간 보육시간을 제공하는 장점에도 불구하고 의무교육이 갖고 있는 전문적인 교육지원과 이를 위한 국가와 지자체로부터의 충분한 지원이 이루어지지 못하는 데 있다. 이러한 문제는 결국 장애유아의무교육의 부실로 이어질 수밖에 없어 이에 대한 구체적인 대책을 필요로 한다. 이러한 문제 중 교사배치와 처우와 관련된 문제에 대한 개선방안은 다음과 같다.

교사배치를 위해서는 유치원과 어린이집의 운영시간의 차이와 교육과 보육간의 차이가 우선 문제가 된다. 현재 유치원은 누리과정(5시간)에 방과 후 과정(3 - 5)을 제공하고, 어린이집은 정규보육 12시간을 제공하고 있다. 유치원과 어린이집에서의 장애유아 의무교육 시행을 위해서는 양 기관의 특성을 살리면서 동일한 교육을 제공하는 것이 중요하다. 즉 유치원은 누리과정(5시간)에 방과 후 과정(3 - 5)을 제공하고, 어린이집도 누리과정(5시간)에 정규보육 7시간을 제공하는 것이다. 누리과정에 필요한 인건비와 운영 등의 예산은 교육부에서 제공한다. 이때 장애유아의 누리과정은 특수교육(유치원) 정교사로 배치하고 교육부는 동일한 예산 지원을 해야 한다. 즉 특수교사 인건비를 동일하게 100% 제공하고 특수교사 연봉도 동일하게 책정해야 한다. 교사배치원칙은 법 개정을 통해 장애유아 의무교육의 실현을 위해서 장애유아 1명에서 3명까지 1명의 교사를 배치하고 4명부터 장애유아 3명 단위로 유아특수교사 1명씩 고정배치를 늘려야 한다. 유아특수교사 고정 배치시 재원유아 수에 따른 문제점을 해소하기 위해 순회교사 제도를 적극적으로 활용해서 탄력적인 교사배치는 가능하다. 당연히 "장애인 등에 대한 특수교육법"과 "장애아동복지지원법"의 제6조 제2항 '장애영유아의 수가 2명 이하인 경우에는 특수교사 및 장애영유아를 위한 보육교사를 배치하지 아니할 수 있다.'는 개정되어야 한다.

현재 장애유아 의무교육이 이루어지거나 간주하는 곳은 국공립유치원, 사립유치원, 일반어린이집, 장애아전문어린이집, 통합어린이집이다. 2014년 기준 교육과 보육기관에 재원 중인 장애영유아는 16,069명이며, 이중 교육기관인 특수학교 유치부와 유치원에 재원 중인 장애영유아는 4,360명이고, 보육기관에서 만 3세에서 5세의 누리과정을 적용받고 지원금을 받고 있는 장애유아는 11,709명으로 약 3배에 달하는 장애유아가 보육기관에 재원 중인 것으로 나타났다. 이 숫자를 기준으로 "장애인 등에 대한 특수교육법"에 근거하여 유아특수교사를 배치하게 되는데, 전국장애아동보육제공기관협의회(2012)에 따르면 보육기관에 근무하는 특수학교(유치원) 정교사는 194명으로 전체에서 17.6%로 낮은 수준에 머물고 있다. 이것은 교사에 대한 처우와 교육환경의 차이에 주로 기인한 것으로 장애유아 의무교육이 이루어지고 있는 보육현장에서의 처우와 교육환경 개선이 시급하다 할 수 있다. 이러한 보육기관에서의 특수교사의 처우와 교육환경 개선은 어린이집의 유아당 연간 교육비(1,218,490원)를 유아특수학교의 유아당 연간 교육비(4,076,573원)로 높여 지원 하는 것을 통해서 이루어져야 한다.

3. 사립유치원에서의 장애유아 취원 문제에 대한 개선방안

장애유아 의무교육의 실현을 위해서는 유아교육에서 중요한 위치를 차지하고 있는 사립유치원에서의 역할도 문제이다. 현재 장애유아를 갖고 있는 부모들이 2015년부터 지자체별로 시행하고 있는 특수교육대상자 100% 수용 추세에도 불구하고 사립유치원을 외면하는 이유로 사립유치원의 특성상 장애유아 입학생 수에 따른 일관된 교사의 배치와 지원체계 경험 부족 등이 거론된다. 따라서 장애유아 의무교육기관으로서의 사립유치원은 장애유아 입학생을 받을 수 있는 체제구축과 유아특수교사의 탄력적 배치가 중요하다.

이것은 한국에서의 유아교육이 사립유치원을 중심으로 이루어져 국가가 유아교육을 책임지지 못할 때 한국의 유아교육 발전에 기여한 점을 고려하여 사립유치원이 한국의 특성에 맞게 지속 발전하고 장애유아 의무교육기관으로서의 역할을 담당하기 위해서는 정부와 지자체의 획기적인 지원을 필요로 한다. 특히 장애유아 의무교육기관으로서의 사립유치원에 대한 국공립유치원과 동일한 지원이 필요하다.

시행을 위한 충분한 논의가 필요하겠지만 서울교육청에서 제안한 공공형 사립유치원 모델 같은 시도는 그 의미가 크다고 할 수 있다. 이러한 시도는 국가와 지방자치단체가 책무를 가지고 교육을 공공의 장으로 이끈다는 데에서 의미를 찾을 수 있다.

사립유치원에서의 유아특수교사 배치와 관련 2016년 특수교육대상유아수 1,199명을 사립유치원 학급당 4명의 유아특수교육대상자를 기준으로 볼 때, 특수학급 설치를 통해 우선적으로 2018년 300명의 유아특수교사 증원 배치해야 장애인특수교육법에 따른 국가의 장애유아의무교육을 위한 책무를 다한다 할 수 있다.

4. 국가와 지방자치단체의 장애유아 의무교육기관에 대한 지원과 역할

2007년 제정된 "장애인 등에 대한 특수교육법" 제15조 제1항에 따라 만 3세에서 6세의 장애유아는 의무교육 대상자로 무상교육 대상자이고, 만 3세 미만의 장애영아도 무상교육 대상자로 규정하고 있다. 또한 0세에서 5세 장애영유아는 "영유아보육법"(2004)에서 무상보육으로 규정하고 있다.

교육부는 위의 전제에 따른 장애유아 의무교육기관에서 교육에 필요한 자원과 예산을 지원하고 보건복지부는 장애유아 의무교육기관에서 보육에 필요한 자원과 예산을 지원하는 공조체제를 구축해야 한다. 이러한 공조체제를 통해 "장애인 등에 대한 특수교육법"에 규정된 장애유아 의무교육이 보육기관에서 성공적으로 이루어지도록 장애유아의 무교육에 대한 유아교육기관과 동일 지원을 할 수 있도록 관련 법규를 개정하고 예산을 반영해서 장애유아 의무교육이 파행적으로 운영되지 않도록 해야 할 것이다.

참고문헌

교육부(2016). 2016년 특수교육 연차보고서.

국회입법조사처(2013). 유아교육·보육과정의 통합에 따른 문제점과 개선방향. 국회입법조사처 현안보고서 184호.

권미경(2016). 장애영유아 교육보육 현안 및 요구 -유보통합을 중심으로-. 육아정책연구소 이슈페이퍼 2016-02.

육아정책연구소(2014). 유치원과 어린이집 교사 자격 및 양성 관련 체제 분석. 연구보고 2014-18.

고은(2015). 사범대학과 연계된 특수교사 양성체제의 재구조화 및 개혁방안. 특수아동교육연구, 17권 2호, 47p.

김성애(2015). 장애영유아의 동등한 의무교육 실현방안.

김윤태(2016). 장애유아 의무교육 실현과 장애유아 교육권 보장 방안. 전국 유아특수교육학과협의회 발표문.

김호연(2010). 특수교육 교사양성에 대한 제고. 특수교육연구, 17권 1호, 72p.

옥정달·윤병천(2013). 특수교육 교사양성대학의 청각장애교육 관련 교과목 개설현황조사. 특수교육 저널: 이론과 실천, 14권 4호, 133p.

윤명희(2012). 5세 누리과정에 대한 교사의 인식. 경성대학교 교육대학원 석사학위 청구논문.

윤미경(2014). 유아특수교사의 핵심역량 강화를 위한 교사양성기관 교육과정 재구조화 연구. 단국대학교 대학원 박사학위논문.

이기섭(2009). 유아교육 보육 이원화의 문제점과 개선방안 연구. 고려대학교 행정대학원 석사학위논문.

정정진(2002). 특수교사 양성체제의 발전방향. 한국교원교육연구 19권 1호, 83p.

지성애, 홍혜경, 이정욱, 장명림(2015). 유아교육·보육 통합 모델 구축. 유아교육학회 2015년 추계정기학술대회.

최한올(2013). 누리과정 총론과 초·중등 교육과정 총론의 통합에 관한 연구. 고려대학교 대학원 석사학위논문.

최현자(2005). 유아교사양성제도에 대한 연구. 한국유아교육·보육복지학회, 9권 4호, 216p.

※ 본 발표문은 장애유아 의무교육 실현과 장애유아 교육권 보장 방안(김윤태, 2016) 전국유아특수교육학과협의회 발표문을 수정·보완하여 작성하였습니다.

6주제

교원 경쟁력 제고 방안

심성보(부산교육대학교 교수)

이 시대는 교사에게 어떤 역할과 역량을
요구하고 있는가?

심성보(부산교육대학교 교수)

I. 한국의 교사는 어떤 상황에 처해 있는가?

시카고 대학의 총장을 지낸 여성철학자 너스바움은 시험을 위한 일제고사는 수동적인 판에 박은 수업의 분위기를 양산할 뿐이며, 획일적인 충성심과 순응을 요구하고, 학교 간의 차이에 무감각하며, 창의성과 영감을 교육과정으로부터 몰아내고, 전문적 판단에 대한 교사의 능력조차 위축시킬 가능성이 있다고 질타한 바 있다(Nussbaum, 2011 : 221). 시장주의였다가 공교육 옹호론자로 돌아선 라비치는 시험 성적만으로 교육자를 해고하고 성과급을 주며 학교를 폐쇄한다면 공교육의 목적을 전면적으로 왜곡한다고 역설한 바 있다(Ravitch, 윤재원 역, 2011 : 237, 251, 350). 이러한 교육개혁방식은 결과적으로 교사의 정서적 심리적 그리고 사회적 웰빙의 하락까지 초래한다고 우려를 표명한다(Foreman - Peck, 2015). 교사의 웰빙은 궁극적으로 학생의 웰빙 쇠락을 가져올 것임은 불문가지일 것이다.

우리나라도 이런 상황에 예외가 아닐 것이다. 신자유주의 등장으로 한국교육이 경쟁의 파도에 휘몰리면서 더욱 그러하다. 한국교육은 시종일관 주입식 수업과 객관식 시험을 벗어나지 못하고 있다. 교사가 일방적으로 학생들에게 무수히 많은 파편화된 지식과 정보를 전달하고, 학생들은 수동적이고 충실하게 암기할 뿐이다. 정답과 오답이 명백히 주어지는 객관식 시험, 정확하게 양화된 점수에 따라 유·무형의 상과 벌이 주어지는 교육체제를 운영하고 있다. 세계적인 수학자이자 물리학자인 화이트헤드(Whitehead, 1967, 오영환 역, 2004)가 이를 '무기력한 관념(inert ideas)'만 주입시키는 교육이라고 비판한 바 있다. 무기력한 지식이란 학습자에 의해 지식이나 정보가 활용되고 검증되는 것이 아니라 단순히 기억되고 있는 것이며, 만약 외부로부터 실마리가 주어지지 않으면 거의 기억도 나지 않는 쓸모없는 것이 되어 버리고 마는 것이다. 이것이 사회적으로는 시험이 능력주의 이데올로기와 결탁한 서열화 장치가 되어 모두를 백척간두로 내몰고, 각자 인정받기 위해 시험이라는 기계에 매달려 살게 하는 것이다. 이경숙 박사(2017)는 최근 이를 '시험국민의 탄생'이라고 명명하였다.

이렇게 이루어진 시험 중심의 교육체제를 중심으로 한 압축된 근대화는 기술적 경제적 발전을 가져왔으나 문화적 도덕적 발전은 가져다 주지는 못했다. 이러한 체제의 취약함은 교원양성체제 및 교원교육의 질곡을 가져왔다. 이런 교육체제 속에 살고 있는 어느 초등학교 교사(정용주, 2012)는 교직의 첫발에 들어선 신임교사들이 교육에서 사회적 의미를 제거하고, 관료주의를 내면화하며, 복종의 문화와 평가 지표에 따른 자기감시를 내면화함으로써 점점 '모범적인' 경력 교사가 되어간다고 일선 교사들의 자화상을 한탄하고 있다. 교육 불가능 시대로 내몰리고 있는 위험한 상황 속에서 힘겨운 교육활동을 하고 있는 한국교사들은 이런 위기를 어떻게 극복하며 새로운 역할을 담당할 것이며 이에 필요한 역량은 어떤 요소들이 있는가?

II. 이 시대가 요구하는 교사의 다양한 역할과 역량

1. 세계교육개혁의 시대적 흐름

지금 세계교육개혁 운동은 국제적으로 교육체제를 둘러싸고 서로 다른 이념적 스펙트럼을 가지고 서로 다른 방향으로 나아가고 있다. 세계교육개혁의 방향은 신자유주의 교육정책이 지속될 것인가, 아니면 공공성에 입각한 새로운 교육체제로 이행할 것인가의 중대한 기로에 서 있다. 그동안 세계화의 흐름과 함께 신자유주의 교육정책이 대세를 형성하였지만, 지금은 그것의 역효과가 심화됨으로써 공교육체제가 최대 위기에 봉착함으로써 그것을 극복하려는 새로운 교육운동이 거세게 일어나고 있다(Adamson, Astrand & Darning - Hammond, 2016).

일찍이 농업경제는 육체의 일꾼을 요구했고, 산업경제는 기계 노동자들을 요구했지만, 오늘날의 지식경제는 지식 노동자를 필요로 하고 있고, 나아가 첨단과학기술 시대를 맞이해서는 인공지능을 가진 로봇까지 등장시키고 있다. 교육은 르네상스와 산업혁명, 민주화, 디지털화를 거치면서 여러 모습으로 바뀌어왔다. 최근에 빠르게 나타나고 있는 스마트 기술과 인공지능 시대의 도래는 사회 및 교육의 엄청난 변화를 가져오게 할 것이다. 르네상스는 종교가 가지고 있던 교육의 권위를 인간에게 옮겨왔고, 노동력을 이동시킨 산업혁명은 조직화된 체계로서 학교의 발전을 가능하게 하였으며, 그리고 민주화는 교실 속의 권력관계까지 바꾸어놓고 있다.

그러나 또 다른 한편으로 기술적 근대화에 대한 반성을 요구하는 성찰적 근대화는 근대성 및 근대교육에 대한 비판과 대안을 검토하도록 하고 있다. 지식경제(knowledge economy)와 지식사회(knowledge society)는 현대세계에서 늘어나는 지식의 중요성을 반영하는 개념이다. 사회적 힘의 잠재적 원천인 지식은 지식경제의 개념이냐 지식사회의 개념이냐에 따라 사회를 형성하는 작동 방식이나 그 역할에 있어 서로 다른 접근을 하고 있다(Sörlin & Vessuri, 2007 : 1). 지식경제는 기계의 힘이 아니라 두뇌의 힘, 즉 생각하고 배우고 개혁하는 힘으로 운영되기에 창의력과 발명력을 동력으로 하고 있다. 그에 따라 지식경제를 위한 교육은 창의력, 융통성, 문제해결력, 정교성, 집단지성, 전문성 신뢰, 위험 감수, 지속적인 발전 등에 맞추어져 있다(Hargreaves, 곽덕주 외역, 2011 : 66). 지식경제를 위한 교육과 학교는 교사를 지식경제의 희생자로서 설정하고 있다(Hargreaves, 곽덕주 외역, 2011 : 147).

- 교사는 아이들이 표준화된 학습을 기억하도록 지도한다.
- 교사 자신이 들은 대로 가르치는 것을 학습한다.
- 교사는 정부 주도의 연수를 받는다.
- 교사는 더 열심히 혼자 학습한다.
- 교사는 부모를 소비자 및 불평하는 자로 대한다.
- 교사는 정서적 노동을 감수한다.
- 교사는 두려움을 가지고 부과된 변화에 반응한다.
- 교사는 아무도 신뢰하지 않는다.

그런데 이러한 지식경제는 성장과 번영을 고무하지만, 수익과 자기이익의 무자비한 추구로 사회질서에 균열을 가하고 사회를 파편화할 위험이 있다. 지식기반경제는 우리 주변에서 성장하고 있지만, 과학 및 과학 기관의 민주적, 윤리적, 규범적 차원을 항상 인정하지 않는다. 지식경제는 사람의 관계를 도구적이고 경제적인 것으로 제한하기 때문이다. 그리하여 국가주의로의 회귀, 모든 것의 민영화, 그리고 무자비한 시장근본주의에 바탕을 둔 지식경제는 교직이 진정으로 학습하는 일로 자리 잡는 것을 어렵게 하며, 교사를 대중의 공격에 취약하게 만들며, 교사 판단의 자율성에 상처를 내기 쉬울 것이다.

그래서 '지식경제'를 넘어서는 '지식사회'라는 말을 새로이 등장시키고 있다. 지식사회는 신자유주의적 지식경제보다 지식의 공동체적이고 민주적인 측면과 공적 개입을 더 강조한다(Sörlin & Vessuri, 2007 : 11 - 12). 우리가 살고 있는 지식경제는 민주적 결핍으로 고통을 받고 있기에 모든 지식은 보편적으로 공공재가 되어야 한다는 것이다. 물론 지식경제

는 시장 주도적이기에 문제를 안고 있는 시장 이데올로기에 따라 수행
되기는 하지만, 지식사회의 규범과 이상이 반드시 상충되는 깃은 아닐
것이다. 사람이 지식경제를 위해 준비하지 않으면, 공동체의 생존과 계
승에 기본적으로 요구되는 필요조건이 결핍되어 지식경제로부터 배척
당하게 될 것이다. 그러기에 민주적인 결핍을 인식하면서 교육의 경제
적 목적과 사회적 목적을 동시에 추구하는, 지식경제 기반 교육을 넘어
서는 지식사회 기반 교육을 필요로 한다. 지식사회 기반 교육을 한다는
것은 젊은이나 사회가 경제적으로 번성할 수 있도록 준비하는 것이다.
지식사회 기반 교육은 공동체와 민주주의, 인도주의와 세계시민적 정체
성을 촉진하는 교육을 지향한다. 지식사회 기반 교육을 제창한 A.
Hargreaves는 지식경제를 위한 대응으로서 다음과 같은 교사의 새로
운 역할을 제시한다(Hargreaves, 곽덕주 외역, 2011 : 115).

- 교사는 사회적이고 정서적인 학습과 헌신, 그리고 인격을 증진시
  킨다.
- 교사는 타인과 다양한 방식으로 관계를 맺는 법을 배우고, 다양한
  상호작용을 지속적인 유대와 관계로 대체한다.
- 교사는 세계시민적 정체성을 개발한다.
- 교사는 계속적인 전문적, 개인적 발전에 전념한다.
- 교사는 협동적 집단 활동과 학습을 한다.
- 교사는 학부모 및 지역사회와의 관계를 강화한다.
- 교사는 정서적인 이해를 형성한다.
- 교사는 일관성과 안전성을 유지한다.
- 교사는 사람에 대한 기본적인 신뢰를 확립한다.

Andy Hargreaves와 Dennis Shirley는 *The Fourth Way*(2009)와
The Global Fourth Way(2012)에서 교육개혁의 네 가지 방식을 제시하

면서 이제 제4의 길로 나아가야 한다고 주장한다. 첫째, 교육개혁을 위한 제1의 길은 1960~1970년대에 사회적 안전망이 잘 되어있는 복지국가에서 흔히 볼 수 있는 교육의 변화 이론이다. 그런데 제1의 길은 혁신성은 높지만 정치·경제적 신뢰가 약화되면서 일관된 교육의 목표를 기대하기 어렵게 되었다. 이것이 제2의 길인 시장주의 도입의 계기가 되었다. 효율성 제고를 위해 학교 선택제와 경쟁이란 변화 전략을 통해 시장주의를 강화하였다.

그런데 제2의 길은 교육적 폐해가 너무 컸다. 모든 학교들은 시험 준비 중심의 학습이 이루어지고, 시험에 나오는 과목만 가르칠 뿐만 아니라 교사의 자발성까지 죽이게 되어 '하향식 교육개혁'의 추진은 거의 다 실패로 돌아갔다. 제2의 길의 단점이 극명하게 나타나자 이를 극복하기 위해 시장주의와 국가 통제의 장점을 결합한 제3의 길이 1980년대 영미를 중심으로 모색되었다. 좌파의 경직성과 우파의 불평등성을 모두 피하고자 하는 제3의 길이라고 할 수 있다. 정부 지원과 시장 경쟁의 장점을 살리고, 하향식과 상향식을 절충한 행정을 통해 교사의 자율성과 책무성이 균형을 이루는 것을 특징으로 한다. 그러나 관료주의, 과학기술주의의 맹신, 주어진 목표달성에 급급한 학교현장의 수동성 등의 문제점을 동일하게 안고 있다. 겉으로 보기에는 좌우를 아우르는 중도적 길을 추구하는 듯하지만, 신자유주의적인 우파 이념에 편향된 교육개혁이 진행되었다.

그러자 제3의 길에서 드러난 정부의 관료주의, 교육의 성공 여부를 학업성취도 측정 자료에 의존하는 과학기술주의의 맹신과 폐해, 정부가 제시한 것을 따르기에 급급한 학교 현장 등의 문제점에서 제4의 길을 모색한다. 학교교육의 제4길은 정부 주도 학업성취도 향상이나 학업성취도 격차를 줄이는 것과는 다른 교육목표를 추구하고 있다. 경제적 활력, 사회통합, 그리고 민주적 삶의 방식을 모두 고려한 지속가능한 학교개혁의 길을 찾아 나선다. 제3의 교육개혁의 길이 다른 사람이 세운

정책을 차용하고 전달하는 훈련 방식이었다면, 제4의 학교개혁으로 가는 길은 각 지역사회가 주인의식을 공유하고 자기만의 목표를 개발하는 자기 주도형 성장과 발전 방식을 요구할 것이다(Sahlberg, P. 이은진 역, 2016 : 327 - 329). 개발도상국가에서 흔히 보듯 '역량을 갖춘 사람'의 의미가 왜곡된, 즉 고귀한 목적을 망각한 어중간한 제3의 길이 아니라, 지역사회의 공동체 재건과 조직화 전략으로 발전한 제4의 학교개혁 방식이 전개될 것이다.

이러한 새로운 학교개혁이 요구되는 시대에 필자는 학교교육의 기본적 성격이 지식사회 기반 교육에 기반을 두면서도 이를 넘어서는 '실천적 지혜'[1]를 위한 교육으로 나아가는 새로운 교사의 역할과 역량을 제시하려고 한다.

2. 새로운 교사의 역할과 역량[2]

1) 덜 가르치고 더 배우게 하라

가르치고 배우는 일은 삶의 양식이다. 이 일은 지금까지 볼 수 없었던 다양한 삶의 양식, 가치 지향 및 직업을 가진 세계에서 독특한 방식으로 세상에 태어난 아이들을 사람으로 자라도록 가르치고 배우는 과정으로서 하나의 공동체적 약속이라고 할 수 있다. 모든 사람이 학생

---

1) 실천적 지혜란 지식에 실천성과 인격성이 투영된 개념이다.
2) 하그리브스와 셜리는 교사들이 실천해야 할 5가지 지침을 제시한다(Hargreaves & Shirley, 이찬승·홍완기 역, 2015 : 383 - 395). '덜 가르치고 더 배우게 하라', '집단적 자율성을 신장시켜라', '기술이나 정보에 열려있되 매몰되지 말라', '열정적인 활동가가 되라', '교원단체를 혁신하라'이다. 그리고 S. F. Heck와 C. R. Williams는 생태학적 관점에서 인간으로서의 교사(보호하는 역할), 동료로서 교사(지원하는 역할), 동역자로서 학부모와 교사(보완적인 역할), 학생의 이해자로서 교사(양육하는 역할), 학습촉진자로서의 교사(상호작용의 역할), 연구자로서의 교사(실험하는 역할), 프로그램 개발자로서의 교사(창조하는 역할), 관리자로서의 교사(계획하는 역할), 교직에서 처음 들어서는 교사(열망하는 역할), 의사결정자로서 교사(문제해결의 역할), 전문 지도자로서 교사(도전하는 역할)을 제시하고 있다(Heck & Williams, 황기우 역, 1998).

으로서, 학부모로서, 또는 스스로 교사로서 가르치는 일을 경험한다. 교사는 도래할 미래사회의 정신을 만들어가는 일을 하는 주체자이다. 가르치고 배우는 과정은 동시에 일어나는 것이기에 가르치는 자가 끊임없이 배움에 참여하는 것은 당연한 일이고 또한 바람직한 일이다. 배움에 열심인 교사들의 가르침은 훌륭한 가르침으로 이어지기를 기대한다. 좋은 배움은 좋은 가르침에서 나온다. 하나의 삶의 양식으로서 가르치고 배우는 일은 때때로 기존의 권력의 힘과 영향력과 갈등과 긴장의 과정을 겪게 된다. 가르치고 배우는 일을 맡고 있는 교직은 아이들에게 파급력이 매우 큰 전문적 조직체이다. 공립학교이든 사립학교이든 고용된 교사들의 유형과 태도는 아이들의 삶에 영향을 미친다. 교사들은 결코 자유로운 존재가 아니다. 그들은 환경의 창조물, 그들의 작업 환경의 산물이기도 하다. 교육이란 낯선 것, 새로운 것을 만나 경이로움을 느끼는 연속적 과정이라고 할 수 있다. 이를 위해 낯선 것/새로운 것을 만나는 교육활동이 일어나야 한다(엄기호, 2013 : 9). 그렇지만 현실은 교육적 에너지를 모두 소진되어버려 한국의 교육자들은 설레는 수업을 하는 것을 매우 어려워하고 있다.

　여기에서 핀란드 교사들의 교육적 탁월함에 주목할 필요가 있다. 이들은 어떻게 가르치는 일이 최고의 직업이 되었나? 세계은행 교육 전문가로 일했던 파시 살베리(Sahlberg, 이은진 역, 2016 : 180 - 184)는 핀란드 교육이 최고의 인재를 교직에 유치하고 그들이 계속 학교에 남아있게 하는 세 가지 조건을 제시하고 있다. 첫째, 무엇보다 교사가 업무 현장에서 자신의 도덕적 사명을 완수할 수 있게 해주고 있다는 점이다. 핀란드 사람들이 교사가 되려하는 이유는 교직을 통해 아이들과 함께 지내면서 그들을 돕고 사회에 이바지하려는 내면의 욕구가 크기 때문이다. 둘째, 사범교육은 젊고 재능 있는 고등학교 졸업생이 매력을 느낄만큼 경쟁이 치열하고 어려워야 한다는 점이다. 우수한 성적으로 고등학교를 졸업한 많은 젊은이가 사범교육에 매력을 느끼는 이유는 바로 핀란드 사범교육이 석사학위 프로그램으로 이루어져 있어 사람들에게 도전의식을 북돋우기 때문이다. 셋째, 교사의 급여는 사람들에게 교사가 되려는 주요 동기가 아니다. 돈을 버는 것이 교사가 되는 주된 요인이 아니지만, 급여를 인상하는 체계적인 방법이 마련되어 있다는 점이다.

핀란드 교사들은 미국의 교사들과 비교해서 전문가로 대우받는 분위기 속에서 가르치는 활동을 하고 있다. 그들은 미국교사들보다 40% 덜 가르치다 보니, 시간적 여유가 많아 수업지도안을 작성하고 학생과 일대일 면담도 하고, 동료교사와 공동연구도 하고 숙제를 고쳐준다. 여기에서 싱가포르의 "덜 가르쳐라, 더 많이 배워라 *Teach Less, Learn More*(TILM)" 정책은 우리에게 많은 시사점을 제시하고 있다. 세계적인 수학자이고 물리학자인 화이트헤드(Whitehead, 1967, 오영환 역, 2004)는 일찍이 "지나치게 많은 것을 가르치지 말라" "가르쳐야 할 것은 철저히 가르치라"라고 역설한 바 있다. 단지 박식함에 그치는 인간은 이 지상에서 가장 쓸모없는 인간이라고 질타하였다. 교육받은 인간상이 단지 박식함에만 머무른다면 그런 인간의 양성을 위해 국가나 사회, 혹은 가정에서 그렇게 많은 시간과 재력을 소모할 필요는 없을 것이다. 그런데 현재의 우리나라 학생들은 너무 많은 것을 공부하고 있다. 어디에 써먹을지 그들이 알지 못하면서 단지 교육제도가 그러하기 때문에 할 수 없이 그렇게 살고 있다.

물론 덜 가르친다는 말은 교사가 전통적인 수업 말고도 관찰자와 질문자 등의 다양한 역할을 수행하면서 수업을 흥미롭고 재미있게 만든다는 뜻이다. 그렇다고 일을 덜 한다는 것은 아니다. 오히려 그 반대이다. 수업 준비를 굉장히 체계적이고 완성도 높게 함으로써 학생들은 생산적으로 수업에 참여하게 하고 학생별로 경로를 달리한 개별화 수업의 효과를 높이고 있다. 덜 가르치는 수업이야말로 미래의 지식경제를 창조할 세계적 수준의 학습자를 키우는 핵심이다. 이것은 단순한 구호가 아니라 사회경제적인 관점에서 볼 때도 필수적인 사항이다. 그렇게 많은 발명가들이 학창시절을 혐오하는 것은 복종과 존경을 강요하는 학교 분위기에서 자신의 역할을 찾을 수 없었기 때문이다. 그들이 성공할 수 있었던 타고난 재능과 열정을 찾게 해주지 않았기 때문이다. 따라서 교사는 모든 학습목표를 다 가르치려는 생각을 내려놓아야 한다. 그 대신 좀 더 재미있고 적극적인 교수방법을 모색하고 수시로 한 발자국 뒤로 물러나 학생들이 어떻게 배우는가를 관찰하는 것이 좋다. 학생들에게도 자신이 배우는 내용과 방법에 대하여 스스로 생각할 수 있게 해야 한다. 학생들이 모든 교사와 함께 스스로를 변호할 수 있게 해야 한다. 그래서 교사들은 학생들이 가장 잘 배울 수 있는 방식으로 가르치게 해야 한다.

그런데 초등학생들을 가르칠 사람을 양성하는 교육대학의 예비교사들은 그 정도가 매우 심하다. 너무 많은 것을 배운 예비교사들이 교직 현장에 나가서도 너무 많은 것을 가르치는 습관에 익숙하다 보니 어느 하나 제대로 된 가르침이 이루어지지 않는다. 마치 뷔페식당과 같다. 교원양성과정에서 앎의 희열을 느껴보지 못한 교사가 현장에서 배움의 기쁨을 얼마나 가져다줄 수 있을 것인가?

장자는 '나'를 잊고 회복한 마음의 본성을 '허정(虛靜)[3)]'의 마음으로 행하는 행위를 '무위(無爲)' 또는 '순자연(順自然)'으로 설명하였다. 비워내고 고요히 하는 마음(虛靜)은 '나를 잊음(忘我)'으로부터 시작된다고 하였다. 교육적 무위는 '그저 내버려 둠/방임'이 아니라 '도래하도록 내버려 둠' 혹은 '존재하도록 내버려 둠'이다(이성미, 2014). 아이들에게는 배움의 시간이 필요하다. 욕망의 실현에 급급한 교육자들은 더 많이 가르치기 위해 배울 시간을 빼앗는다. 배움은 교육자의 비움과 고요한 마음이 만들어준 빈 시간과 공간 속에서, 그리고 교육자의 존재와 삶을 통해서

---

3) 아무것도 생각하지 아니하고 사물에 마음을 움직이지 아니하는 정신 상태. 뿌리로 돌아가는 것을 '고요함'이라고 하니 이를 본성에 돌아간다고 하고, '고요하기에' 모든 마음의 움직임을 깨닫고 비우기에 모든 사물을 받아들인다.

서서히 스미듯 이루어지는 것이다. 그것이 장자가 강조한 '불언지교(不言之敎)'이고 랑시에르가 강조한 '무지한 스승임(ignorant schoolmaster)'을 자각하는 것이다. 교육의 결과란 하루아침에 일어나는 것이라기보다는 가랑비에 옷 젖듯이 부지불식간에 세상을 바라보고 삶을 바라보며 세상과 삶을 대하는 방식이 달라짐으로써 나타나는 것이다(정윤경, 2016 : 3 - 4). 이런 변화는 어떤 내용을 투입해서 그에 상응하는 결과를 산출하는 방식으로 일어나기가 쉽지 않을 것이다. 일정 시간의 흐름에 따라 서서히 일어나는 시간의 예술이요, 또 사람과 사람의 만남 그리고 인격의 부딪힘 과정에서 발생하는 일일 것이다.

벼슬하지 않고 초야에 묻혀 고고하게 살아간 산림처사인 남명 조식은 "안으로 밝게 닦는 것이 敬[4]이고, 밖으로 결단하는 것은 義다(內明者 敬 外斷者義)"라고 역설하였다. "군자는 敬으로서 안을 곧게 하고, 義로써 바깥을 바르게 한다(君子 敬以直內 義以方外)."＜周易＞. 敬(정신집중; 흩어진 마음을 수습하는 것)은 마음의 주재자이고, 義는 모든 행동의 올바른 기준이 된다. 敬과 義가 갖추어진 뒤에라야 마음이 맑아져서 모든 판단이 바르게 되고 참된 용기가 솟아나게 된다. 조식은 입으로 떠들고 붓으로 그리는 것을 하찮게 여겼다.[5] 행하지 못할까 두려워할 뿐이지 알지 못할까 염려할 필요는 없다. 실천을 중시한 조식(1501~1572)[6]은 거경궁리(居敬窮理)[7]에 그치지 않고 단호한 행위의 정의를 잃지 않기 위해 의(義)[8]를 함께 중시하는 敬義之學을 수립하였다(김충열, 2006 : 231 - 240).

---

4) 경(敬)은 마음을 성(誠)되게 하는 가장 유일하고 절실한 방책이다.
5) 남명학을 구이지학(口耳之学)이 아니라 심행지학(心行之學)이라고 지칭하기도 한다 (김충열, 2006 : 289).
6) 조식이 생존했던 시대는 전후 50년 사이에 이른바 4대 사화가 연이어 일어나 사기가 극도로 몰락한, 유교의 덕치가 제대로 시행될 수 없는 정치 혼란기였다. 조식은 기묘사화 때 관직에 있던 숙부를 잃자 벼슬길에 혐오를 느끼기 시작하였다.
7) 경의 태도를 견지하고 이를 탐구함.
8) '義'는 '수오지심(羞惡之心)'에 속한다. '수오'란 자기의 행위가 대의와 정도에 어긋났을

知行 → 行知 → 知行의 일련의 진수(進修) 과정을 보여주었다. 즉, 지는 행을 낳고 행은 다시 지를 심화시키며, 그 지는 다시 행을 정대(正大; 바르고 옳아서 사사로움이 없음) 하게 해준다. 이때의 지와 행은 불가분의 관계를 가지게 되며, 지의 과정과 행의 추동을 강하게 접목하였다. 우리 교사들도 행이 지의 마지막 완성임을 자각하면서 실천하는 교육자가 되어야 할 것이다.

2) 협력적 전문성과 집단적 자율성을 신장시켜라

오늘날 세계의 교사들은 가르치는 일의 단순사무노동자화 → 탈숙련화(de - skilling) → 탈전문화 → 자율성 상실 → 의욕소진 등 막다른 나락으로 이끌리고 있다. 이러한 가르치는 과정은 교사 스스로 만들어내는 구상(conception) 기능이 없는 수행(execution) 기능만 할 따름이다(Braverman, 이한주·강남훈 역, 1987). 단순사무노동자화(proletarianzation) 현상은 기술적 과정일 뿐 아니라 이념적 과정이기도 하기에 이념적 무감각화(ideological de - sensitization)로 치닫게 할 가능성이 있다(Densmore, 1987). 교사들의 좌절된 기대와 봉쇄된 사회적 이동성은 고학력자로 하여금 일종의 단순사무노동자화의 감정을 느끼게 할 것이다. 단순사무노동자화의 감정은 전문성의 마모와 관련이 있으며, 심하게는 교사의 인격성을 마모시킬 것이다(Larson, 1987 : 261). 자신의 노동이 갖는 사회적 의미나 맥락을 망각하여 자신의 업무에 대한 윤리성이나 책무성을 회피하도록 한다. 이런 노동과정은 궁극적으로 교사가 마땅히 지녀야 할 도덕적·사회적으로 제기되는 중요한 질문들을 기피하도록 이끈다. 한마디로 인격과 영혼이 부재한 수월성교육이 이루어지는 것이다.

때 느껴지는 불안과 죄책감이다. '의'를 주장함에 있어 공자보다 적극적이었던 맹자는 어지러운 세상을 구제하려면 목숨을 버리고 의를 택하는 희생정신을 강조하였다. '義'의 마음 실마리를 자각해서 확충하면 시비를 판별하고 정도를 걸어 공공 이익의 '義'를 취할 수 있다고 보았다.

　　이를 극복하기 위해서는 교사의 전문성을 인정해주고 교사의 자율을 보장해주어야 한다. 어느 나라든지 그 나라 교육의 질은 교사의 질을 능가할 수 없다. 교사를 교육의 핵심으로 보고 그들을 존중해주며 신뢰하고 믿어주는 것이 교육 성공에 있어서 가장 중요하다. 교육성과의 핵심 기반은 교사이다. 교사가 얼마나 전문성을 가지고, 그 전문을 발휘하느냐에 교육의 성패가 달려 있다. 교사의 전문성을 길러주고 교사가 전문성을 발휘할 수 있는 여건을 만들어주는 것은 교육의 성공을 위해 매우 중요하다. 전문성과 자율 역량을 갖춘 대다수의 교사가 그 역량을 마음껏 발휘할 수 있도록 제도적 장치를 마련해주어야 한다. 교사가 자신과 다른 사람 안에 인격과 성숙함, 그리고 그 밖의 미덕을 개발함으로써 학교를 도덕적 공동체로 만들도록 유도되어야 한다. 이를 위해 교사 개인의 전문성[9] 개발은 매우 중요하다. 전문성 개발은 개인적인 신용으로 차곡차곡 쌓이는 자격증이나 업적의 포트폴리오 그 이상을 의미한다. 학점을 따서 모으는 것은 참으로 쓸데없는 일이다. 그렇게 해서는 아이들의 인격 형성에 도움이 되지 않는다. 교사의 전문성 개발이란 직업적 고귀함을 자각할 수 있는 인간적 성장을 위한 경로로 이해되어야 한다.

　　자타가 공인하듯 핀란드 교육의 성공 요인은 훌륭한 교사의 질, 교사의 자율성 그리고 전문성에 크게 의존하고 있다(김병찬, 2017 : 229). 교사가 전문성과 자율성을 발휘하는데 있어 가장 큰 방해가 되는 요소는 획일성과 강요이다. 교육과정이 획일화되어서는 안 되며, 교사에게 지나친 강요가 있어서도 안 된다. 특히 국가로부터의 강요는 교사의 자율

---

9) 전문성(professionalism)은 전문화된 지식과 기술 및 전문적 언어, 실행에 필요로 한 공유된 표준, 훈련과 자격을 위한 장기간의 엄격한 과정, 제공하는 서비스의 독점, 고객과의 관계에서 강조되는 서비스 정신(소명감 등), 품행과 규율 및 면직 등에 관한 자기규제, 정보에 근거한 자율적 판단, 복잡한 경우 해결을 위한 다른 전문가들과의 협업, 지속적인 학습과 전문적 성장에 대한 헌신 등을 필요로 한다.

성과 전문성을 위축시키는 결정적 주범이 될 수 있다. 전문성의 핵심은 '교육현장의 자율성'이다. 예전의 자율성이란 '개인적 자율성'이 중시되었다. 힘들게 자격증을 취득했으면 신뢰를 받고 간섭 없이 최상의 방식으로 스스로 판단을 결정할 수 있는 권리였다. 그렇지만 이제 무제한적 개인의 자율성을 더 이상 옹호할 수는 없다. 또한 전통적 충실성과 규칙 준수 정신은 전문성에 배치되기도 한다. 이제 개인적 자율성은 '집단적 자율성'으로 다시 태어나야 한다(Hargreaves & Shirley, 이찬승·홍완기 역, 2015 : 390 - 391). 집단적 자율성이란 전문직의 그늘에서 벗어나 새로운 전문직으로 이끌어지는 것이며, 바로 교사와 그들 동료로부터 비롯될 수 있음을 인식하는 것이다.

또한 가르치는 일의 변화를 위해 필요한 것은 지금까지 지배적이었던 비즈니스 자본을 넘어서는 '전문적 자본(professional capital)'이다. 전문적 자본은 세 가지 종류의 인적 자본(human capita),[10] 사회적 자본(social capital),[11] 의사결정의 자본(decisional capital)[12]으로 구성되어야 한다(Hargreaves & Fullan, 진동섭 역, 2014). 전문적 자본의 가르침에 대한 관점은 좋은 학습이란 좋은 가르침으로부터 나오며, 장기간의 훈련과 교육을 필요로 한다. 그것은 계속적인 계발을 통해 완성되며, 증거와 경험에 입각한 사려 깊은 판단을 포함하고, 집단적 성취와 책임을 중시한다. 전문적 자본은 책무성을 중시하는 관리적 전문성을 넘어서는 협력적이고 민주적인 자본이어야 한다(Whitty, 2008 : 41 - 46). 또 오늘날 교사들에게 요구되는 전문성의 핵심은 '성찰적 전문성'이다. 성찰이란 가르치는 활동에 대한 통찰력과 예술적 지각력, 윤리적 판단력을 요구한다. 그

---

10) '인적 자본'은 1960년대의 경제적 생산성을 위해 개인의 능력을 필요로 하였다.
11) '사회적 자본'은 1980년대 이후 지나친 경쟁으로 인해 상실된 사회적 관계, 협력, 상호작용, 집단적 역량을 요구하였다.
12) '의사결정의 자본'은 최근에 대두된 개념으로 신중한 판단, 교사 개개인의 축적된 경험과 실천, 그리고 성찰적 사고를 통해 장기간에 걸쳐 형성되는 전문직으로서의 교원의 역량을 요구하고 있다.

리고 이런 전문성은 복잡하고 미묘한 가르치는 활동을 지속적으로 관찰하고 이해하는 과정이 수반되지 않고는 키울 수 없다(이혁규, 2012 : 47). 이러한 교사의 새로운 전문성은 문제를 파악하고, 명확히 하고, 해결하는데 있어 고객(개인, 집단, 지역사회 등)과 잘 협력하고, 관점을 통해 상황을 이해하는 수단으로서 고객과 소통하고, 공감하고, 특정의 전문적 범주의 용어로서 배타적으로 이해하기보다 전문적 실천을 위한 기반으로 상황을 총체적으로 이해하고, 그리고 정형화된 판단과 반응을 극복하는 수단으로서 자기성찰을 하는 것을 포함하는 것이다(Adams, 2014: 122).

3) 기술이나 정보에 열려있되 매몰되지 말라

교사는 디지털 기술에 익숙해져서 이를 편안히 사용하고, 학생들의 기술사용 및 오남용에 정통하며, 매일의 교실 수업에 적용할 줄 알아야 한다. 이는 기술에 대하여 열린 마음을 갖고 학생들이 디지털 기술을 사용하여 온라인에서 예술과 글을 공유하고 공동으로 편집 활동도 할 뿐 아니라 학습 장애가 있는 학생을 도우면서 배울 수 있다는 태도를 견지함을 의미한다. 동시에 기술사용을 염두에 둔다고 해서 오랫동안 교실 수업을 통해 습득한 최상의 교수방법을 포기하는 것은 아니다. 실리콘 밸리에서 이루어지고 있는 경영자들의 자식교육에 대한 생각은 매우 흥미롭다. 야후, 애플, 구글의 최고 경영자들의 아이들은 캘리포니아 발도르프 학교[13]에서 자신의 양말을 직접 짜는 법을 배우면서 양모의 기원 및 옷의 역사에 대해서 배운다고 한다. 이것은 촉각을 사용

---

13) 발도르프 교육(Waldorfpädagogik, Waldorf/Steiner education)은 1919년 오스트리아의 인지학자 루돌프 슈타이너에 의해 세워진 발도르프 학교에서 출발한 대안교육이다. 발도르프 학교는 남부 독일 슈투트가르트에서 발도르프 아스토리아 담배공장 노동자들의 자녀들을 위해 처음 세워졌는데, 이 학교를 위한 교과과정이 후대까지 영향을 미쳐 교육운동으로 발전하게 되었다. 발도르프 교육의 특징은 남녀공학, 집중/에포크 수업, 전인교육, 성적이 없는 성적표, 교과서 없는 수업, 외국어 수업의 발달, 자치 행정 등이 있다.

하는 기술들인데, 디지털 기술이 유행한다고 무시해서는 안 되는 것이다. 이 학교들은 저학년에서는 기술의 사용을 자제하고 학년이 올라가면서 기술의 사용을 늘리면서 대학에 가서 기술을 원활히 사용할 수 있도록 준비한다. 이런 모델이 모든 학생에게 유효한 것은 아닐지라도, 수업 시간에 뜨개질 같은 옛 기술과 트위트 같은 신기술을 조합하는 사려 깊은 접근방식이다.

학생들에게 기술을 조화롭고 균형 있게 사용하라면서 교사는 어떻게 모범을 보일 것인가? 운동은 하지 않고 온라인에서만 너무 많은 시간을 보내고 있지는 않는가? 아니면 생활의 균형을 유지하기 위해 기술에서 해방된 지역을 설정할 것인가? 학생들 앞에서 바쁘게 메시지를 확인하는 모습을 보이고 있지는 않는가? 교사 연수회의에 가서 쉬는 시간에 그동안 함께 배운 것에 대하여 아이디어를 교환하는가? 아니면 수많은 메시지를 확인하느라 손가락을 끊임없이 놀리고 있지는 않은가? 전원을 끄기도 하면서 삶의 균형을 유지해야 한다.

2차 세계대전이 끝나고 독일의 국민들은 청소년 조직인 '히틀러 유겐트'가 어떻게 전쟁의 희생양이 되었는지 뼈저리게 느끼며 다시는 국가주의 교육에 내 자식을 맡기지 않겠다는 교훈을 얻었다고 한다. 마치 독일의 국민들이 한 독재자에 의해 자신의 아들, 딸들이 무참히 희생당하는 극한의 상황을 겪고서야 교육에 대해 바로 생각하게 되었다. 그래서 독일에서 자유주의 교육이 많이 싹트게 되었다. 발도르프 교육의 창시자 슈타이너도 인간의 몸과 정신, 영혼의 문제를 다루며 치유의 교육을 시도하고자 했다. 건강을 위해, 삶의 성찰을 위해, 그리고 행복을 위해 경쟁하며 속도전을 하기보다 천천히 가는 느림의 방식을 선택하였다.

하지만 우리의 교육방식에는 아직도 한국인의 '빨리빨리 정신'이 여전하다. 남보다 먼저 빨리 배우면 경쟁에서 뒤처지지 않을 것이라는 생각 때문에 많은 부모와 교사들은 아이들에게 많은 것을 빠르게 주입하고자 한다. 우리가 교육현장에서 무기력감에 빠져 있는 아이들을 보노라면 '정말 학교가 필요한 것인가?'하는 의문을 갖게 한다. 단순히 졸업장을 따기 위한 학교라면 굳이 존재할 필요가 없다. 빠름에서 느림으로 가르침과 배움의 패러다임을 바꾸어야 한다. 아이들은 이런 교육환경 속에서 살아야 행복한 삶을 배우게 될 것이다.

4) 세계를 이해하고 참여하라

오늘날 교사들은 대개 세계에 대한 이해를 경험이 아니라 관념적 지식으로만 파악하고 있기 때문에 살아있는 지식을 형성하지 못하는 경향이 있다. 따라서 세상을 이해하는데 있어 경험에 대한 다양한 해석을 요구한다. 경험은 라틴어 *experientia*=experiment, *expereri*=to try이고, 그리스어 *empeira*=empirical이고, 독일어 *Erlebnis*=accumulated experience, *Erfahrung*=lived experience 등 다양한 어원과 함께 중첩적 의미를 갖고 있다. 개인적인 것으로서의 경험,[14] 사회적인 것으로의 경험,[15] 정치적인 것으로의 경험,[16] 시장적인 것으로의 경험,[17] 민주적인 것으로부터의 경험[18] 등 다양한 흐름을 보이고 있다(Roberts, 2012).

다양한 경험과 해석으로 가득 찬 세계는 개인들의 욕망과 그 만족이 자연에 의해서 주어진 대로 이루어지는 것이 아니라, 개념적 네트워크에 의해서 체계를 갖춘 것이고, 이 체계 안에서 개인들은 자신들의 삶의 패턴을 합리적으로, 그리고 다양한 방식으로 선택하고 개조하는

---

14) 직접적 원-경험/야생성, 자연으로의 복귀, 자율적 학습자; 낭만주의, 실존주의.
15) 행위를 통한 경험, 경험의 계속적 재구성, 개인과 지역사회 간의 교류; 실용주의, 봉사학습.
16) 비판적 경험, 권력과 사회정의의 역동성, 헤게모니적 힘; 비판적 교육학.
17) 선택, 효율성, 계산적 도구적 합리성, 소비주의, 경험의 맥도날드화; 신자유주의, 신경험주의.
18) 공공성의 쇠퇴, 민주적 생활, 민주적 학교교육, 학생과 교사 그리고 지역사회의 상호작용; 공화주의, 참여민주주의.

실천의 장이라고 할 수 있다. 실질적인 의미에서 개인들의 좋은 삶은 욕망하는 바를 만족시키기 위해서 사회적으로 형성된 합리적 실천에 참여하는 것이다(Hirst, 1993 : 195). 영국의 교육철학자 P. H. Hirst는 합리적 이성의 변종인 이론적 실천으로서 사회적 실천(practices)을 새로운 교육과정의 내용으로 선택했다. 아리스토텔레스는 행복(eudamonia/human flourishing/well - being)을 추구하는 삶을 '실천적 삶(praxis/doing)'[19]에서 찾았다. 행복을 추구하는 삶은 '이론적 삶(theoria/seeing)'[20]이나 '생산적 삶(poiesis/making)'[21]보다 '실천적 삶'에 더 연결되기 때문이었다(조무남, 2013: 333). 실천적 삶을 추구하는 지식인 실천적 지혜(phronesis)는 교사의 탁월성 또는 덕이나 인격으로 번역되는 'arete'와 연관되어 있다. 이것은 가르침을 통해 획득하는(having) 영역이 아니라 실천을 통해 지혜로운 사람이 되는 삶/존재(being)의 영역이라고 할 수 있다(Biesta, 2015).

H. Arendt는 서양철학이 '관조적/이론적 삶(bios theoretikos)'에 지나치게 초점을 두다보니 '실천적 삶(bios praktikos)'을 등한시했다고 개탄한 바 있다. 실천적 삶이 능동적 삶에서 가장 높은 단계의 것이며, 그것이야말로 인간다운 삶이다. 그녀는 교사의 임무가 아이들로 하여금 가정이라는 사적 영역으로부터 세계(world)라는 공적 영역으로의 이동이 가능하려면 이론적 삶과 실천적 삶이라는 두 세계를 매개하는 역할을 해야 한다고 주장한다(Arendt, 서유경 역, 2005 : 254). 우리의 사고를 지배하는 가장 기본적인 개념들은 우리가 신체를 가지고 태어나듯이 가지고 태어나는 것이 아니라, 우리가 태어나는 사회적 세계로부터 배우는 것이다. 사회는 변화 없이 보존되는 것이 아니라, '새로운 인간의 탄생'을 통해 계속해서 갱신되어 간다. 아이들은 앞으로 나아가려는 사람을 뒤

---

19) 실천적 삶을 추구하는 지식으로서 실천적 지혜(phronesis/practical wisdom).
20) '인간을 관조하는 삶(contemplatio)'이 추구하는 지식으로서 이론(episteme/theory/science).
21) 생산에 종사하는 삶을 추구하는 지식으로서 기술(techne/art/practical knowledge).

에서 잡아당기거나, 아니면 뒤에서는 막 밀지만 앞에서는 막고 있어서 어찌 해볼수 없는, 즉 '과거와 미래 사이에' 끼여서 나아가지도 물러서 지도 못하는 난처한 상황에 처해있다. 아이는 과거와 미래의 '중간에 낀(in - between)' 존재, 탄생과 죽음 사이를 채우는 인간 실존의 조건에 놓여있다(Arendt, H. 서유경 역, 2005 : 236 - 263).

인간세계의 새내기인 아이들은 완성된 존재가 아니라 생성 과정의 미완성 존재이다. 여기에서 교육자가 져야할 책무는 오래된 세계(과거)와 새로운 세계(미래)의 간격에 다리를 놓는 매개자의 일이다(Gordon, 2001 : 5). 그리고 이런 매개의 역할에서 교과내용과 같은 지적 세계로의 안내는 교사의 역할을 규정짓는 데에 매우 결정적이다. 교사는 가르치고 배우는 일에 있어 세계 속에서 자신이 가르치는 교과나 자료와의 관계(인류문화의 전승), 가르치는 학생과의 관계(상호작용), 동료와 학부모와 당국 및 거대한 타자/지역사회와의 관계(사회적 실천), 그리고 자기 자신과의 관계 능력(자기이해)을 포함하고 있다(Hogan, 2015).

또한 실천적 삶은 이성과 욕망이 서로 결별하지 않으면서 선의 추구가 이루어지고 있는 삶의 장면을 보여준다. 이런 삶을 추구하는 실천적 지혜를 진보적으로 해석하면, 진실하고 올바르게 행동할 수 있는 성향이라고 할 수 있다(McLaren, 1998 : 210). 브라질의 교육감을 지낸 파울로 프레이리는 '실천(praxis)'을 삶의 세계를 변화시키기 위하여 끊임없이 성찰하고 행동하는 것이라고 정의한다(Freire, 남경태 역, 2009). 단순한 의견이 진정한 지식이 되기 위해서는 오직 세계에서 작업하고 변혁시키려는 노력을 통해서만 가능하다. 지식이 일구어지는 지점은 인간 존재와 세계가 관계하는 지점, 그리고 그것을 변화시키는 것과 관계있는 지점이다(Elias, 심성보 외 역: 2014 : 130). 참다운 지식은 이러한 관계에 대하여 비판적으로 문제제기를 하는 과정에서 지식 그 자체를 완벽하게 만든다. 우리의 앎은 행동으로 이어지며, 행동의 성격은 앎의 성격과 일치한다. 앎이란 자신의 언어를 말하는 것으로, 성찰과 행동

모두를 함의하는 행동이다. 자신의 언어를 말한다는 것은 자기표현과 세계표현에 참여하는 것이며, 궁극적으로 사회의 역사적 과정에 참가하는 것이다.

정치란 자유로운 행위가 가능한 동등한 성인들 사이의 일이지만, 교육이란 아직 성숙하지 않은 학생과 성숙된 교사 사이의 일이라고 할 수 있다. 그러기에 교육에 있어 성인인 교사는 학생보다 세계에 대해 더 큰 책임을 져야 한다. 책임을 지지 않으려는 사회에서는 교육이 가능하지 않다. 교육에서 책임이란 바로 권위의 형태를 가지고 그 근거를 이루는 것이다(Levinson, 2001). 따라서 교사는 교육을 통해 아이의 인생과 성장을, 그리고 세계의 존속을 책임져야 한다(Arendt, 2005 : 259). 세계 속에서 타인과의 관계를 어떻게 맺고 살아야 하는지와 자신의 관계가 어떠해야 하는지를 물어야 한다.

그리고 교육이라는 활동은 자신의 삶을 형성하는 세계와 그것의 힘들을 이해하는 일이기도 하다. 세계에 영향력을 발휘한 현명한 힘들의 목록은 시간의 흐름에 따라 변한다. 교육은 세계의 현실과 인간의 곤경에 맞추어진다. 우리가 살고 있는 세계를 발견하거나 창조하는 것, 세계에 거주하고 있는 것이 무엇인지, 그리고 우리들의 상황에 대한 지식에 무엇이 제한을 가하는지를 어느 정도 이해해야 한다. 이해에 도달하는 것은 항상 현상을 의미있게 하는 것과 연결되어 있다. 배경에 깔려 있는 세계를 이해한다는 것도 좋은 삶을 사는데 있어 없어서는 안 된다. 우리의 맥락을 파악하는 것은 물리적 세계뿐 아니라 사회적, 문화적 그리고 심리적 요인을 파악하는 것이다. 학교의 기능이란 아이들에게 단순히 처세술/요령/기법을 가르치는 것이 아니라, 세계가 무엇인지 가르치는 일이다(Arendt, 2005 : 262). 그것은 어른 사회와 아이들 간의 높은 벽을 쌓는 것이 아니다. 이 교육목적은 세계의 현실과 인간의 곤경을 파악하여 이에 대처하는 것이다. 교육은 우리로 하여금 세계에 대처하고, 세계에 고상하게 봉사하고, 설득력 있게 비판하고, 세계를 개혁하도록 하는 것이다.

그런데 Arendt는 억압적 제도와 사회의 불평등에 대해 비판적으로 생각하면서도 아이들이 투쟁에 참여토록 하는 급진적/비판적 교육활동에 대해서는 일정한 거리를 둘 것을 권고한다. 왜냐하면 그것은 아이들이 교사의 경험과 문화를 모두 공유할 수 없는 성인들의 일이기 때문이다. 또한 교사를 포함한 어른들은 어린이인 학생들을 세상에 편안하게 살게 하는 성장의 피난처를 제공해주지 못하고 있기 때문이다. 세상이 아이들을 위해 안전한 장소로 남아 있도록 하고, 동시에 공동체의식과 세상에 대한 관심을 계발하도록 보호하고 도울 책임을 지지 않으면 안 된다(Gordon, 2001 : 61). 이렇게 볼 때 아렌트의 권고는 어른들이 지나치게 모든 사회적 문제를 정치적으로 해석함으로써 아이들의 세계에 대한 진정한 이해를 하는 것을 가로막는 현실을 우려한 말이라고 해석할 수 있다.

게다가 더 문제인 것은 대개 교사들은 모범생이었기에 세상의 흐름을 이해하지 못하는 경향을 보이고 있다는 점이다. 박제된 책만을 암기하고 좋은 성적을 얻어 교대에 오기에 세상의 물정을 잘 모른다. 문제 풀이에 익숙한 학교생활을 보냈기에 아이들을 새로운 세계로 안내하는 것이 매우 취약하다. 새로운 지식 습득을 통해 경험이 재구성되어야 하는데, 입시 위주의 초중등학교를 받아왔음에도 설상가상으로 교육대학에 입학해서도 마찬가지의 수업을 받고 있다. 이런 무기력한 지식은 말할 것도 없이 자연, 사회, 인간을 보고, 이해하는 지적 안목을 가지지 못함을 뜻한다. 이런 구조적 한계는 예비교사들로 하여금 세계에 대한 이해를 원천적으로 가로막고 있다. 특히 한국의 교사들은 어른들의 정치적 관심이 지나치게 과잉되어 아이들이 세상에 대한 진정한 이해를 더욱 어렵게 하고 있다. 세상이 어른들에 의해 선악이 이미 판정되어 있어 아이들이 세상의 진실에 접근할 수 없도록 하고 있다. 정치적 중립[22]이라는 이름 아래 사회적으로 논쟁적인 주제를 가르치지 않으면서 정치적 문맹자를 길러낼 가능성이 있다.

그러기에 정치적 성향에 관계없이 누구나 평생 동안 참여가 장려되고, 접근이 용이하며, 다양한 견해와 해석들이 존중받을 수 있도록 설계하고 그것을 보장하는 사회적 합의와 제도적 장치가 필요하다. 여기에서 우리는 사회적 합의의 한 방법으로 사회적으로 논쟁적인 이슈를 교실에서도 논쟁적으로 가르치도록 하는 독일의 보이헬스바흐 합의(1976)에서 보여준 '논쟁성 재현의 원칙'[23]을 도입할 필요가 있다(Pohl, 2017; 심성보, 2018).

5) 실천적 문해력을 확장하라

유네스코는 21세기 학습 역량으로 '알기 위한 학습', '행동하기 위한 학습', '함께 살기 위한 학습', '존재하기 위한 학습'을 강조한 바 있다(International Commission on Education for the Twenty-first Century, 김용주 외 역, 1997). 경제협력개발기구(OECD)는 21세기의 모든 사람들에게 필요한 핵심 역량을 관계 맺고 소통할 수 있는 능력, 사물을 분석 비판하는 능력, 창의적으로 사고할 수 있는 능력, 스스로 성찰하여 자율적으로 행동할 수 있는 능력을 제시한다. 2015년 실시될 국제학력성취도평가(PISA)에서는 '협력적 문제해결 능력'을 추가하고 있다. 모두 미래사회에 요구되는 역량으로 4Cs를 강조하고 있다. 4Cs란 비판적 사고(critical thinking), 의사소통(communication), 협업능력(collaboration), 창의력(creativity)을 말한다(McMillan & Weyers, 2013; Rsahaid, 2014). 최근 여기에 2C(Charactertt + citizenship)가 추가되고 있다(Fullan, 2017: 267 – 268). 읽기(reading), 쓰기(writing), 셈하기

---

22) '정치적 중립'의 본래적 의미는 정치적 파당과 선동에 의해 휘둘리지 말아야 한다는 말이다.

23) 보수와 진보의 이념적 갈등이 더욱 첨예화되자 독일의 보이헬스바흐 지역에서 보수 학자와 진보적 학자가 모여 며칠간 토의 끝에 최소한의 합의를 한 것으로서 정치적으로 논쟁적인 주제일수록 수업/교실에서도 논쟁적으로 다루어야 한다는 '논쟁성 재현'의 원칙을 말한다. 이밖에 강압/주입을 금지할 것과 아동의 이익/이해 상황을 고려해야 한다는 법칙이 있다.

(arithmetic)와 같은 기초 능력과 함께 4R(3R + relationship)이 강조되고 있다. 21세기 글로벌 리더십으로 3R을 넘어 '공동체적 관계 능력', 즉 4R을 중시하고 있는 것이다.

이러한 중시는 교원들 간의 지나친 경쟁이 교사의 질을 저하시키며 나아가 학생의 학업성취도를 하락시키고 있다는 문제의식과 맞물려 있다(Noddings, 심성보 역, 2016 : 38). 경쟁보다 협력의 가치가 부각되고 있는 것이다. 물론 협력을 강조한다고 하여 더 이상 경쟁이 필요 없다는 것은 아니다. 어떤 경쟁은 필요하고 건강하며, 종종 일의 효율성을 위해 어느 정도의 경쟁은 필요할 것이다. 최근 유네스코(UNESCO)는 이런 능력을 가진 학생을 글로벌 시대의 이상적 인간 또는 세계시민으로 보고 있다. 경쟁을 중심으로 한 인력 양성에서 사회적 자본으로서 협력의 가치를 중시하는 인간 역량이 중시되고 있다. 여성인문학자 마다 너스바움은 교사의 역량(capabilities)[24]으로 비판적으로 사고하고, 분별력 있게 참석하고, 신중하게 예측하고, 그리고 도덕적 통찰력과 에너지 등을 가지고 행동하는 인간 역량의 점진적 함양을 중시한다(Nussbaum, 2000, pp. 77 ff). 그녀는 기본적 목적에서 정상적인 삶을 살아갈 수 있는 것에서부터 시작하여 더 발전된 목적에서 삶의 방향을 결정하는 선택에 효과적으로 참여할 수 있는 것에 이르기까지 이 시대를 살아갈 수 있는 핵심 역량들의 목록을 부각시키고 있다.

이러한 흐름은 기본으로 돌아가는 문해력(back - to - basics literacy)뿐

---

24) 인간의 역량(human capability) 접근은 1980년대 복지경제학에 대한 대안적 접근이라고 할 수 있다. A. Sen은 역량을 ① 한 개인의 장점을 평가하는데 있어 진정한 자유의 중요성, ② 자원을 가치 있는 활동으로 변환하는 능력에 있어 개인차, ③ 행복을 만드는 다차원적 본질, ④ 인간복리를 평가하는데 있어 물질적/비물질적 요인의 균형, ⑤ 사회 속에서 기회 배분에 대한 관심 등을 강조하였다. M. Nussbaum은 개인의 인간 존엄성에 초점을 맞춘 역량은 생명, 신체적 건강, 신체적 통합, 감각, 상상력, 사유, 정서적 통합, 실천적 이성, 연대, 놀이, 환경에 대한 통제 등 다양한 요소로 구성된다.

만 아니라, 고차적 학습기술인 다중적 문해력(multiple literacy)의 계발이 강조되고 있는 것과 맞물려 있다(Christie & Simpson, 2010). 이러한 패러 다임의 변화는 순응적 노동력에서 창의적 노동력으로의 이동을 말해준 다. 이전까지의 전통적 문해력은 기능적 문해력을 중시하였지만, 최근 에는 조작적, 문화적, 비판적 문해력, 그리고 정치적 문해력(political literacy)을 다중적 문해력의 구성요소로 삼고 있다(Pahl & Rowsell, 2012; Lankshear & Knobel, 2011; Christie & Simpson, 2010). 기술적 문해력(skill - focused literacy)[25]에서 실천적 문해력(practice - focused literacy)[26]으로 이동 하고 있는 것이다(Hannon, 2000: 36 - 38). 앞에서 논의하였던 세계이해와 참여와 맞물린 실천적 문해력은 주의력, 참여, 협동/협력, 비판적 소비/ 헛소리 탐지, 네트워크 인지력, 그리고 사회적 책임과 사회적 실천(봉사, 집단적 행동)을 필요로 한다.

오늘날 다중적 문해력은 후기 산업사회의 새로운 혁명, 즉 4차 산 업혁명이 본격적으로 도래할수록 더욱 중요해질 것이다. 매우 빠른 기 술변화에 따라 여러 직업을 거치게 되기에 다중적 문해력의 필요성은 불가피한 요건이 될 것이다. 4차 산업혁명이 활발하게 일어나게 되면 학습혁명은 더욱 첨단화될 것이기에 새로운 무한한 지식 패러다임, 신 기술 및 급속하게 확장되는 네트워킹 기능을 습득한 다문적 문해력이 요구될 것이다. 4차 산업혁명이 도래되면 계층상승의 효과는 극도로 약화될 것으로 보여진다. 비싼 비용을 투자하여 학교를 다닌 것에 대한 보상체계가 약화되고 붕괴될 것은 명약관화하다. 4차 산업혁명의 도래 와 소모적 입시교육의 가열화는 서로 부조화가 더욱 확대될 것이다.

---

25) 습득은 개별 학습의 결과임, 전이될 수 있는 학습, 측정될 수 있는 문해력, 상대적으 로 고정된 문해력, 가치중립적 내재적 문해력.
26) 습득은 사회적 참여의 결과, 맥락 의존적 학습, 양화될 수 없는 문해력, 계속 변화하 는 문해력, 불가피한 가치담지적 문해력.

6) 학습공동체를 활성화하라

교사들은 대개 활동 반경이 교실에 제한되어 있어서 교사들 사이에서는 개인주의, 혁신을 싫어하는 보수주의, 눈앞의 목표에 갇혀 있는 현재주의 등의 문화가 양산되기 쉽다. 장기적 계획 결정은 대개 행정가와 정책 결정자의 전유물이기 때문에 여기에서 배제되는 교사들은 오로지 당일의 업무와 즉각적이고 구체적인 보상에만 집중하게 된다. 많은 경우 교사들의 혁신 노력이 시도되기도 하지만, 대개 일시적이고 피상적으로 흘러 교장이나 동료들의 관심과 지지도 얻지 못하곤 한다. 관료주의와 무관심 속에서 교사는 자신의 교실 속으로 숨어들곤 했다. 표준화 교육과정과 시험은 교사들을 더욱 소외시키고 고립시켰다. 이를 해결하기 위해서는 교사 간의 수업연구회, 교육문제세미나, 독서회, 실천연구 등을 통해 학교를 전문가 공동체로 만들어 나갈 필요가 있다. 교사들 간의 협력문화는 학생 성적 향상 및 교사 이직률 감소와 강한 상관관계가 있다. 또한 그런 문화는 상호 학습과 정신적 지지를 제공함으로써 교사들이 혁신의 여러 어려움을 극복할 수 있는 동기를 부여한다. 교육과정 운영 측면에 있어서 최대한의 의사결정 권한을 교사와 학교에 되찾아주도록 해야 한다. 각자의 목적의식을 상호토론하고 개선하려는 교사들을 함께 모아 공동체를 만들고 지속적으로 후원함으로써 각자의 학교 내에서 공통된 사명의식을 뚜렷이 갖도록 한다(Fullan, M. & Hargreaves, A. 최의창 역, 2006). 그동안 교사의 의견은 무시되어왔다. 교육을 개선하기 위해서는 교사들이 보다 헌신적으로 참여하도록 유도하고 지속적으로 참여할 수 있도록 해야 한다. 교사문화의 이러한 긍정적인 영향력은 신뢰, 협력, 책임의 교사문화에서 엿볼 수 있다.

물론 교사협력문화가 학업성취에 항상 긍정적인 영향을 주는 것은 아니다. 교사들이 교직원 단합활동 계획, 학생 행동규칙 제정, 혹은 입시전략 교환 등에만 집중한다면, 이것은 교사 본연의 업무를 방해하는 일이 될 뿐이다. 표준화 작업과 수행평가 개혁으로 인해 한때 순수했던 교사들의 공동연구 노력은 점차 의무적인 멘토링과 인위적인 교사협력 행사로 변질될 위험성도 있다. 협동은 변화의 핵심이기도 하지만, 동시에 실패한 해결책의 한 부분이기도 하다. 협동적 전문가 정신은 끈끈한 동류의식 수준에 그쳐서는 안 된다. 왜곡된 협동은 수업계획을 함께 하고, 서로 자문하며, 기타 함께 일하는 것 등에 보다 더 주목할 수 있도록 만드는 일련의 형식화되고 세분화된 행정적 절차가 마련되어 있다는 점이다. 쉬운 지름길이란 없다. 협동적 문화는 교사들이 서로 협조하도록 강요하거나 강제하지 않는다. 서로 협조하도록 후원하거나 촉진시켜줄 뿐이다. 협동적 문화 속에서 개인이 집단에 의해 사라지는 것이 아니라, 집단을 통해 개인이 살아나는 것이다. 협동적인 학교문화는 서로 도와주기, 지지해주기, 신뢰하기, 열린 마음이 핵심이다. 역설적이지만 나아갈 방향과 목적 현장의 실천과 관계에 대한 논의를 할 때 협동적인 곳에 의견의 불일치가 더 잘 일어날 수 있다.

다른 한편으로 학생이 무엇을 학습했는지에 대해 전문적이고 살아있는 토의가 이루어져야 할 교사들의 학습공동체는 데이터 중심의 혁신 논의에 떠밀리면 시험 성적 향상 폭의 계산과 데이터 계산 프로그램의 운용에 매달릴 수도 있다. 물론 우리는 단순히 형식적인 모임이 아닌, 진정으로 학생들의 삶과 학습의 질을 높이는데 헌신하는 활동적인 교사학습공동체들이 많이 있을 것이다. 교사학습공동체에는 교사뿐 아니라 학생, 학부모, 교직원도 참여해야 한다. 교사들은 공동체 정신과 상호 지지하는 분위기 속에서 현안 문제를 해결하도록 노력해야 한다. 교사가 자신의 가장 현실적인 문제들에 대한 과학적인 탐구의 기회를 가질 때, 즉 동료 교사들과 체계적인 토의를 하고 관련 연구들과 연관 지어 사고할 수 있는 시간이 주어질 때, 교사들에게 변화가 일어난다. 배움에 대한 열정, 인격 및 전문성의 성장에 대한 열정, 자신이 교직을 업으로 삼은 이유가 되었던 그 열정을 재발견하게 된다. 살아있는 교사학습공동체에서는 주의 깊은 학습과 동시에 의미 있는 학습이 이루어져야 한다. 매일 등교하는 아이들에 대한 인격적 관심뿐 아니라 시험 성적에 대한 주의 깊은 지도가 요구된다. 교사학습공동체는 축하 혹은 위로의 장일 뿐 아니라 명확한 계획을 구축하기 위한 공간이다. 물론 이곳에는 일치와 합의가 있는 만큼 분쟁과 갈등도 상존할 것이다.

최근 우리나라의 혁신학교를 중심으로 '성찰'에서 시작하는 수업, 배움에 앞서 '만남'이 우선이 되는 수업, 학생 각자가 '자기 배움'의 주인공인 수업, '기다림'이 있는 수업, 삶으로 이어지는 '성장'이 있는 수업 등은 교사의 학습/배움 공동체의 좋은 모범을 보여주고 있다(길현주, 2014 : 185 - 190). 이런 수업을 통해 수업에서 '무엇'에 주목해야 할지와 학생을 바라보는 관점이 변화하였고, 지식과 교과서 및 교육과정에 대한 관점, 그리고 학습한다는 것에 대한 관점의 변화를 가져온 것이다. 교사들 간의 협력적 관계는 학교의 전문적 학습공동체에 활성화를 가져왔고, 나아가 학교를 새로운 상상력이 배태되는 공간(탄생), 지지와 격려를 나누는 동료성의 공간(성장)으로 변화시켰다. 아이들은 이러한 교사들의 협력적 학습 분위기 속에서 공부의 진정한 의미를 배우게 되는 것이다.

7) 공론의 장을 활성화하라

아이들의 세계 이해를 도와주는 교사들의 학습공동체가 활성화되려면 공론의 장이 활성화되어야 한다. 반-공익적 권력 남용을 제재하는 논의의 장을 형성할 수 있을 것이며, 교실이라는 공간이 사적 공간에서 공론의 장으로 전환되는 것이다(정용주, 2012 : 22 - 25). 다시 말해 공론장을 통해 교사들의 개별적 관계가 집단적 관계로 전환됨으로써 교사는 자신의 의사에 반하는 행동에 대해 상대적 자율성을 획득할 수 있다.[27]

---

27) 봉건시대의 귀족·전제 정치에 대항해 새로운 정치 주체로 등장한 시민이 만든 곳이 바로 공론의 장이다. 공론장의 제도화는 단체행동과 협약의 합법화 과정이라고 할 수 있다.

공론의 장(public sphere/space)은 개인과 사회가 함께 시민의 삶을 지속해나갈 구조를 만들어가는 과정이자 가치이다. 공론의 장이 활성화되기 위해서는 논쟁, 토론, 설득 등의 방법과 조건을 개선하는 일이 반드시 필요하다. 공공성을 찾아내고 공중의 지위를 발견해내는 민주주의적 실천이 필요하다. 공론장의 활성화는 결국 참여와 심의로서의 민주주의가 활성화되었을 때 가능하다(Abowitz, 2013 : 65 - 86). 공론의 장에서 중요한 것은 시민들이 공적인 사안에 관심을 가지고 문제를 해결하기 위해 함께 노력해야 한다는 점이다. 다수의 사람과 두루 연관된 문제라면 개인에게만 맡기지 말고 사회가 나서서 해결해야 한다는 게 공공성의 기본 이념이다. 공개적으로 논의하고 집단적 행위가 이루어지는 공론의 장의 마련은 공식적 제도와 정부 형태의 의사소통을 활성화할 수 있다. 정부 또는 지방자치단체가 한 장소를 공개한다는 것은 사적 욕구를 공적 필요로 전환시키는 일을 말한다. 이것이 가능하려면 시민사회의 공적 영역에서 합리적 의사소통, 상호비판, 그리고 이상적 담론이 일어나야 한다(Habermas, 1987).

따라서 교육에서의 공론화란 교육정책의 권한 행사가 조직이나 어떤 사회적 단위가 한 개인이나 특정 권력자를 위해서가 아니라, 구성원 전체를 위해 이상적 담론이 작동하는 공개적 논의의 장이 활성화되었다는 것을 뜻한다. 교육의 공공성이란 바로 주변부에 저항하며 공적으로 재창출하는 공론의 장, 즉 '대항적 공공 영역(counter - public sphere)'에서 확보되는 것이라고 할 수 있다(Gerrard, 2015; Giroux, 2005). 가르치는 행위는 공적이고 지성적 실천의 한 형태로서 국가나 정책을 집행하는 강제력을 통해 정당성을 획득하는 것이 아니라, 동의와 설득의 과정을 통한 비판적 지식과 담론의 형성을 통해 사회적 자유와 공공적 변혁에 대한 논의를 창출함으로써 비로소 정당화된다. 교육의 공론장이란 교양을 갖춘 사람들이 이성과 합리성, 법에 의한 지배를 주장하며 여론의 힘을 모아 공권력에 대항하는 장이라고 할 수 있다. 교육에 대한 공적 합의는 다양한 과정을 거치는 일의 민주성을 요구하기에 국가나 정부가 공공성을 담보하는 유일한 주체일 수 없다. 조직이나 사회적 단위, 제도, 정책이 한 개인에게 이익이 되는 것이 아니라, 모두에게 공통으로 이익이 되고 그 효과가 공유된다는 의미를 가질 때 공공성을 가질 수 있다.

그런데 현재 우리의 학교는 대부분 공론의 장이 거의 존재하지 않는다. 공공 영역이란 여론이 형성되는 사회적 생활의 장이다. 다시 말해 사적 개인들로 하여금 공적인 문제에 대해 그들의 이성을 사용하게 만드는 기제와 더불어 나타난 제도가 공론의 장이다. 교사들은 공론의 장을 통해 발언을 하고 여론의 압박으로 학교의 정책 결정을 통제해 사회적 권력자, 국가 관리들의 반-공익적 권력 남용을 제재할 수 있다. 그런데 현재 우리의 일반 학교에는 이러한 사회적 장이 거의 존재하지 않는다. 따라서 근대 정치의 핵심 공간인 공론의 장이 부재하다는 것은 교사들이 공동의 이익을 인식하고 이를 위해 집단행동에 나서는 게 아니라, 우선 자신을 보호하고 살아남기 위해 개별적이고 사적인 교환 관계만을 구축하게 만든다. 학교에 잘못된 문화가 있어도 그것을 스스로 바꾸려하기보다 좋은 교장이 오기를 기다리는 수동적이며 소극적인 자세를 갖게 되는 것이다. 교사들은 점점 교실에서 혼자 자신의 문제를 해결하게 되고, 학교 내의 각종 회의는 지식, 전달, 명령만 남게 된다.

'공(public)'은 정부적인(governmental) 것을 넘어 '정치적(political)' 또는 '정치성'의 의미를 다분히 내포하고 있다.[28] 학교에서의 정치적 활동이란 학교의 목적과 정책을 형성하는 과정에 시민이 개입하는 방식을 포함하며, 그리고 정치적이란 토의, 숙의, 이견, 투표, 로비, 저항, 연대

---

28) 보통 '정부적'이라고 하면 제도적이고 공식적이고 법적 측면이 강하지만, '정치적'이라고 하면 자연발생적이고 비공식적이고 과정적이고 타협과 협상적인 성격이 강하다.

등의 활동을 포함한다(Abowitz, 2013 ： 46 - 47). 정치란 다양한 견해와 이익들 사이에 이루어지는 타협과 협상의 과정이고 이질성이 큰 복잡한 현대사회에서 폭력을 해소하는 대안적 활동이기도 하다. 따라서 학교에서 공동의 일에 대해 발언하고 행동하는 과정이 부재하다는 것은 학교라는 조직 안에 '정치'가 아닌 '행정'만이 존재함을 의미한다. 그렇기에 통제적이며 억압적이지 않은 소통적 권력이 나올 수 없다. 당연히 교사들의 참여 속에 만들어지는 개방적인 집단의 힘 대신 학교장의 지시가 학교문화를 형성하게 된다. 따라서 학교민주주의를 재건하려면 공론의 장이 활성화되어야 한다.

8) 교원단체를 혁신하라

그동안 교원단체는 모든 회원의 전문성을 강화하고 사회에서의 그들의 신뢰성과 투명성을 높일 수 있는 기회를 계속 놓쳤다. 다른 한편 정부는 전문성 표준을 정의하고 통제할 수 있는 철통같은 권한을 절대로 놓지 않았다. 이것이 힘없는 전문성의 현주소이고, 교사들도 이를 잘 알고 있다. 오늘날 전문인에 대한 시대적 요청에 부응하고 단체교섭이나 교사연수 제공의 역할을 뛰어넘어 학생의 전인적 행복을 그 사명의 중심에 두려고 하고 있다. 종종 교원단체와 조합주의(unionism)[29]를 비판하는 사람들의 비난이 과장되어 있기는 하지만, 교원단체들이 분명 교직의 핵심, 즉 가르치고 배우는 일에 좀 더 신경을 써야 할 필요가 있다.

캐나다 온타리오 주 교육개혁을 주도한 사람들도 이런 문제의식을 갖고 교원연수 비용으로 교원노조에 이천만 달러 이상을 교부하면서 이를 통해 교원노조의 내부 문화가 변화하길 기대했다. 50%가 넘는 앨

---

29) 조합주의는 나라마다 다른데 일반적으로 경제적 조합주의, 전문적 조합주의, 정치적 조합주의 등 다양한 형태를 보여준다.

버타 교원노조의 수입금이 교원연수에 배정되었는데, 미국 교원단체의 5% 이하인 것에 비하면 대단한 액수이다. 캘리포니아 교원노조가 성적이 저조한 학교들의 개선에 대한 책임을 지고 직접적으로 교수학습에 관여했을 때 논란이 많이 일어나기는 했지만, 이로 인해 뜻하지 않게 노조 소속의 젊은 교사들의 활동성이 급격히 높아졌다(Hargreaves & Shirley, 이찬승·홍완기 역, 2015 : 388). 교육개혁의 또 하나의 역설적인 모습인데 노조가 스스로 교원연수와 성적을 책임진다고 해서 결코 노조는 약화되지 않았으며, 오히려 강화되었다.

이는 교사계약서 문제에서 명확하게 보여주었다. 계약이란 상호 책임을 기록한 합의문이고 의무를 명확히 한다는 면에서 필요하다. 혼전계약서처럼 둘의 관계에 대한 권리 규정도 만들지만 결혼에서처럼 무조건적인 신뢰를 전제로 하지는 않는다. 계약서가 없다면 지도자는 전임자와 맺은 비공식적인 협의내용을 쉽사리 폐기할 수도 없다. 계약서가 필수적이긴 해도 충분조건도 아니다. 계약서에 기록된 것만을 이행한다고 해서 전문가가 되는 것은 아니다. 많은 교사들이 계약서에 기재된 내용 이외의 일을 많이 한다. 집에서 수업을 준비하고, 자기 돈으로 수업교재를 사고, 방학 중에 연수를 받고, 사적인 시간에도 학생들의 전화와 이메일에 답을 한다. 교원노조가 보호해주는 일이냐 아니냐에 관계없이 그렇게 한다. 왜냐하면 교직은 어떤 다른 전문직보다 이타주의적 태도를 요구하기 때문이다.

그렇다고 모든 교사가 그런 것은 아니다. 계약서에 기재된 그 시간에만 맞추어 출근을 한다든지, 근무시간 내에 열리는 회의에만 참석을 한다든지, 방과 후 활동 참여에 대한 규정이 계약서에 없기 때문에 참여를 거부한다든지 하는 행위는 전문가의 행위는 아니다. 더구나 동료들의 그런 행위를 용인한다면 전문직으로서 당신의 신뢰성과 노조의 신뢰성을 훼손하는 것과 다름없다. 전문가라면 상황에 따라 학생과 동료 교사를 위하여 특별히 더 노력한다. 공식적인 연수 이외의 개인적인 시간에도 스스로 연수하는 사람이 전문가이다. 계약서에 기재된 최소한 활동만 해서는 안 된다. 교육에서 전문성이란 계약서에 기재된 내용 이상의 것을 실행하고, 어떤 공식적인 계약서도 교사가 교직의 윤리적 특성이 요구하는 전문성의 영역 확장을 막지 못한다는 규정을 두지 못하게 해야 한다. 만약 교원단체가 이를 찬성하지 않는다면 이들의 변화를 이끌어내는 노력을 해야 한다. 새로운 교원단체들이 등장하면서 교직에 대한 생각과 입장을 정립할 기회가 많으니 적극 참여해볼 필요가 있다.

9) 지역사회 활동과 봉사를 하라

교사들은 자신이 힘들게 얻은 배움의 결과가 수업방법을 조금 새롭게 개선하거나 새로운 방법을 적용해보는 정도에 그칠 뿐, 가르치는 자신이 가르치는 아이들로부터, 또 가르치는 내용으로부터 소외되는 것을 느낄 때가 있다. 이와 같은 현상은 교사의 배움이 교사 자신의 삶과 연결되지 않을 때 특히 그러하다. 여러 가지 통로를 통해 배우는 많은 것이 가르치는 자로서 자신의 삶과 연결되고 통합되지 못한다면, 그 배움은 그저 무기력한 관념들과 넘쳐나는 정보가 쌓여가는, 또 하나의 스펙 쌓기에 지나지 않을 것이다. 그러기에 교사는 인격적 관심을 위한 역량을 발전시키도록 노력해야 한다. 배려하는 역량을 개발하기 위해 교사는 돌보는 활동에 참여해야만 한다. 교사는 배려의 실천 기회로서 지역공동체 봉사활동을 학생들에게 제공해야 한다. 봉사활동은 배려를 실천할 중요한 기회로 받아들어져야 한다. 학생들은 자신의 관심과 역량에 맞는 곳에 배치하여야 한다. 이들을 책임지는 자리에 있는 사람들은 돌보는 일을 효과적으로 배울 수 있도록 모범을 보여야 한다. 이들은 이제 관심의 초점을 배려의 대상이던 이들로부터 가르침의 대상인 학생들에게로 부드럽고도 섬세하게 옮겨야 한다. 학생들은 또한 자신의 실천에 대한 대화에 참여할 수 있도록 정규 세미나에 참석해야 한다.

오랫동안 교육자들은 친사회적 목표를 지지해 왔다. 지난 수십 년

동안 많은 학교들은 학교나 지역사회의 다양한 요구를 준비하는 활동에 학생들이 참여하도록 하는 봉사학습 프로그램(service learning program)을 소개해왔다. 봉사학습은 학교(gown)와 지역사회(town)의 교량 역할을 하는 학교혁신의 가장 효과적 방안으로 등장하고 있다(Lisman,1998 : 41). 이것은 학생들과 지역사회와도 원활한 연결망을 구축하고, 기존의 학교벽을 허물어가는 도전적 교육 실험이라고 할 수 있다. 사회와 격리되거나 유리된 학교에서 길러진 학생들에게 사회현실의 참여를 통해 시행착오를 배울 수가 있다.

물론 봉사의 갈등하는 개념은 자선과 돌봄에서 시작하여 사회정의로 나아갈 때 대립이 아닌 융합의 길로 나아갈 수 있다(Cipolle, 2010).[30] 자선활동과 사회정의가 만나야 봉사는 더 나은 사회로 만드는데 기여할 것이다. 비판의식은 자아인식과 타인의 인식에서 시작하여 세계와 사회적 이슈에 대한 인식으로 발전하여 사회정의에 대한 인식을 가질 때 사회변화를 위한 잠재력을 갖게 될 것이다. 이런 진화를 할 때 봉사 윤리와 사회변화의 행위자는 공존할 수 있다. 전통적 학교 모델을 혁신하고자 하는 봉사학습은 자원봉사활동과 같이 소극적 시민을 양성하는 것이 아니라, 능동적/비판적 시민으로 성장하도록 하는 '강한 민주주의 (strong democracy)'를 지향한다. 강한 민주주의를 지향하는 봉사학습은 개

---

30) 봉사학습은 다양한 모델을 보여주고 있는데, 기술적 모델(내용적 지식의 도구적 효율성, 실제 세계와의 연계를 통한 인지적 성취; 경험 요소가 내용 초점을 압도할 가능성 있음), 문화적 모델(시민적 참여, 문화적 역량, 지역적 글로벌 공동체 속에서의 자아 이해의 확장; 사회적 문화적 실재의 복잡성이 자비 지향성에 의해 무너질 수 있음), 정치적 모델(사회적 정치적 행동, 개인과 집단을 위한 더 공평하고 정의로운 환경의 조성; 이데올로기는 당파성을 보일 수 있고 프로그램 내용을 깎아내리고 지역사회 참여와 수사적 목표를 신봉할 수 있음), 반-정초적 모델(인지적 부조화, 외견상 공고한 토대에 대한 의문을 통해 인식론적 가능성을 확장함; 형식적이거나 결정적인 해결책이 결여되면 헌신적인 학생들을 빼앗길 수 있음)이 있다(Butin, 2010 : 134-136). 또 박애주의 모델, 시민적 참여 모델, 공동체적 모델, 종합적 모델로 구분하기도 한다(Speck & Hoppe, 2004).

인적으로 책임지는 자세와 함께 참여적이고 정의 지향적인 시민성 개념을 요구한다(Sheffield, 2011 : 36). 학교와 지역사회의 연계의 원활화를 위해 봉사학습의 시민교육적 성격은 소극적 봉사정신의 내면화를 위한 '약한 민주주의'가 아니라, 자력화의 강화, 집단적 문제 해결, 타인의 이해 결정 등의 '강한 민주주의' 과정을 주창한다(Lisman, 1998 : 89 - 115, 117 - 126).

이러한 측면에서 최근 새롭게 부상되고 있는 우리나라의 '마을공동체교육운동'은 지역사회교육의 새로운 흐름이라고 할 수 있다. 일반자치와 교육자치의 협력적 거버넌스, 학교와 지역사회의 협업, 지역교육자원 네트워킹을 통한 교육공동체운동 등의 등장으로까지 이어지고 있다. 지역공동체로서 마을교육공동체가 마을을 통한, 마을에 관한, 마을을 위한 교육실천이자, 사회적 자본으로서 지역의 공동체성을 회복하고, 공교육을 바로 세우기 위한 하나의 교육운동으로 인식되고 있다(김용련, 2016). 이런 운동은 국가의 민주화에서 지역사회의 민주화로 이동하는 징후라고 볼 수 있다. 정책 추진에 있어 시민의 참여와 합의는 지속적 민주적인 추동력을 만들어내며, 이를 사회적으로 확산하고 운영하기 위한 지역 기반의 시민 주체 형성이 필요하다(양병찬, 2016). 가까운 곳에서의 마을 사람들의 주체가 형성되어야 국가교육의 폐해를 막을 수 있다. 그러기에 민족국가로부터 박탈된 지역사회를 복원하는 주민자치운동과 함께 마을공동체운동의 새 역사가 태동하고 있음을 교사들은 숙지하여야 한다. 교과서에서 다루어지고 있는 수많은 지식들이 앞으로 도래할 사회를 예측하는 중요한 기관차라는 사실을 교사들은 유념해야 한다.

10) 열정적이고 도전적인 활동가가 되라

변화의 동인(drivers)은 자신의 행위로 다른 조건이나 결정을 유발하는 조건이나 결정이다. 당신이 행위를 주도하는 동인이든 그저 수동적으로 따라가는 객체이든지 간에 그런 용어는 기계적인 느낌을 강하게 주지 변혁에 대한 영감을 주지는 못한다. 학교가 자신의 삶과도 유리되어 있고 가정에서 경험하는 용어와 문화와도 동떨어져 있다고 느끼는 학생을 떠올려 보라. 그런 학생에게 비즈니스 용어인 '동인'을 사용하면 스스로 열심히 노력하여 학교에 자퇴하지 않고 졸업장을 받아야겠다는 영감을 줄 수 있겠는가?

성장과 원예 용어를 좋아하는 사람도 있고 생태적인 비유를 선호하는 사람도 있다. 물질계 용어를 사용한다면 지렛대나 동인보다 나은 비유가 있을 것이다. 물리학에서 발전기란 기계 에너지를 전기 에너지로 변환하는 기계, 즉 전기 에너지 발전기이다. 이를 유추해서 '인간 발전기'란 에너지가 넘치고 의지가 강한 사람이 이런 자질을 가진 사람을 '역동적(dynamic)'이라고 할 수 있다(Hargreaves & Shirley, 이찬승·홍완기 역, 2015 : 394 - 395). 이런 사람들은 타인을 도구로 인식하여 변화를 꾀하지 않는다. 그 대신 에너지를 창출하고 변환하는 발전기 역할을 한다. 교사는 교육혁신의 발전기이며, 또 항상 그런 역할을 해야 한다. 성공한 나라들의 교사들은 수업을 할 때도 그리고 혁신을 도모할 때에도 자신의 에너지를 쏟아 붓는다. 교육개혁을 시도하는 교사는 학교혁신을 주도할 때 발전기 역할을 해야 한다. 그러니 데이터 등에 끌려 다니지 말아야 한다. 다른 사람의 생각을 전파하는 역할만 하지 말고 인간 발전기가 되어 주변의 모든 사람과 사물을 밝히는 에너지를 만들어야 한다.

11) 사람됨과 시민됨을 내면화하라

교육자는 아이들을 다루는 만큼 사람에 대한 이해를 필요로 한다. 그런데 많은 경우 교육자들은 아이들, 그리고 사람에 대한 이해가 그리 넓지 못하다. 어떻게 살 것인가? 이 세계 속에서 어떻게 사는 것이 올바르고 바람직한 삶인가? 어떻게 해야 학생들을 미래의 시민으로 길러낼 수 있는가? 아이들이 왜 시민으로 자라지 못했는가? 아이들이 시민으로 자라나기 위해서는 교사가 먼저 시민이 되어야 하지 않는가? 교사 자신의 사람됨과 시민됨을 위하여 인문학 공부를 필요로 한다. 교사교육은 교사 자신의 사람됨과 시민됨에 대한 인문교양적 교사교육이 될 수밖에 없다. 교양의 학문인 인문의 학문, 즉 인문학이야말로 사람됨과 시민됨을 위한 기초 중의 기초로서 그만큼 중요하다.

우선 사람됨의 공부는 어떤 특정 종류의 대상에 대한 지식 습득이나 창출이 아니라 인간다움의 발양에 대의가 있음으로, 공부를 한다함은 각자가 먼저 덕성을 기르고(明明德), 그가 닦은 인품의 향취와 연찬의 결과를 이웃과 나누는 일(親民)이다(백종현, 2017 : 797). 학문은 본디 '자기를 위한 공부(爲己之學)' 내지는 '자기를 갈고 닦는 공부(修己之學)'에 우선적 의의가 있는 것이며, '남을 위한 공부(爲人之學)' 내지는 '남을 새롭게 하는 공부(新民之學)'는 부차적 내지 결과적인 것이다. 공부의 일차적 목적은 수기(修己), 즉 '자기형성/교양(self - formation, Bildung)'에 있다(백종현, 2017 : 798). 수기(爲己) 연후에 치인하고, 수신(修身) 연후에 제가하는 것이 이치에 맞는 일이라고 하면, 명명덕(明明德)에 머무르지 아니하고 신민(新民)까지 함이 지고지선의 일이라면, 인문적 학문은 위기지학(爲己之學)/향내적 공부(內向的 工夫)에 바탕을 두면서 위인지학(爲人之學)/향외적 공부(外向的 工夫)로까지 나아가야 한다. 향내적인 자각을 통하여 무(無)에 부딪혀 다시 향외적으로 돌아오는 창조의 길이어야 한다. 진정한 향외(向外)는 향내(內向)가 실천됨으로써만 가능한 것이다(한자경, 2008 : 413 - 414). 극기복례, 내성외왕이 향외와 향내의 종합이다. 성찰(格物致知)과 함양(敬)을 함께 해나가는 '合內外之道'로 이끌어져야 한다(<중용> 제25장).

루소는 '인간'이 아니라 '시민'을 기르는 국가주의에 비판적이었다. 그가 기존의 교육에 반대한 것은 그것이 '시민'을 길러내지도 못하고 '인간'을 길러내지도 못한다는 이유에서다(Dewey, 이홍우 역, 1987 : 147). 루소는 부패한 사회로부터 격리는 곧 새로운 사회로의 진입이며, 가장 훌륭한 시민교육은 스스로 국가주의를 넘어서야 한다고 역설하였다

(Boyd, 김안중·박주병 역, 2013 : 19). 이 마음의 질서는 사회나 국가의 질서와 다른 것이 아니어서 좋은 사회, 이상 국가를 건설하려면 인간의 마음을 그 본래의 성격에 맞게 길러내는 교육이 되어야 한다(Boyd, 김안중·박주병 역, 2013 : 4).[31] 루소는 궁극적으로 한 개인이 사회 전체의 이익을 생각하고 이를 바탕으로 개인적인 삶이 기획되어 성숙한 시민으로 성장할 수 있도록 이끄는 것이 시민교육의 궁극적인 목표라고 생각하였다(이기범, 2015). 따라서 교육자는 학생들을 가르치기에 그들 스스로 먼저 인간다움(humanity, humanness)과 시민다움(civility, civicness)을 내면화되어야 한다(Boyd, 김안중·박주병 역, 2013 : 13 - 14). 교육자들은 개인들 사이의 정중한 태도를 보이는 인간적 예의(polite/humane civility)와 함께 사회 및 국가에 대한 올바른 태도를 갖는 정치적/시민적 예의(civic/political civility)를 갖추어야 한다(Mover & Robinson, 2012).

　교육자들은 최소도덕과 최대도덕을 두루 갖추어야 한다. 개인의 이해나 선호를 초월하는 행동의 최소 기준이나 규칙, 행동의 옳음/정의/공정성 등과 같은 '얇은 윤리(thin ethic)'는 도덕적 강제사항(moral requirements)이라고 할 수 있다. 똑같은 상황에 처한다면 어느 누구나 똑같은 행동을 해야 한다. "여기에서 거짓말하지 말아야 한다면 저기에서도 거짓말하지 말아야 한다."는 보편적/무조건적 정언명령을 중시한다. 이 같은 법칙/규칙은 기존 사회의 인습/관행을 넘어서는 정의의 관점에 바탕을 두고 있다. 이러한 자유주의/계약사회 윤리는 근대적 공정사회/공평사회로 나아가기 위한 이상사회의 꿈과 희망이 반영되어 있다.

　나아가 이러한 최소한의 요구가 충족되고 차츰 광범위한 도덕적 권장사항(moral recommendations)의 지평, 즉 '두터운 윤리(thick ethic)'로 확장되어야 한다(황경식, 2012 : 456). 덕의 함양을 우선하는 관점은 "만일

---

31) 루소는 교육을 통해서 인간은 그 진실된 자아/자기로서의 자아를 상실하고 가면을 쓴 위선의 모습을 본 모습이라고 믿게 된다.

내가 지속적으로 덕 있는 행동을 한다면 나는 덕 있는 사람이 될 것이다."라는 생각이 담겨 있다. 이 말은 숙련된 피아니스트가 되려면 연습을 많이 해야 하는 것이나 다름없다. 교육자들이 수양, 모범을 많이 보여야 학생들의 인격 형성에 기여할 것이다. 용기, 절제, 인 등 덕의 함양은 도덕적 행위자에게 강제된 것이 아닌 '의무를 넘어서는(supererogatory = beyond duty)' 덕으로서 사회적 삶을 최대한으로 고양시키기 위해 권장될 수 있는 도덕이라고 할 수 있다(이승환, 1998 : 6). 이렇게 볼 때 교육자는 학생들의 이기적 본능을 규율하는 방법으로서 금지의 소극적 도덕(negative morality)과 함께 다른 사람에 대한 자연스러운 동정심과 애착심을 고양시키는 방법으로서 권장되는 함양의 적극적 도덕(positive morality)으로 나아가도록 유도해야 한다(심성보, 2014 : 63 - 64). 이러한 도덕적 기대는 결국 교육자들에게까지 확대되어 '의무 이상의' 행위에 대해 칭송과 존경을 보내게 될 것이다.

Ⅲ. 교사의 역할과 역량 강화를 위한 교원교육의 과제

사회적 교육적 패러다임의 변화와 시대적 요구에 부응하여 교육혁신의 실천이 대두되고 있다. 신자유주의적 교육 패러다임에 대한 비판, 경쟁적 비교육적 학력주의 극복과 공교육 위기 대처, 교육생태학적 접근의 필요성 등은 대안적 교육방안으로 대안학교, 혁신학교, 혁신교육지구사업 등 일련의 혁신정책들의 추진을 유도하였다(김용련, 2016; 양병찬, 2016). 진보교육감의 출현으로 우리나라는 아래로부터의 '혁신학교운동'이 전국적으로 활발하게 일어남으로써 새로운 학교개혁의 역사가 쓰이고 있으며, 나아가 학교 안의 혁신에 머물지 않고 이제는 혁신교육지구사업, 즉 '마을교육공동체운동'이 활발하게 전개되고 있는 것이다. 이 것은 국민국가 중심의 근대적 패러다임을 넘어서는 지역사회의 새로운 태동을 보여주는 것이다. 국민국가 중심의 지배적 패러다임에 의해 상실된 지역사회의 역사를 복원하는 주체적 주민의 탄생을 말해주는 것이기도 하다. 국민국가를 중심으로 한 공교육에 대한 성찰적 근대화가 시작을 알려주고 있다. 이제 오늘의 시대는 교사들에게 이런 역사적 사회적 상황을 해석해내는 비판적 문해력을 갖출 것을 절실히 요구하고 있다.

그런데 우리의 교원교육은 새로운 시대 변화에 얼마나 준비를 하고 있는가? 이러한 문제의식 속에서 필자는 새로운 시대의 준비를 위한 교사교육의 성찰과 혁신을 위해 앞서 강조한 11가지의 교사의 역할과 역량을 제시하였다. 이를 더욱 제도적으로 강화하기 위해 필자는 다음과 같은 정책적 제안을 하고자 한다.

첫째, 인공지능이 도래한다는 제4차 산업혁명 시대를 마주하고 있는 지금 제2의 기계시대, 기계와 공생하면서도 인간의 존엄성을 지키기 위해 우리는 무엇을 할 수 있을까? 인공지능을 지닌 기계와의 경쟁은 어떻게 해야 하나? 인공지능을 가진 로봇, 즉 기계인간이 인간을 넘어서 인류를 지배하는 때가 올 것인가? 지금처럼 엄청난 속도로 발전하고 기계를 어떻게 받아들여야 할까? 기계는 할 수 없고 인간만이 잘 할 수 있는 것이 무엇일까? 이러한 시대에 우리 아이들은 어떻게 키워야 하나? 그러면 어떻게 해야 이러한 시대 변화에 응전할 수 있는가? 그 예측을 잘 알 수는 없지만, 인공지능기술과 인간향상기술이 발전하면 할수록 인간과 인간이 아닌 것 사이의 경계가 점점 희미해질 것임은 틀림없다. 이러할수록 교사들은 그 경계에 대한 물음을 윤리적, 도덕적 차원에서 하지 않을 수 없을 것이다. 따라서 더욱 '인문학적 교사교육'-인간의 존엄성/인간성 회복 교육, 성찰적 학습, 대화적 학습, 민주적 학습 등-이 더욱 필요할 것이다. 지금 우리 교사들에게는 제4차 산업혁명을 준비하는 새로운 교원교육이 절실히 요구되고 있다. 제4차 산업혁명이 가져올 기술 급변의 사회를 살아가기 위해서는 그러한 변화를 주도할 능력을 갖추어야 할 것이며, 최소한 첨단기술 사회에 대한 문해력을 갖추어야 사회변화에 도태되지 않고 살아남을 것이기 때문이다. 이제 미래를 준비하는 핵심 과제로서 칸막이식 사고방식에 근거한 의사결정을 지양하고 협력적이고 유연한 구조를 구축해야 하며, 긍정적이고 포괄적인 공동의 담론을 발전시켜야 하며, 그에 합당한 사회적, 경제적, 정치적 시스템을 개편해야 한다.

둘째, 교육의 이론과 실천의 연계 강화를 위한 전략은 궁극적으로 교원교육은 물론이고 학교교육의 내용 변화를 가져올 수 있는 대학과 학교의 관계에 대한 세심한 점검이 필요하다(Darling - Hammond, 2010 : 237). 우리의 교실에서 일어나야 하는 것은 무기력한 지식/정보의 전달이 아니라, 의미 있는 지식의 생산이 이루어져야 한다. 학교 현장에서 교사로서의 다양한 일을 제대로 수행하기 위해서는 예비교사 교육이 지금까지의 이론 중심적 학습 위주에서 벗어나 실천적 활동의 반성과 탐구 중심의 '반성적 교사교육'으로 변화해야 한다(Korthagen, 최의창 외역, 2007). 반성적 교사교육은 오늘날 기능적 합리주의에 입각한 교사교육이 한계에 부딪히면서 1990년대 이후 전 세계적인 교사교육 방향으로 자리 잡고 있으며, 선진국의 많은 대학에서 전체적인 프로그램을 실천적 지혜(phronesis)를 얻을 수 있는 것으로 시행하고자 노력하고 있다. 이를 바탕으로 이론과 실천을 융합한 '통섭적 교육학'이 태동되어야 한다. 교원교육이나 학교교육에 있어 통섭적 학문공동체를 구축할 필요가 있다. 학문의 칸막이 속에서 현장교사는 여러 가지 어려움을 겪고 있다. 초등교사는 한 담임교사에 의해 통합수업이 가능하지만, 중등교사는 강고한 교과목주의로 인해 학문 간의 교류를 어렵게 하고 있다. 교원의 양성 및 교육은 물론이고 일선교사들의 활발한 학문간 대화와 교류를 통해 융합적/통섭적 주제를 확대하여 교과별 교사들의 협동수업이 가능하도록 해야 한다. 교사는 이론적 실천가가 되어야 하고, 교수는 실천적 이론가가 되어야 한다. 실천하는 교사와 연구하는 교수가 연

대해야 학습혁명이 일어날 수 있다. 이를 위해 우선 학술연구재단의 사업을 전면적으로 재편해야 한다.

셋째, 세상에 대한 체험이 없는 예비교사들에게 세상 체험을 하도록 의무화해야 한다. 현재와 같이 학습부진아를 대상으로 한 교육봉사활동은 예비교사들의 체험학습에 거의 도움이 되지 않고 있다. 따라서 앞에서 강조하였지만, 학교의 외부에 있는 세계(지역사회의 봉사활동)와 내부에 있는 세계(교과교육)의 교량을 놓는 봉사학습(service learning)이 실시되어야 한다(Rimmerman, 2009). 헌신을 강조하는 박애주의에 입각한 자원봉사활동(volunteering)을 넘어 진로와 연계하여 좀 더 청소년 개인에게도 의미 있는 공동체적이고 시민 참여적인 봉사학습 모델로 나아가야 한다(Speck & Hoppe, 2004). 학교와 대학에서 배운 내용이 실천적 체험학습과 연결되도록 해야 한다. 구체적 사실을 탐구하고 참여하도록 하여 현실 세계에 접촉함으로써 박제화된 교과서 지식을 다시 살려내야 한다. 협소한 교육봉사가 아니라 폭넓은 세상을 체험하도록 하여 세상이 돌아가는 것을 몸소 배우도록 해야 한다. 그렇게 해야 개인과 공동체를 모두 살리는 이론적 실천지식과 실천적 이론지식이 탄생될 것이다.

넷째, 민주적 신념을 가진 교사를 양성해야 한다. 민주주의자 없는 민주주의가 존재할 수 없듯이 민주적 교사 없는 민주적 학교의 건설은 불가능하다. 교원양성과 교원연수 과정에 있어 민주주의 신념과 실천을 가진 교육자가 길러져야 한다. 그래야 이들을 통해 학생들은 민주시민으로 길러질 수 있을 것이다. 그리고 교사의 민주적 역량을 확보하기 위해서는 교사의 정치적 시민권이 부여되어야 한다. 교수는 국회의원이나 시의원/교육의원에 출마해도 사직을 하지 않아도 되는데 교사들은 교직을 그만 두어야 하는 것은 불합리하다. 대학교수들은 초중등학교에서 근무한 경력이 없는데도 시의원에 출마할 수 있는 피선거권이 있는데 교사들은 그런 권한이 없는 것은 불공정하다. 교사의 정치적 시민권이 확보가 되지 않으면 학교 민주시민교육의 정착 또한 어려울 것이다. 교사에게 사상과 표현의 자유가 보장되지 않으면 지식의 변혁적 해방적 기능을 발휘할 수 없을 것이다.

다섯째, 새로운 시대 환경에 맞는 새로운 교원양성 제도를 마련해야 한다. 현행 교원양성제도는 산업화 시대와 권위주의 체제 속에서 만들어진 낡은 제도이다. 우선, 양성과정과 자격증 제도를 바꿔야 한다. 현재 교·사대에서 예비교사들은 주로 장차 자기가 가르칠 교과지식 위주로 배우고 있다. 그러나 많은 미래학자들이 이야기하듯이 교과지식은 학생들이 배워야 할 내용의 일부에 불과하며, 그나마 학교나 교사가 아니라도 얼마든지 배울 수 있는 상황이 전개되고 있다. 일찍이 피터 드러커가 말했듯이 학교는 학교가 아니면 배울 수 없는 것들을 찾아 가르칠 수 있어야 하며, 이를 위해 교원양성대학의 교육과정이 전면 개편되어야 한다. 이에 따라 현행의 교원임용 교사자격증 제도도 달라져야 한다. 시험을 치러 임용되는 난센스도 시급히 사라져야 하며, 국가가 뽑아 장돌뱅이 돌리듯 하는 전보 제도도 폐지되어야 한다. 그것은 학습자의 권리를 완전 무시한 교사 편의 제도에 지나지 않는다. 그 대안은 학교별 임용이다. 북유럽의 여러 나라들은 학교운영위원회(또는 이사회)에서 교장을 공모하여 뽑고, 그 교장에게 교사 인사권을 부여한다. 물론 교장이나 교사는 학부모에 대한 무한책임을 지지 않으면 안 된다. 그리고 4년제 학부 수준의 교원양성이 아니라 5년 과정의 대학원 수준으로 높여 실습 기간을 늘여야 한다. 사범대학에서 이루어지고 있는 한 달좀 넘는 실습기간으로는 좋은 교사가 양성될 수 없다. 또 초등 교사들의 전문성 향상을 위해 서울교육대학과 경인교육대학에 한정하고 있는 박사과정을 전체 교육대학으로 하루속히 확대하여야 한다. 이렇게 되면 교직사회의 여러 비합리를 낳는 교장승진제가 원천적으로 사라질 것이다. 교장이 되기 위해 교사가 교실을 멀리하는 그동안의 관행을 벗어나야 한다. 지금까지 교장은 상부 기관의 대리자로 학교 구성원들을 통솔

하고 통제하는 역할을 담당하였다. 학교장에게 막강한 권한을 부여한 것은 상부 기관의 명령과 지시를 충실하게 학교현장에서 관철시키기 위해서였다. 많은 권한이 학교 현장으로 이전되면 학교장의 위상과 역할의 변화는 필수적이다. 교장은 학교 구성원 위에 군림하면서 모든 결정권한을 독점하는 것이 아니라, 학교 구성원들의 의견을 조정하고, 학교 자치 기구의 결정을 집행하는 책임자의 역할을 담당해야 한다. 또한 교장도 수업을 하도록 해야 한다. 이를 위해 교장의 지위는 '승진' 개념이 아니라 '보직' 개념으로 바꾸어야 한다. 교실교사의 전문성을 방해하는 교장−교감 자격증 제도는 전면적으로 개편되어야 한다. 우선 단기적으로 학교운영위원회에 승진제 교장, 공모제 교장, 선출제 교장에 대한 선택권을 부여하여 학교 구성원에 맡기는 민주적 학교체제를 구축해야 할 것이다.

끝으로 지금 우리사회는 새로운 사회를 향한 거대한 이행의 시대를 맞이하고 있다. 촛불 시민혁명 이후의 현상에서 보듯 선거만으로 이루어지는 단순한 정권교체가 아니라 아래로부터의 대중의 힘에 의한 시대교체가 이루어지지 않으면 안 된다. 이것이 가능하려면 광장민주주의가 생활민주주의, 직장민주주의로 이어져야 한다. 교원정책을 하향식으로 통제해온 교육 행정가들은 민주주의자로 바꿔야 한다. 그리고 초중등학교와 교육대학/사범대학이 민주주의 학교로 재탄생되어야 한다. 이를 위해 우리 교육자들 자신부터 먼저 새로운 인간, 그리고 새로운 시민으로 다시 태어나야 한다. 우리 교육자들이 새로운 사람 및 시민으로 재탄생되지 않는다면 아이들이 새로운 시대를 짊어질 새로운 존재로 다시 태어나지 않을 것이다.

참고문헌

길현주(2014). 수업혁신을 통해 본 '문화'로서의 교사들의 전문적 학습공동
  체, 혁신학교에 대한 교육학적 성찰. 서울: 살림터.

김병찬(2017). 왜 핀란드 교육인가. 서울: 박영.

김용련(2016). 세종시 교육혁신지구 도입을 위한 공동연구, 세종특별자치시
  교육청/세종특별자치시 정책과제 공동연구 지원 사업, 한국외국어대학교
  교육공동체연구센터.

김충열(2006). 남명 조식의 학문과 선비정신. 서울: 예문서원.

백종현(2017). 이성의 역사. 서울: 아카넷.

심성보(1998). 노동과정론에서 본 가르치는 일의 이해, 심성보. 한국교육의
  새로운 모색. 서울: 내일을 여는 책.

심성보(2014). 민주시민을 위한 도덕교육. 서울: 살림터.

심성보 외(2018). 보이텔스바흐 합의와 민주시민교육. 서울: 북멘토.

양병찬(2016). 세종형 마을교육공동체 실천 모델 개발, 세종특별자치교육청.

이경숙(2017). 시험국민의 탄생. 서울: 푸른역사.

이기범(2015). 루소의 에밀 읽기. 서울: 세창미디어.

이성미(2014). '장자를 통해 본 마음과 교육', 교육철학연구 36권 1호. 73-98.

이승환(1998). 유가사상과 사회철학적 재조명. 서울: 고려대학교출판부.

이혁규(2012). 교원양성체제는 어떤 교사를 길러내는가?, 오늘의 교육 1·2. 서
  울: 벗.

정용주(2012). 신규 교사는 어떻게 능숙한 경력 교사가 되는가?, 오늘의 교
  육 1·2. 서울: 벗.

조무남(2013). 교육으로 가는 철학의 길. 서울: 이담.

조상식(2017). 제4차 산업혁명과 교육: 적응이냐 종속이냐, 교육비평 39 특
  집호. 교비.

한국교육연구네트워크 엮음(2013). 교장제도 혁명. 서울: 살림터.

한자경(2008). 한국철학의 맥. 서울: 이화여대출판부.

황경식(2012). 덕윤리의 현대적 의의. 서울: 아카넷.

Abowitz, K. K.(2013). *Publics for public schools: Legitimacy, democracy, and leadership.* New York: Routledge.

Adams, P.(2014). *Poilicy and Education.* Oxon: Routledge.

Adamson, F. Astrand, B. & Darning−Hammond, L.(2016). (Eds.). *Global Education Reform: How Privatization and Public Investment Influences Education Outcomes.* NY & London: Routledge.

Arendt, H. 서유경(역)(2005). 과거와 미래사이. 서울: 푸른숲.

Arendt, H. 이진우·태정호(역)(1996). 인간의 조건, 서울: 한길사.

Biesta, G. 2015. How Does a Competent Teacher Become a Good Teacher?: On Judgement, Wisdom and Virtuosity in Teaching and Teacher Education. J. Dunne & O. Hogan (Eds.). *Education and Practice: Upholding the Integrity of Teaching and Learning.* Malden: Blackwell.

Braverman, H. 이한주·강남훈(역)(1987). 노동과 독점자본. 서울: 까치사.

Butin, D. W. (2010). *Service−Learning in Theory and Practice.* Palgrave Macmillan.

Christie, F. & Simpson, A. ed.(2010). *Literacy and Social Responsibility: Multiple perspectives.* London: Equinox.

Cipolle, S. B.(2010). Service−Learning and Social Justice: Engaging Students in Social Change. Maryland: Rowman & Littlefield.

Darling−Hammond, L.(2010). Constructing 21st−Century Teacher Education, V. Hill−Jackson & C. W. Lewis (Eds.). *Transforming Teacher Education.* Virginia: Stylus.

Densmore, K.(1987). professionalism, proletarianization, and teacher, T. S. Popkewitz, ed. *Critical Studies in Teacher Education.* NY: Falmer.

Elias, 심성보 외(역)(2014). 프레이리와 교육. 서울: 살림터.

Foreman—Peck, L(2015). Towards a Theory of Welling—Being for Teachers, J. Dunne & O. Hogan (Eds.). *Education and Practice: Upholding the Integrity of Teaching and Learning.* Malden: Blackwell.

Freire, P. 남경태(역)(2009). 페다고지. 서울: 그린비.

Fullan, M. & Hargreaves, A. 최의창(역)(2006). 학교를 개선하는 교사. 서울: 무지개사.

Fullan, M.(2017). 학교를 개선하는 교장. 서울: 살림터.

Fullan, M. 이찬승·은수진 역(2017). 학교교육은 왜 실패하는가. 서울: 21세기교육연구소.

Gerrard, J.(2015). Counterpublics, Crisis and Critique: A Feministic Socio—Historical Approach to Researching Policy. In N. Kalervo, M. Clarke, & E. B. Petersen (Eds.), *Education Policy and Contemporary Theory: Implications for Research.* London & New York: Routledge.

Giroux, H.(2005). *Schooling and the struggle for public life.* London & New York: Routledge.

Gordon, M. & Green, M. eds.(2001). *Hannah Arendt and Education.* Colorado: Westview Press.

Habermas, J.(1987). *The theory of communicative action: life world and system: a critique of functional reason.* Beacon Press.

Hannon, P.(2000). *Reflecting on Literacy in Education.* NY: Routledge.

Hargreaves & Fullan, 진동섭(역)(2014). 교직과 교사의 전문적 자본: 학교를 바꾸는 힘. 파주: 교육과학사.

Hargreaves & Shirley, 이찬승·홍완기(역)(2015). 학교교육 제 4의 길: 학교교육 변화의 글로벌 성공사례. 서울: 21세기교육연구소.

Heck, S. F. & Williams, C. R. 황기우(역)(1998). 21세기 교사의 역할: 생태학적 관점. 서울: 원미사.

Hirst, P. H.(1993). Education, knowledge, and practices. R. Barrow & P. White (Eds.). *Beyond Liberal Education.* London: Routledge.

Hogan, P.(2004). Teaching and Learning as a Way of Life, J. Dunne & O. Hogan (Eds.). *Education and Practice: Upholding the Integrity of Teaching and Learning*. Malden: Blackwell.

Hogan, P.(2015). Cultivating Human Capabilities in Venturesome Learning Environments. R. Heilbronn & L. Foreman−Peck, *Philosophical Perspectives on Teacher Education*. West Sussex: WileyBlackwell.

International Commission on Education for the Twenty−first Century, 김용주 외(역)(1997). 21세기 교육을 위한 새로운 관점과 전망: 유네스코 21세기 세계교육위원회 종합보고서, 서울: 오름.

Korthagen, F. 최의창 외(역)(2007). 반성적 교사교육 실제와 이론. 서울: 학지사.

Lankshear, C. & Knobel, M.(2011). *New Literacy: Everyday practices and social learning*. Berkshire: Open University Press.

Larson, M. 김종철·강순원(역)(1987). 프롤레타리아화와 고학력노동자, 미국의 대학과 노동계급. 서울: 창작과 비평사.

Levinson, N.(2001). The Paradox of Natality, Gordon, M. & Green, M. (Eds.) *Hannah Arendt and Education*. Colorado: Westview Press.

Lisman, C. D.(1998). *Toward a Civil Society: Civic Litercy and Service Learning*. Bergin & Garvey Press.

McMillan, K. & Weyers, J.(2013). How to Important Your critical Thinking & Reflective Skill. Harlow: Pearson.

McLaren, P.(1998). *Life in Schools: Introduction to Critical Pedagogy on the Foundation of Education*. MA: Addison Wesley Longman.

Noddings, N. 심성보(역)(2016). 21세기 교육과 민주주의: 개인적 삶, 직업적 삶, 그리고 시민적 삶을 위한 교육. 서울: 살림터.

Pahl, K. & Rowsell, J.(2012). *Literacy and Education: Understanding the new literacy studies in the classroom*. London: Sage.

Pohl, K(2017). '독일의 교사들: 정치적 참여의 자유와 정치적 중립성, 교사의 정치적 기본권 보장과 교육의 정치적 중립성: 독일과 한국, 징거다

리교육공동체, 2.14.

Ravitch, D. 윤재원(역)(2011). 미국의 공교육 개혁, 그 빛과 그림자. 서울: 지식의 날개.

Rimmerman, C.(2009). *Service–Learning and the Liber Arts*. Lanham: Lexinton Books.

Roberts, J. W.(2012). *Beyond Learning by Doing: Theoretical Currents in Experiential Education*. New York & London: Routledge.

Rshaid, G.(2014). *21st–Century Classroom*. Englewood: LLP.

Sahlberg, P. 이은진(역)(2016). 핀란드의 끝없는 도전: 그들은 왜 교육개혁을 멈추지 않는가. 서울: 푸른 숲.

Sheffield, E. C.(2011). *Strong Community Service Learning: Philosophical Perspectives*. New York: Peter Lang.

Sörlin, S. & Vessuri, H. (Eds.)(2007). *Knowledge Society and Knowledge Economy: Knowledge, Power, and Politics*. New York: Palgrave.

Speck, B. W. & Hoppe, S. L.(2004). *Service–Learning: History, Theory, and Issues*. Westport: Prager.

Whitty, G.(2008). Changing Modes of Teacher Professionalism: Traditional, managerial, Collaborative and Democratic. B. Cunningham (Ed.). *Exploring Professionalism*. London: IOE Press.

저자약력

정제영 교수님
서울대학교 교육학과 박사
이화여대 교육학과 교수
한국교육정치학회 편집위원장
(전) 한국교육학회 사무국장
(전) 교육부 서기관

김용일 교수님
(현) 서울혁신미래교육정책포럼 운영위원장
    부산광역시의회 지방분권특별위원회 자문위원
(전) 한국교육정치학회장
    대통령자문정책기획위원회 위원(교육문화팀장)

김대영 교수님
University of Illinois at Chicago Curriculum and Instruction(Ph. D)
고려대학교 일반대학원 교육과정(문학 석사)
고려대학교 사범대학 교육학과(문학사)
제주대학교 교육학과 교수

김진숙 선생님
한국교육학술정보원 미래교육기획실장/수석연구위원
이화여자대학교 교육공학 박사
전 한국교육개발원 컴퓨터교육연구센터 연구원
현 교육부 미래교육자문단, 정책연구심의위원
현 한국교육학회, 한국교육공학회, 스마트교육학회 이사 등

전제상 교수님
홍익대학교 대학원 교육학과(교육학 박사)
공주교육대학교 교육학과 교수
한국교원교육학회 부회장/한국교육행정학회 이사
• 저서: 초등교육행정의 이론과 실제(공저, 2016), 교육인사행정론(공저, 2011)
• 논문: 초등교육기관 교육실습 운영실태 및 개선방향(2018)
        신규교사의 임용시험 선발관리체계의 한계와 개선방향(2016)
        교원특별연수과정으로서 교원학습연구년제의 운영 성과 분석(2014)

김윤태 교수님
독일 필립스마부륵대학 철학 박사
우석인지과학연구소 소장
한국심리운동연구소 소장
우석대학교 교수

심성보 교수님
부산교육대학교 교수
한국교육연구네트워크 이사장
사회적교육위원회 상임대표
미래교육포럼 공동대표
흥사단교육운동본부 공동대표

제4차 산업혁명 시대의 한국교육의 전망과 과제

초판발행	2018년 6월 12일
엮은이	한국교육학회
펴낸이	안상준
편 집	김민주
기획/마케팅	노 현
표지디자인	권효진
제 작	우인도·고철민
펴낸곳	㈜ 피와이메이트
	서울특별시 마포구 월드컵북로 400, 5층 2호(상암동, 문화콘텐츠센터)
	등록 2014. 2. 12. 제2015-000165호
전 화	02)733-6771
f a x	02)736-4818
e-mail	pys@pybook.co.kr
homepage	www.pybook.co.kr
ISBN	979-11-89005-19-1 93370

copyright©한국교육학회, 2018, Printed in Korea

정 가   18,000원

박영스토리는 박영사와 함께하는 브랜드입니다.